21世纪期货、期权及衍生品
— 新形态系列教材 —

Futures and Options
Investment Analysis

期货与期权投资分析

马刚　吴守祥　刘荔◎主编

清华大学出版社
北京

内 容 简 介

本书是国内期货、期权及相关衍生品研究领域的入门与提升阶段实用性很强的教材,全书分四个部分,共九章,主要介绍了期货与期权投资分析的基础理论、分析思路与方法、投资策略、报告撰写和职业道德。本书可以作为高等院校经济与金融专业本科生和研究生的教材,也可以作为全国期货从业资格考试参考用书。

图书在版编目(CIP)数据

期货与期权投资分析/马刚,吴守祥,刘荔主编.—北京:清华大学出版社,2022.5
21世纪期货、期权及衍生品新形态系列教材
ISBN 978-7-302-60500-3

Ⅰ.①期… Ⅱ.①马… ②吴… ③刘… Ⅲ.①期货-投资分析-教材 ②期权-投资分析-教材 Ⅳ.①F830.9

中国版本图书馆 CIP 数据核字(2022)第 054352 号

责任编辑:张　伟
封面设计:汉风唐韵
责任校对:王荣静
责任印制:曹婉颖

出版发行:清华大学出版社
　　　网　　　址:http://www.tup.com.cn,http://www.wqbook.com
　　　地　　　址:北京清华大学学研大厦 A 座　　　邮　　编:100084
　　　社 总 机:010-83470000　　　邮　　购:010-62786544
　　　投稿与读者服务:010-62776969,c-service@tup.tsinghua.edu.cn
　　　质量反馈:010-62772015,zhiliang@tup.tsinghua.edu.cn
　　　课件下载:http://www.tup.com.cn,010-83470332
印 装 者:天津安泰印刷有限公司
经　　销:全国新华书店
开　　本:185mm×260mm　　印　　张:16.75　　字　　数:287 千字
版　　次:2022 年 7 月第 1 版　　印　　次:2022 年 7 月第 1 次印刷
定　　价:55.00 元

产品编号:092830-01

丛书专家委员会

丛书序

经过30多年的探索发展，我国期货市场经历了从商品期货到金融期货，从股票期权到商品期权，从场内交易到场外交易，从境内市场到境外市场，从期货、期权到互换和信用衍生工具等其他衍生品的不断创新过程，多层次的衍生品市场体系已经形成。特别是党的十八大以来，我国期货市场规模持续扩大，市场效率和影响力不断提升，在促进国民经济相关产业良性发展、落实金融服务实体经济方面的成效日益显著。随着期货行业基本法——《期货和衍生品法》的即将推出，我国期货和衍生品市场会迎来更加规范的大发展。

目前，我国场内期货、期权品种达94种，市场资金总量已突破1.2万亿元，越来越多的产业客户和机构投资者利用期货市场管理风险、配置资产，投资者机构化趋势明显。随着新时代国内期货市场的创新与高速发展，对期货专业人才的需求也表现出不同以往的内涵：风险对冲、市场交易、资产配置等职业岗位，不仅需要扎实的经济理论功底、高超的操作技术，还需要良好的社会主义核心职业价值观、较强的创新能力和高标准的国际化视野。因此，探索有别于金融学专业通识教育的特色教材，是行业赋予金融学人的历史使命。

近年来，随着我国期货和衍生品市场的不断创新、数字教育技术的深入发展，期货教育理论发生了很多新变化。在国家一流课程建设和课程思政建设的新要求下，可融入教学的资料和内容亟待丰富，创新和推进教材建设成为重要任务。

本系列教材就是在这一背景下产生的。本系列教材是北京物资学院与北京兆泰源信息技术有限公司合作的教育部产学合作协同育人项目"期货、期权及衍生品新形态系列教材与教学资源开发"（项目编号：202101081007）的研究成果，也是北京物资学院的国家级一流专业建设点项目指定建设教材，它定位于应用型大学人才培养，顺应期货及衍生品时代发展的行业变化。本系列教材充分吸收校内外专家和行业骨干参与编写，强调理论性与实务性、前沿性与科学性、系统性与基础性的统一，具有如下特色。

（1）专业性特色：在国内首次开展期货专业新形态系列教材建设，通过现代化信息技术，配套完整的教学资源，使系列教材能够满足国家"金课"建设要求。

（2）双主编特色：采用高校专业教师与产业界知名人士双主编模式，确保系列教材顶天立地，实现理论性与实务性统一。

（3）全体系特色：覆盖了现代期货、期权及衍生品的主要教学内容，既可以实现基础性知识的学习，又强调了实务操作能力和知识面的拓展，可以实现全方位的专业知识覆盖。

（4）多层次教育兼容特色：教材知识点反映了期货、期权及衍生品的前沿发展，既自成体系，满足本、研专业教学需要，又与国内外从业资格考试接轨，可同时满足期货从业人员职业培训需要。

（5）课程思政特色：以扫码阅读辅助资料的形式，增设国内相关案例和资料，引导学生认识我国经济发展的成就，增强职业道德和职业素养教育，帮助学生塑造正确的人生观和价值观。

本系列教材不仅适合高校财经专业本科生和研究生教学使用，也可作为证券、期货从业人员的培训教材，同时也适合有意从事期货交易的读者自学使用。

本系列教材在北京物资学院、清华大学出版社、北京兆泰源信息技术有限公司联合支持下完成。鉴于水平有限，教材中难免存在不当之处，敬请广大读者批评指正。

丛书编委会

2022 年 4 月

前　言

为了适应国内衍生品市场的发展,满足衍生品市场对期货、期权领域投资分析人才的需求,我们在中国期货业协会期货从业资格考试用书《期货投资分析》和《期货及衍生品分析与应用》的基础上,立足理论与实践的有机结合,凝聚高校专家和行业专家的智慧编写了此书。

全书分成四部分,共九章内容。第一部分是基础理论,内容为期货与期权定价(第一章),由对外经济贸易大学李鹏涛博士、北京物资学院马刚老师和南开大学王永进教授撰写;第二部分是价格分析思路和方法,包括经济数据与经济指标、基本面分析、技术分析、统计与计量方法(第二章、第三章、第四章、第五章),分别由南开大学陈瑞华教授、浙商期货有限公司研究所吴凌所长、中国人民大学郑适教授、对外经济贸易大学唐晓彬教授撰写;第三部分是投资策略,包括期货投资策略和期权与期权投资策略(第六章、第七章),分别由同济大学马卫锋教授和南开大学王永进教授撰写;第四部分是投资分析报告和职业道德部分,包括如何撰写期货投资研究报告,职业道德、行为准则和自律规范两章内容(第八章、第九章),由宏源期货有限公司首席研究员吴守祥撰写。

本书为经济与金融专业大学本科生、硕士研究生进阶学习和初入期货、期权行业的专业人员悉心打造,相信本书能对有志于国内期货、期权市场业务的读者学习、把握和灵活运用专业知识,提升研究和投资水平大有帮助。

本书由北京物资学院马刚老师、刘荔副教授和宏源期货有限公司首席研究员吴守祥共同担任主编,负责统稿和修订。在修订过程中,嘉吉投资(中国)公司的倪艺宁和北京物资学院的王熙元、杨志强、闫嘉玮、和文婷、李铭阳、殷琦对本书相关内容给出了意见。

本书在编写和修订的过程中得到了北京物资学院领导的关心和大力支持。北京物资学院经济学院院长张国胜教授对本书编写给予了具体指导,在此表示衷心感谢。鉴于我们的水平有限,教材中难免存在不当之处,敬请批评和指正。

编　者

2022 年 1 月

目录

第一章　期货与期权定价 ·· 1

    第一节　期货定价 ··· 1

    第二节　期权定价 ··· 5

    即测即练 ··· 14

第二章　经济数据与经济指标 ···································· 15

    第一节　经济周期与宏观经济数据 ······················· 15

    第二节　其他重要指标 ·· 31

    即测即练 ··· 40

第三章　基本面分析 ·· 41

    第一节　期货基本面分析的主要内容 ····················· 41

    第二节　基本面分析法 ·· 43

    第三节　基本面分析法应用——农产品 ·················· 46

    第四节　基本面分析法应用——化工品 ·················· 49

    第五节　基本面分析法应用——原油 ···················· 51

    即测即练 ··· 58

第四章　技术分析 ·· 59

    第一节　技术分析理论与方法 ······························ 59

    第二节　技术分析指标与应用 ······························ 87

    第三节　期货市场量价分析 ································· 104

    即测即练 ·· 114

第五章　统计与计量分析方法 ··································· 115

    第一节　一元线性回归分析 ································· 115

    第二节　多元线性回归分析 ································· 122

    第三节　时间序列分析 ······································ 131

    即测即练 ·· 138

第六章　期货投资策略 ·· 139

    第一节　对冲策略 ··· 139

    第二节　套利策略 ··· 157

    第三节　投资策略应用 ······································ 169

即测即练 ······ 189

第七章　期权与期权投资策略 ······ 190

第一节　看涨-看跌期权平价与期权估值 ······ 190

第二节　期权投资策略 ······ 195

即测即练 ······ 211

第八章　如何撰写期货投资研究报告 ······ 212

第一节　期货投资的信息收集 ······ 212

第二节　期货投资研究报告的种类和基本要求 ······ 213

第三节　几种常见报告的写作规范 ······ 217

即测即练 ······ 240

第九章　职业道德、行为准则和自律规范 ······ 241

第一节　期货投资咨询从业人员的含义与职能 ······ 241

第二节　国内外分析师组织 ······ 244

第三节　职业道德和执业行为准则 ······ 249

即测即练 ······ 255

参考文献 ······ 256

第 一 章

期货与期权定价

本章学习目标

　　本章内容分成两部分。第一部分在介绍期货定价理论与定价模型的基础上,从持有成本模型入手,分别介绍了商品期货和金融期货各个大类品种的定价公式,最后介绍了放松条件下的期货理论价格区间。第二部分包括期权的二叉树定价模型、B-S-M定价模型以及期权风险度量参数三个方面的内容。

　　本章难点是对无套利定价原理和持有成本理论的理解,期货和期权的定价理论、定价模型的理解与应用。本章是期货、期权价格分析的基础,要求掌握。

　　本章重点是期货和期权的定价理论、定价模型的理解与应用。本章内容是全书的重点,要求认真理解和灵活掌握。

第一节　期货定价

一、无套利定价原理

　　衍生品价格应该处在一个和标的资产价格相对合理的位置,否则就偏离了合理价格。如果衍生品价格对合理价格的偏离超过了相应的套利成本,则市场投资者就可以通过标的资产和衍生品之间的买卖进行套利,即通过买入(或卖出)相对定价过低的资产、卖出(或买入)相对定价过高(或过低)的衍生品来获利。市场价格必然由于套利行为作出相应的调整,相对定价过低的资产或衍生品价格会因买入者较多而回升,而相对定价过高的资产或衍生品价格则会因为卖出者较多而下降,因而回到合理的价位即均衡状态,套利者即可以因此获利。在市场价格回到均衡状态之后,就不再存在套利机会,从而形成无套利条件下衍生品的合理价格。这就是衍生品的无套利定价原理。

　　在有效市场中,包括衍生品在内,任何资产定价都应当使得该资产不存在套利机会。否则,如果存在资产价格高估或者低估,投资者可以通过"高价卖出,待价格下跌后买入"或"低价买入,待价格上涨后卖出"的策略获取无风险套利收益。这样,资产价格必然由于套利者参与而向均衡价格回归,直到资产价格变成无套利机会的公平价格或均衡价格,即得到资产理论价格,我们可以由此得到期货理论价格。

　　基于无套利定价原理,期货定价模型主要有两大类。一是持有成本模型,即期货价格取决于标的资产的现货价格以及从当前储存该标的资产直到期货合约交割日这段期间内的总成本,主要适用于可持有性资产。二是预期模型,即当前期货价格等于市场预期的该合约标的资产在合约交割日的现货价格,主要适用于不可持有性资产。

二、持有成本模型

持有成本理论认为,现货价格和期货价格的价差,即为持有成本。持有成本主要由持有标的现货至期货合约到期期间的资金占用成本、仓储费(含保险费)和持有收益组成。当然,标的资产在持有期间产生的持有收益要在持有成本中扣除。该理论以商品持有成本为基础,分析期货市场的机制和商品期货理论价格,后运用到对金融期货定价。

期货标的资产一般分成两类,一类为投资类资产,一类为消费类资产。

投资类资产主要指贵金属和金融资产。如黄金、白银等贵金属,持有期不产生持有收益,其持有成本主要是资金占用成本和仓储费(含保险费);对于权益类、利率类和汇率类金融资产,计算持有成本时,仓储成本可以忽略不计,持有成本主要是资金占用成本,同时要扣除持有期间的资产收益。

消费类商品库存和现货的持有者主要目的是其消费价值,而非投资价值。因而,消费类资产的期货价格模型要考虑持有商品库存和现货带来的便利收益。便利收益反映了市场对将来能够购买该商品可能性的期望,商品短缺的可能性越大,便利收益就越高。

基于持有成本理论的期货价格模型,需要满足以下假设。

(1) 市场不存在摩擦,即没有交易成本和做空限制。

(2) 市场是完全竞争的。

(3) 市场不存在套利机会。

(4) 市场参与者均能够以无风险利率借贷资金。

(5) 投资者是理性人,且不承担对手违约风险。

(一)商品期货定价

(1) 对于持有期内不产生收益的投资类商品,比如黄金、白银,其期货定价公式可以表示为

$$F = Se^{cT} = Se^{(r+u)T} \tag{1-1}$$

其中,F 为期货价格;S 为标的资产现货价格;c 为持有成本率;r 为无风险利率;u 为仓储费(含保险费)率;T 为期货合约期限(以年为单位)。

(2) 对于消费类商品,考虑到持有商品现货的便利收益,其期货定价公式可以表示为

$$F = Se^{cT} = Se^{(r+u-y)T} \tag{1-2}$$

其中,F 为期货价格;S 为标的资产现货价格;c 为持有成本率;r 为无风险利率;u 为仓储费(含保险费)率;y 为便利收益率;T 为期货合约的期限(以年为单位)。

(二)金融期货定价

金融期货主要包括股票股指期货、利率期货、外汇期货等,其标的为投资类资产,金融类资产的仓储费(含保险费)率为零,但计算其理论价格,要考虑持有收益。

1. 股指期货定价

在股指期货定价中,股票指数可以被看作是支付一定股息的投资资产。股指期货价

格可以表示为

$$F = Se^{cT} = Se^{(r-q)T} \tag{1-3}$$

其中，F 为股指期货价格；S 为股票现货指数；c 为持有成本率；r 为无风险利率；q 为股息率；T 为期货合约的期限（以年为单位）。

【例 1-1】　若股票指数为 3 000 点，无风险利率为 4%，指数年股息率为 2%，则 3 个月后到期的该股指期货价格理论价格为多少？

根据式(1-3)，3 个月后到期的该股指期货理论价格为

$$F = 3\,000 \times e^{(4\%-2\%)3/12} \approx 3\,015$$

2. 国债期货定价

（1）短期国债标的资产是零息债券，没有持有收益，持有成本是购买国债的资金占用成本。短期国债期货定价公式为

$$F = Se^{cT} = Se^{rT} \tag{1-4}$$

其中，F 为国债期货价格；S 为国债现货价格；c 为持有成本率；r 为无风险利率。

（2）中长期国债期货交易标的是特定期限和票面利率的标准虚拟国债，并以此对应国债现货市场一篮子可交割国债、多券种、可替代的实物交割制度设计。可交割国债卖方应该获得其持有期间的应计利息收入。假设可交割国债在合约到期前没有利息支付，理论上，国债期货定价公式为

$$F = (S-I)e^{cT}/C_f = (S-I)e^{rT}/C_f \tag{1-5}$$

其中，F 为国债期货价格；S 为可交割国债现货价格；c 为持有成本率；r 为无风险利率；I 为可交割国债现货持有期间利息收入的现值；T 为期货合约期限（以年为单位）；C_f 为可交割国债转换因子。

式(1-5)中，国债期货价格为按复利计算的，短期看其计算结果与按单利计算的结果基本一致，为简便起见，实践中经常按单利计算，下面以中国金融期货交易所国债期货为例进行讨论。

国债期货理论价格＝国债现货价格＋国债持有成本

　　　　　　　　＝国债现货价格＋（持有国债资金占用成本－持有国债期间利息收入）

实践中，用最便宜可交割国债（CTD）净价代替国债现货价格，假定 CTD 券至交割日期间没有券息支付，则国债期货理论价格为

国债期货理论价格＝（最便宜可交割国债全价＋持有国债资金占用成本

　　　　　　　　－上一付息日至交割日持有国债期间利息收入）/ 转换因子

　　　　　　　　＝（最便宜可交割国债净价＋持有国债资金占用成本

　　　　　　　　－国债购买日至交割日持有国债期间利息收入）/ 转换因子

式中，持有国债资金占用成本按可交割国债全价计算。

【例 1-2】　2021 年 7 月 6 日，T2109 期货价格为 98.300，其最便宜可交割国债"20 附息国债 06"现货净价为 96.253，转换因子为 0.975 7。"20 附息国债 06"发行日为 2020 年 5 月 21 日，到期日为 2030 年 5 月 21 日，票面利率为 2.68%，一年付息两次，付息日为每年的 5 月 21 日和 11 月 21 日。假设市场利率 $r = 3\%$，计算 T2109 的理论价格。

第一步，计算购买价格，即债券全价。上次付息日 5 月 21 日至计算日 7 月 6 日，应计

利息天数是 46 天,应计利息为 $1.34 \times 46/184$。

$$购买价格(债券全价) = 96.253 + 1.34 \times 46/184 = 96.588$$

第二步,计算持有国债期间资金占用成本。"20 附息国债 06"自购买日(7 月 6 日)至第二交割日 70 天,在第二交割日之前没有利息支付,持有"20 附息国债 06"的资金占用成本为

$$资金占用成本 = 96.588 \times (70/365) \times 0.03 = 0.555\ 711\ 8$$

第三步,计算持有国债期间应计利息收入。"20 附息国债 06"自购买日(7 月 6 日)至交割日(中金所按第二交割日计算)70 天,在第二交割日之前没有利息支付,持有"20 附息国债 06"期间应计利息收入为

$$应计利息 = 1.34 \times 70/184 = 0.509\ 782\ 6$$

第四步,计算 7 月 6 日 T2109 合约的理论价格。

T2109 的理论价格 $= (96.253 + 0.555\ 711\ 8 - 0.509\ 782\ 6)/0.975\ 7 = 98.697\ 3$

3. 外汇期货定价

以本国投资者的角度来考虑外汇期货合约,则期货价格定价公式为

$$F = Se^{cT} = Se^{(r-r_f)T} \tag{1-6}$$

其中,F 为外汇期货价格;S 为即期汇率;c 为持有成本率;r 为本币无风险利率;r_f 为外币无风险利率;T 为期货合约期限(以年为单位)。

【例 1-3】 假定欧元和美元的无风险利率分别为 1% 和 2%,且欧元兑美元即期汇率为 1.037 6,则 3 个月期的欧元期货价格为

$$F = Se^{cT} = Se^{(r-r_f)T} = 1.037\ 6e^{(2\%-1\%) \times 3/12} = 1.040\ 2$$

(三)非完全市场情况下的期货定价

以上结论都是建立在完全市场假设条件下的。实践中,由于市场的不完全性,根据持有成本模型计算的期货价格应该是一个区间。

以持有期间无收益的金融资产,如股票为例:

(1) 存在交易成本时,假定每一笔交易的费率为 Y,期货价格就不再是确定的值,而是下面的区间:

$$[S(1-Y)e^{r(T-t)}, S(1+Y)e^{r(T-t)}]$$

(2) 借贷存在利差时,如果用 r_b 表示借入利率,用 r_l 表示借出利率,对非银行的机构和个人,一般是 $r_b > r_l$。这时,期货价格区间为

$$[Se^{r_l(T-t)}, Se^{r_b(T-t)}]$$

(3) 存在卖空限制时,假设卖空保证金比率为 X,那么期货价格区间应该是

$$[(1-X)Se^{r(T-t)}, Se^{r(T-t)}]$$

如果上述三种情况同时存在,期货价格区间应该是

$$[(1-X)S(1-Y)e^{r_l T}, S(1+Y)e^{r_b T}]$$

三、预期模型

对于标的资产为不易保存的商品或根本不存在可交割的标的资产的期货品种,以及

产生持续供给进入交割环节的商品,持有成本很难计算,持有成本模型的应用存在局限性。为了解释和寻找期货理论价格,出现了预期模型。根据预期模型,期货价格应等于未来现货价格的预期,即 $F = E(S_T)$。否则,就会存在无风险套利交易机会。

例如,市场预期螺纹钢未来 3 个月的现货市场价格为 3 000 元/吨,而当前市场上 3 个月到期的期货价格为 3 200 元/吨。

假设市场预期是准确的,则投资者可以卖出螺纹钢期货,等合约到期时再从现货市场上买入螺纹钢进行实物交割,从而获得 200 元/吨的套利利润。相反,如果当前市场上螺纹钢期货价格为 2 800 元/吨,则投资者可以通过买入螺纹钢期货,待合约到期时参与实物交割,再到现货市场上去卖出现货,从而获得 200 元/吨的利润。无论是哪种情况,众多投资者参与的结果,必然会使得期货价格逐渐趋近于市场未来现货价格的预期。

第二节 期 权 定 价

一、二叉树定价

二叉树(binomial tree)方法,又称二项式模型,是期权定价领域中比较简单,却又非常实用的一种方法。它是由约翰·考克斯(John C. Cox)、斯蒂芬·罗斯(Stephen A. Ross)和马克·鲁宾斯坦(Mark Rubinstein)等人提出的期权定价模型。该模型推导比较简单,非常适合说明期权定价的基本概念和思想,既可以用来对典型的不支付红利的欧式期权进行公平定价,也可以将该模型修改后对美式期权及支付红利的期权进行定价。

二叉树模型建立在一个基本假定的基础上,即在给定的时间间隔内,标的资产的价格运动只有两个可能的方向:上涨和下跌。模型的主要思想是,在无市场摩擦、无信用风险、无套利机会、无利率风险及投资者可以以无风险利率借入或贷出资金等理想的市场情形假设下,通过构造无风险的交易组合,使得这一组合在期权到期时的价值无不确定性,由此得到这组交易组合的成本,进而得出期权价格。由于可以把一个给定的时间段细分为更小的时间单位,因而二项式期权定价模型适用于处理更为复杂的期权。

简单的二叉树模型为离散时间二叉树模型,其中最基本的是单步二叉树,即仅考虑在单位时间间隔内,标的资产的价格从当前价格开始,至期权到期时,价格变化只有两种可能。进一步地,我们还可以将模型推广到两步乃至多步二叉树。

(一)单步二叉树

首先我们通过一个简单的例子来介绍单步二叉树模型。假定一只 IBM 股票在 0 时刻的价格(当前价格)为 S_0,考虑以此股票为标的资产、到期日为 T、执行价格为 K 的看涨期权的当前价格。我们已知在 T 时刻,股票的价格变化只有两种可能:上涨到 $uS_0(u>1)$,此时期权价值为 $C_u = \max(0, uS_0 - K)$;下跌到 $dS_0(d<1)$,对应的期权价值为 $C_d = \max(0, dS_0 - K)$。这些情形如图 1-1 所示。

现在,我们考虑这样一个组合,它由 Δ 只 IBM 股票的多头和一份看涨期权的空头组成(其中 Δ 也叫作套保比例),则它的初始成本为 $\Delta S_0 - C$。如果股票价格上涨,则在期权到期时该交易组合的价值为

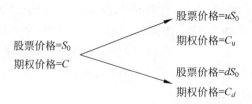

图 1-1 股票价格变动的单步二叉树模型(步长为 T)

$$uS_0\Delta - C_u$$

如果股票价格下跌,则在期权到期时该交易组合的价值为

$$dS_0\Delta - C_d$$

当两种情况下组合的价值相等,即组合价值不受股票价格波动的影响时,说明组合是无风险的,此时应该有

$$\Delta = \frac{C_u - C_d}{uS_0 - dS_0}$$

同样,由交易组合的无风险性知其收益率一定等于无风险利率(记为 r),故它在 T 个月时的贴现值等于其初始成本。这里,我们考虑连续复利,则有

$$(uS_0\Delta - C_u)\mathrm{e}^{-rT} = S_0\Delta - C$$

将 Δ 值代入上式,化简可知:

$$C = \mathrm{e}^{-rT}[pC_u + (1-p)C_d] \tag{1-7}$$

其中

$$p = \frac{\mathrm{e}^{rT} - d}{u - d}$$

当股票价格由一步二叉树给出时,我们可以用上式来方便地对看涨期权进行定价。

【例 1-4】 标的资产为不支付红利的股票,当前价格为每股 20 美元,已知一年后的价格或者为 25 美元,或者为 15 美元。计算对应的 1 年期、执行价格为 18 美元的欧式看涨期权的价格。设无风险年利率为 4%,考虑连续复利。则

$$uS_0 = 25(美元)$$
$$dS_0 = 15(美元)$$
$$T = 1(年)$$

进而,我们有

$$u = \frac{25}{20} = 1.25$$

$$d = \frac{15}{20} = 0.75$$

$$C_u = \max(0, S_{T,u} - K) = 7(美元)$$

$$C_d = \max(0, S_{T,d} - K) = 0(美元)$$

$$\mathrm{e}^{rT} = \mathrm{e}^{0.04 \times 1} = 1.0408$$

计算得

$$p = \frac{1.040\,8 - 0.75}{1.25 - 0.75} = 0.581\,6$$

因此,期权价格为

$$C = \frac{0.581\,6 \times 7}{1.040\,8} = 3.91\,(美元)$$

（二）两步二叉树

我们可以将以上的分析推广到两步二叉树的情形,即将总时间段分为两个时间间隔。我们继续考虑（一）中的简单例子,期权期限变为 $2T$,在第一个时间间隔末 T 时刻,股票价格仍以 u 或 d 的比例上涨或下跌。如果其他条件不变,则在 $2T$ 时刻,股票有三种可能的价格。价格演变情况如图 1-2 所示。

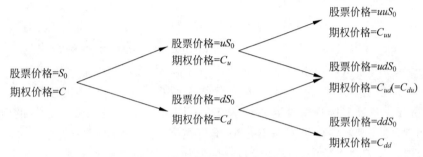

图 1-2　股票价格变动的两步二叉树模型（步长为 T）

为了求得 0 时刻的期权价格,我们使用倒推的方法,重复利用单步二叉树的原理:由于 T 时刻的价值来自 $2T$,故我们有

$$C_u = \mathrm{e}^{-rT} \left[p C_{uu} + (1-p) C_{ud} \right], \tag{1-8}$$

$$C_d = \mathrm{e}^{-rT} \left[p C_{ud} + (1-p) C_{dd} \right], \tag{1-9}$$

其中

$$p = \frac{\mathrm{e}^{rT} - d}{u - d}$$

再利用单步二叉树的期权公式,即可得出期权价格 C。

【例 1-5】　接【例 1-4】,假设期权的期限变为 2 年,我们用两步二叉树法求解期权的价格。我们已经求得 $u = 1.25$, $d = 0.75$,则

$$uuS_0 = 1.25 \times 1.25 \times 20 = 31.25\,(美元)$$

$$udS_0 = 1.25 \times 0.75 \times 20 = 18.75\,(美元)$$

$$ddS_0 = 0.75 \times 0.75 \times 20 = 11.25\,(美元)$$

故第 2 年期权的价格为

$$C_{uu} = \max(0, uuS_0 - K) = 13.25\,(美元)$$

$$C_{ud} = \max(0, udS_0 - K) = 0.75\,(美元)$$

$$C_{dd} = \max(0, ddS_0 - K) = 0\,(美元)$$

T 时刻期权的价值为

$$C_u = \frac{[0.581\,6 \times 13.25 + (1 - 0.581\,6) \times 0.75]}{1.040\,8} = 7.71(美元)$$

$$C_d = \frac{0.581\,6 \times 0.75}{1.040\,8} = 0.42(美元)$$

因此期权的价格为

$$C = \frac{[0.581\,6 \times 7.71 + (1 - 0.581\,6) \times 0.42]}{1.040\,8} = 4.48(美元)$$

多步二叉树法与两步二叉树法操作步骤完全相同,这里不再赘述。容易知道,当步数为 n 时,nT 时刻股票价格共有 $n+1$ 种可能,故步数比较大时,二叉树法更加接近现实的情形。

二、B-S-M 定价模型

20 世纪 70 年代初,由美国经济学家迈伦·斯科尔斯(Myron Scholes)与费雪·布莱克(Fisher Black)最先提出并由罗伯特·默顿(Robert Merton)完善的"布莱克-斯科尔斯-默顿(Black-Scholes-Merton)"模型(简称 B-S-M 模型),成为期权定价领域的一项重大突破,迈伦·斯科尔斯和罗伯特·默顿也凭借此模型获得了 1997 年的诺贝尔经济学奖。B-S-M 模型提供了计算选择权价值的基本概念,并且已经成为全球金融市场的标准模型。

前面介绍的二叉树定价模型和 B-S-M 定价模型,是两种相互补充的方法,前者虽然过于简单,但是随着要考虑的价格变动数目的增加,二叉树模型的分布函数越来越趋向于正态分布,使得二叉树期权定价模型和 B-S-M 期权定价模型相一致。

我们主要介绍基本的 B-S-M 欧式期权定价模型,再给出 B-S-M 定价公式的拓展。

(一) 基本的 B-S-M 欧式期权定价模型

1. 模型假设

B-S-M 定价模型有以下七个基本假设。

(1) 股票价格服从连续时间随机过程,其中 μ 和 δ 为常数。

(2) 可以卖空证券,并且可以完全使用所得收入。

(3) 无交易费用和税收,所有证券均可无限分割。

(4) 在期权期限内,股票不支付股息。

(5) 不存在无风险套利机会。

(6) 证券交易为连续进行。

(7) 短期无风险利率为常数,并对所有期限都是相同的。

B-S-M 定价模型的主要思想与二叉树模型类似,在无套利机会的条件下,构造一个由期权与股票所组成的无风险交易组合,这一组合的收益率必定为无风险利率 r,由此得出期权价格满足的微分方程,进而求出期权价格。

2. 风险中性定价原理

下面我们阐述对 B-S-M 定价模型十分重要的原理:风险中性定价原理(risk neutral pricing theory)。

风险中性定价原理,是由约翰·考克斯和斯蒂芬·罗斯于 1976 年推导期权定价公式时建立的,它表达了这样一个结论:在市场不存在任何套利可能性的条件下,如果衍生产品的价格只依赖于可交易的标的资产,那么这个衍生产品的价格是与投资者的风险态度无关的,即主观偏好不影响衍生品价格。

由于风险偏好决定预期收益率 μ,所以在风险中性世界里,所有证券的预期收益率 μ 都等于无风险利率 r,即投资者不要求任何的风险补偿或风险报酬。同样地,所有现金流也都可以通过无风险利率进行贴现求得现值。故根据上面的原理,我们可以预测,B-S-M 定价公式中不会体现出投资者的风险厌恶,即不会出现 μ,而只可能含有无风险利率 r。

在单步二叉树的例子中,股票价格会以一定的概率上涨或下跌,而通过定价公式我们知道,期权价格与此概率无关,但这并不意味着股票上涨或下跌的可能性可以随便给定。事实上,只要预期收益率 μ 给定,股票上升或下跌的概率也就确定了。比如,假设在现实世界中预期收益率为 10%,则股票上升概率 p 可以由下式得出

$$20 = e^{-0.1 \times 1} [p25 + (1-p)15]$$
$$p = 71.03\%$$

然而无论投资者的风险厌恶程度如何,从而无论股票上升或下降的概率如何,该期权的价值都为 4.307 3 美元。这个例子,可以帮助我们更好地理解风险中性定价原理。

3. B-S-M 欧式期权定价公式

在上面的假设和思想的基础上,Black 和 Scholes 得到了如下适用于无红利标的资产(如无分红股票)欧式看涨期权的定价公式:

$$C = SN(d_1) - Ke^{-rT}N(d_2) \tag{1-10}$$

其中

$$d_1 = \frac{\ln(S/K) + [r + (\sigma^2/2)]T}{\sigma\sqrt{T}}$$

$$d_2 = \frac{\ln(S/K) + [r - (\sigma^2/2)]T}{\sigma\sqrt{T}}$$

式中,S 为无收益标的资产的当前价格;σ 为无收益标的资产的价格波动率;K 为欧式看涨期权的执行价格;T 为欧式看涨期权的到期时间;C 为欧式看涨期权的价格;$N(.)$ 为标准正态概率值(具体值可以查正态概率值表)。

正如我们先前的预测,体现投资者风险偏好的预期收益率 μ 没有出现在定价公式中,代替它的是表达风险中性的无风险利率 r,这验证了风险中性定价原理的合理性。另外,从 B-S-M 公式自身的求解过程来看,$N(d_2)$ 实际上是在风险中性世界中 S_T(标的资产在 T 时刻的价格)大于 K 的概率,或者说是欧式看涨期权被执行的概率,因此 $Ke^{-rT}N(d_2)$ 是 K 的风险中性期望值的现值,或者说可以看成期权可能带来的收入现值;而 $SN(d_1) = S_T e^{-rT}N(d_1)$ 是 S_T 的风险中性期望值的现值,可以看成是期权持有者将来可能支付的价格的现值,因此,整个公式可以被看作期权未来期望回报的现值。此外,$N(d_1)$ 是看涨期权价格对资产价格的导数,它反映了很短时间内期权价格变动与其标的资产价格变动的比率,所以说,如果要抵消标的资产价格变化给期权价格带来的影响,一个单位的看涨期权多头就需要 $N(d_1)$ 单位的标的资产的空头加以保值。

B-S-M 公式中有 5 个输入变量,除了资产的价格波动率 σ 外,其他 4 个变量都可以从市场信息中直接得到。价格波动率用于度量资产所提供收益的不确定性,我们可以用资产价格的历史数据来估计它。

(二) B-S-M 期权定价公式的拓展

1. 无红利资产欧式看跌期权的定价公式

B-S-M 期权定价模型给出的是无红利资产欧式看涨期权的定价公式,根据欧式看涨期权和看跌期权的平价关系,我们可以得到无红利资产欧式看跌期权的定价公式:

$$P = Ke^{-rT}N(-d_2) - SN(-d_1) \tag{1-11}$$

2. 无红利资产美式期权的定价公式

在标的资产无红利的情况下,美式看涨期权等同于欧式看涨期权,因此上式也给出了无红利资产美式看涨期权的价格。

由于美式看跌期权与美式看涨期权之间不存在严格的平价关系,所以美式看跌期权的定价还没有得到一个精确的表达式,我们可以采用数值方法或者解析近似法给出它的价格。

3. 有红利资产期权的定价公式

到现在为止,我们一直假设期权的标的资产没有红利,即没有现金收益,那么对于有红利资产,其期权定价公式是什么呢? 实际上,如果红利是可以准确预测到的,那么有红利资产的欧式期权定价并不复杂。

以股票为例,假设红利(收益率)为年率 g,它使得股票价格的增长率比不支付红利时减少了 g。如果连续支付红利的股票价格从现在的 S 增加到 T 时刻的 S_T,则没有红利支付时股票价格从现在的 S 增加到 T 时刻的 S_Te^{-gT}(考虑连续复利),这也可以看作是有红利支付时的股票价格从 t 时刻的 S_Te^{-gT} 增加到 T 时刻的 S_T。

因此,我们只需做一个简单的替换:将基本 B-S-M 公式中的 S 改为 Se^{-gT},我们即可得到有红利资产欧式看涨期权公式:

$$C = Se^{-gT}N(d_1) - Ke^{-rT}N(d_2) \tag{1-12}$$

其中,

$$d_1 = \frac{\ln(S/K) + [r - g + (\sigma^2/2)]T}{\sigma\sqrt{T}}$$

$$d_2 = \frac{\ln(S/K) + [r - g - (\sigma^2/2)]T}{\sigma\sqrt{T}}$$

同样地,对有红利资产欧式看跌期权,我们有

$$P = Ke^{-rT}N(-d_2) - Se^{-gT}N(-d_1) \tag{1-13}$$

d_1 和 d_2 的定义同上。

【**例 1-6**】 假设 IBM 股票(不支付红利)的市场价格为 50 美元,无风险利率为 4%,股票的年波动率为 10%,求执行价格为 50 美元、期限为 1 年的欧式看涨期权和看跌期权的价格。

我们已知

$$S = 50（美元）$$
$$K = 50（美元）$$
$$T = 1（年）$$
$$r = 0.04$$
$$\sigma = 0.1$$

则

$$d_1 = \frac{\ln\left(\frac{50}{50}\right) + [0.04 + (0.01)/2] \times 1}{0.1 \times \sqrt{1}} = 0.45$$

$$d_2 = \frac{\ln\left(\frac{50}{50}\right) + [0.04 - (0.01)/2] \times 1}{0.1 \times \sqrt{1}} = 0.35$$

故有

$$N(d_1) = 0.6736$$
$$N(d_2) = 0.6368$$

如此，欧式看涨期权和看跌期权的价格分别为

$$C = 50 \times 0.6736 - 50 \times 0.6368 e^{-0.04 \times 1} = 3.09$$
$$P = 50 \times (1 - 0.6368) e^{-0.04 \times 1} - 50 \times (1 - 0.6736) = 1.13$$

三、期权风险度量参数

观察前面讲述的 B-S-M 定价公式中出现的参数因素，我们可能深入地了解各个因素对期权价格的影响程度，或称之为期权价格对这些因素的敏感性，即当这些因素发生变化时，会引起期权价格的变化程度。了解期权风险度量参数，有助于我们把握期权价格变动，并可以建立适当数量的证券头寸组成套期保值组合来消除风险。通常，我们用希腊字母来表示期权风险度量参数，它们包括 Delta、Theta、Gamma、Vega 和 Rho 等。

（一）Delta

期权的 Delta(Δ)，是衡量期权对期权标的资产价格变动所面临的风险程度的指标，定义为在其他条件不变时，期权价格变动与其标的资产价格变化曲线的切线斜率。比如，某期权的 Delta 为 0.7，这意味着当股票价格变化一个很小的数量时，相应期权价值变化大约等于股票价值变化的 70%。一般来讲有

$$\Delta = \frac{\mathrm{d}f}{\mathrm{d}S} \qquad (1\text{-}14)$$

式中，f 为期权的价格；S 为股票价格，上式右边是期权价格对股票价格求导数。

Delta 的取值范围在 -1 与 1 之间，看涨期权的 Delta 是正值，范围从 0 到 1，看跌期权的 Delta 是负值，范围从 -1 到 0。

证券组合的 Delta 值可以由证券组合内各个单一期权的 Delta 来计算。如果一个交

易组合由数量为 w_i 的期权 $i(1 \leqslant i \leqslant n)$ 来组成，那么证券组合的 Delta 值为

$$\Delta = \sum_{i=1}^{n} w_i \Delta_i \tag{1-15}$$

式中，Δ_i 为第 i 个期权的 Delta。该式可以用来计算标的资产的头寸或标的资产期货的头寸，以使得证券组合的 Delta 为 0。当 Delta 为 0 时，我们称证券组合为 Delta 中性。

Delta 值对套保者非常重要，譬如对上面的无红利资产的欧式看涨期权的多头需要由标的资产的空头来对冲；对看跌期权的多头需要由标的资产的多头来对冲。

【例 1-7】 假定一个金融机构持有以下 3 个关于某标的股票的头寸：

（1）100 000 份看涨期权的多头头寸，行使价格为 55 美元，期限为 3 个月，每份期权的 Delta 为 0.533。

（2）200 000 份看涨期权的空头头寸，行使价格为 56 美元，期限为 5 个月，每份期权的 Delta 为 0.468。

（3）50 000 份看跌期权的空头头寸，行使价格为 56 美元，期限为 2 个月，每份期权的 Delta 为 −0.508。

这时整个股票组合的 Delta 为

$$100\ 000 \times 0.533 - 200\ 000 \times 0.468 - 50\ 000 \times (-0.508) = -14\ 900$$

这意味着金融机构可以买入 14 900 股股票使得该股票组合为 Delta 中性。

（二）Theta

期权的 Theta(Θ)，是衡量时间变化的风险度量指标，定义为在其他条件不变时，期权价格变化与时间变化的比率，是期权价格对时间的导数。公式为

$$\Theta = \frac{\mathrm{d}f}{\mathrm{d}t} \tag{1-16}$$

随着到期日的临近，期权价格（看涨和看跌）会不断下降，因此 Theta 值有时又被称为时间损耗（time decay）。

期权多头的 Theta 通常为负值，这是因为在其他条件不变的情况下，随着期限的缩短，期权价值会降低；而期权空头的 Theta 通常为正值，即对期权的卖方来说，每天都在坐享时间价值的收入。在其他条件一定时，Theta 的大小与标的资产价格波动率有关系。一般来说，波动率越小，Theta 的绝对值也越小；波动率越大，Theta 的绝对值也越大。

作为对冲参数，Theta 与 Delta 属于不同类型。这是因为未来标的资产的价格有很大的不定性，但时间走向却没有不定性。通过对冲来消除交易组合关于标的资产的风险很有意义，但通过对冲来消除交易组合对于时间的不定性就毫无意义了。在期权交易中，尤其是在差期交易中，由于 Theta 值的大小反映了期权购买者随时间推移所损失的价值，因而无论对于避险者、套利者还是对于投资者而言，Theta 值都是一个重要的指标。

（三）Gamma

期权的 Gamma(Γ)，是衡量 Delta 相对标的资产价格变动的敏感性指标，定义为期权 Delta 的变化与标的资产价格变化的比率，是期权价格对标的资产价格的二阶导数。公

式为

$$\Gamma = \frac{\mathrm{d}^2 f}{\mathrm{d} S^2} \tag{1-17}$$

当 Gamma 很小时，Delta 变化缓慢；当 Gamma 的绝对值很大时，Delta 对标的资产价格变动就变得相当敏感。

关于 Gamma，有三点比较重要的性质。

（1）标的资产、到期期限以及执行价格相同的看涨期权与看跌期权具有相同的 Gamma。

（2）看涨期权多头或看跌期权多头的 Gamma 值大于零。

（3）当期权处于平价状态时，Gamma 最大。当期权处于深度实值或虚值状态时，Gamma 趋于零。

（四）Vega

期权的 Vega(V)，是衡量期权标的资产价格波动对期权价格影响的指标，定义为在其他条件不变时，期权价格对标的资产价格波动率(σ)的导数。公式为

$$V = \frac{\mathrm{d} f}{\mathrm{d} \sigma} \tag{1-18}$$

如果期权的 Vega 绝对值很大，则期权价格会对标的资产波动率变化非常敏感；如果 Vega 绝对值较小，则资产波动率对期权价格的影响也会很小。

一般来说，波动率对看涨期权和看跌期权多头的影响都是正向的，波动率越大，期权价格越高；相对于其他合约内容相同的期权，平值期权的 Vega 大于实值期权或者虚值期权。

【例 1-8】　假如某一交易组合为 Delta 中性，组合的 Gamma 为 6 000，Vega 为 9 000。假设期权 A 的 Gamma 为 0.8，Vega 为 2.2，Delta 为 0.9。期权 B 的 Gamma 为 1.0，Vega 为 1.6，Delta 为 0.6。如何调整期权头寸，才能使组合同时处于 Gamma 中性和 Vega 中性状态？

为了保证组合同时处于 Gamma 中性和 Vega 中性，需在组合中引入期权 A 和期权 B，用 w_{1t} 和 w_{2t} 代表组合中两个期权头寸的数量，要求：

$$6\,000 + 0.8 w_{1t} + 1.0 w_{2t} = 0$$
$$9\,000 + 2.2 w_{1t} + 1.6 w_{2t} = 0$$

以上两式求解得，$w_{1t} \approx -6\,522$，$w_{2t} \approx -653$。因此，分别加入 6 522 份期权 A 的空头和 653 份期权 B 的空头才能使该交易组合为 Gamma 中性和 Vega 中性。

加入这两种期权后，新组合的 Delta 变为：$-6\,522 \times 0.9 - 653 \times 0.6 = -6\,261.6$，因此需卖出 6 262 份标的资产才能使该组合为 Delta 中性。

（五）Rho

期权的 Rho(ρ)，是衡量期权理论价值对利率变化的敏感性指标，定义为在其他条件不变时，期权价格对利率(r)的导数。公式为

$$\rho = \frac{\mathrm{d}f}{\mathrm{d}r} \tag{1-19}$$

一般来说,实值期权的 Rho 大于平值期权的 Rho,而后者又大于虚值期权的 Rho；对于深度虚值期权来说,Rho 值接近于 0。

即测即练

第二章

经济数据与经济指标

本章学习目标

　　本章从宏观经济分析角度,介绍了若干对于期货价格的走势极有影响的经济数据和相关指标,着重阐述这些指标与期货价格走势的关系。通过本章学习,要求熟悉经济周期、物价水平、利率、汇率变动、产业政策对期货市场的影响,掌握宏观经济指标、财政政策、货币政策对期货市场的影响。

第一节　经济周期与宏观经济数据

　　期货投资中的宏观经济分析就是以宏观经济理论为基础,确立相应的分析框架,解读各种经济指标数据,分析经济运行及政策对期货市场和期货价格的影响。

一、经济周期

　　经济周期(business cycle)也称商业周期、景气循环,一般是指经济活动沿着经济发展的总体趋势所经历的有规律的扩张和收缩,是国民收入或总体经济活动扩张与紧缩的交替或周期性波动变化。经济增长常表现出周期性的波动,准确判断宏观经济所处阶段是期货市场基本面分析的关键。而每个经济周期,大致可以分为如下四个阶段:繁荣(经济活动扩张或向上阶段)、衰退(由繁荣转为萧条的过渡阶段)、萧条(经济活动的收缩或向下阶段)、复苏(由萧条转为繁荣的过渡阶段);表现在图形上时,也称为衰退、谷底、扩张和顶峰。

　　经济运行周期是决定期货价格变动趋势最重要的因素。一般来说,在宏观经济运行良好的条件下,因为投资和消费增加,需求增加,商品期货价格和股指期货价格会呈现不断攀升的趋势;相反,在宏观经济运行恶化的背景下,投资和消费减少,社会总需求下降,商品期货和股指期货价格往往呈现出下滑的态势。

　　在特定的经济增长阶段,选准资产是投资界孜孜以求的目标,经过多年实践,美林证券提出了一种根据成熟市场的经济周期进行资产配置的投资方法,市场上称之为美林投资时钟(Merrill Lynch investment clock)理论。美林投资时钟自问世以来,在成熟市场取得了不错的投资效果,也获得了较为广泛的认同。在新兴市场特征明显的中国,近年来也有不少应用。下面我们通过美林投资时钟的应用来具体讲解不同阶段的经济周期下对应的大类资产配置。

美林投资时钟理论形象地用时钟来描绘经济周期周而复始的四个阶段：衰退、复苏、过热、滞胀，然后找到在各个阶段中表现相对优良的资产类（图2-1）。当经济周期开始如时钟般转动时，所对应的理想资产类也开始跟随转换。

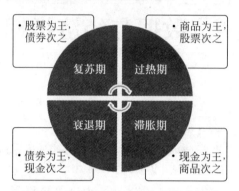

- 股票为王，债券次之
- 商品为王，股票次之
- 债券为王，现金次之
- 现金为王，商品次之

复苏期　过热期
衰退期　滞胀期

图2-1　美林投资时钟与大类资产配置

具体而言，当经济处于衰退阶段，公司产能过剩，盈利能力下降，商品在去库存压力下价格下行，表现为低通胀甚至通货紧缩。为提振经济，政府会实施较为宽松的货币政策并引导利率走低。在衰退阶段，债券是表现最好的资产类，对应美林投资时钟的6～9点。

当经济告别衰退步入复苏阶段，经济虽然开始增长，但由于过剩产能还没有完全消化，因此通胀程度依然较低。随着需求回暖，企业经营状况得到改善，股票类资产在复苏阶段迎来黄金期，对应美林投资时钟的9～12点。

在经济持续加速增长后，便进入过热阶段，产能不断增加，通胀高企，大宗商品类资产是过热阶段最佳的选择，对应美林投资时钟的12～15点。

经济在过热后步入滞胀阶段，此时经济增长已经降低到合理水平以下，而通胀仍然继续，上升的工资成本和资金成本不断挤压企业利润空间，股票和债券在滞胀阶段表现都比较差，现金为王，成为投资的首选，对应美林投资时钟的15～18点。

二、国内生产总值

国内生产总值（GDP）是以价值形式表示的一个国家或地区在一定时期内生产的所有最终产品与服务的市场价值。GDP的持续稳定增长是各国政府追求的目标之一。GDP增长率一般用来衡量经济增长的速度，是反映一定时期经济发展水平变化程度的动态指标。

GDP核算有三种方法，即生产法、收入法和支出法，三种方法从不同的角度反映国民经济生产活动成果。生产法是从国民经济各个部门在核算期内生产的总产品价值中，扣除生产过程中投入的中间产品价值，得到增加价值的方法。核算公式为：总产出－中间投入＝增加值。收入法是从生产过程创造收入的角度，根据生产要素在生产过程中应得的收入份额反映最终成果的一种核算方法。按照这种核算方法，最终增加值由劳动者报酬、生产税净额、固定资产折旧和营业盈余四部分相加得出。支出法是从最终使用的角度衡量核算期内货物和服务的最终去向，包括消费、资本形成、政府购买和净出口四部分。GDP核算主要以法人单位作为核算单位，在核算中依据法人单位从事的主要活动将其划分到不同的行业，分别计算各个行业的增加值，再将各行业增加值汇总得到GDP。

中国的 GDP 数据由中华人民共和国国家统计局发布,季度 GDP 初步核算数据在季后 15 天左右公布,初步核实数据在季后 45 天左右公布,根据年度最终核实数基准季度 GDP 并对外公布。年度 GDP 初步核算数(即 1—12 月的季度核算数)在年后 20 天公布。而独立于季度核算的年度 GDP 核算初步核实数据在年后 9 个月公布,最终核实数据在年后 17 个月公布。

美国 GDP 数据由美国商务部经济分析局(BEA)发布,季度数据初值分别在 1 月、4 月、7 月、10 月公布,以后有两轮修正,每次修正相隔 1 个月。一般在 7 月末还进行年度修改,以反映更完备的信息。每 5 年左右进行一次基准或历史性的修改,修正范围可以回溯到 GDP 序列开始的 1929 年。

作为以整个国民经济为核算对象的国内生产总值,在进行经济分析中具有重要作用。一般来说,国内生产总值的增长意味着就业机会的增加,同时,伴随经济的增长,形成新的社会需求,其又决定市场物价水平的变化,总需求若明显高于供给增长,导致物价水平上涨,反之,则可能出现通货紧缩。

用现行价格计算的 GDP 可以反映一个国家或地区的经济发展规模,用不变价格计算的 GDP 可以用来反映国民经济的增长速度。如 2019 年,中国 GDP 由 1978 年的 3 678.7 亿元扩大到 990 865.1 亿元,横向对比看,GDP 总量在世界位次由第 10 位跃升至第 2 位;如果扣除物价因素,1980—2019 年,中国 GDP 年平均增速为 9.5%,远超世界同期年均增速。

国内生产总值与人口指标相结合可以计算人均 GDP。人均 GDP 是衡量一个国家或地区经济发展水平和富裕程度的重要综合指标。把各国的人均 GDP 折算成同一货币,可以进行国际比较,反映各个国家的富裕程度。如 2020 年,中国 GDP 总量虽然位居世界第二,但人均 GDP 却仅为 69 位,属于中等收入国家。

国内生产总值可以用来进行结构分析。除了 GDP 总量之外,国家统计局还会公布国民经济三大产业增加值的同比增幅,从中可以看出我国经济增加结构的变化。从图 2-2 中三大产业的增速比对可以看出,目前我国经济增长主要依靠第二产业拉动的局面依然没有改变,但随着我国经济发展方式的转变,我国正逐步摆脱对重工业的依赖,第三产业开始呈现快速增长的趋势。

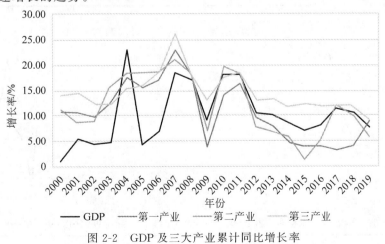

图 2-2　GDP 及三大产业累计同比增长率

从支出法的角度看,消费、投资、净出口对 GDP 增长的贡献度同样值得密切关注,其中,特别可以了解中国经济增长失衡的状况。全球金融危机爆发后,中国 4 万亿投资计划使得固定资产投资(资本形成)占投资的比重飙升至近 95% 的峰值,经济发展严重失衡,其间,尽管政府一直强调拉动内需促进经济增长,但消费占 GDP 的比重不断下降。随着当局严控房地产市场、清理政府融资平台、淘汰落后产能的一系列举措的实施,投资增速放缓,在外需不振的情况下,消费对经济增长的贡献逐渐增加。2020 年突发新冠肺炎疫情,内外需不振,消费出现负增长,出口增速较快(图 2-3)。

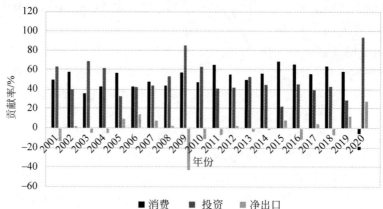

图 2-3 "三驾马车"GDP 累计同比贡献率

从中长期来看,GDP 指标与大宗商品价格呈现较为明显的正相关关系,经济走势从需求端等方面对于大宗商品价格产生影响。中国是一个大宗商品对外依存度较高的国家,其 GDP 走势无疑也会影响大宗商品价格走势。当中国 GDP 呈现上行趋势时,大宗商品指数通常重心上移,而当中国 GDP 逐步走弱时,大宗商品指数往往走势疲弱(图 2-4)。在 2020 年新冠肺炎疫情的背景下,年初内外需双双走弱,GDP 指标快速下行,而大宗商品价格同样大幅下挫。随后我国政府迅速采取防疫措施,经济在 2020 年二季度开始回升,GDP 指标与大宗商品价格快速反弹。

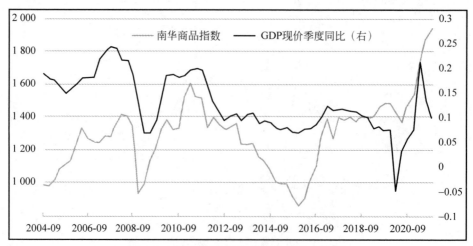

图 2-4 中国 GDP 与南华商品指数走势图

资料来源:南华研究。

市场上通常会发布未来一年甚至更长时间的 GDP 指标预测。鉴于趋势上的相关性，可以通过对于 GDP 的预测来大致判断大宗商品在中长期的价格趋势。不过需要注意的是，中国季度 GDP 初步核算数据在季后 15 天左右公布，因此 GDP 这一指标具有一定的滞后性，在其公布之时，其经济状况已通过更为高频的经济数据被市场所了解，大宗商品价格也早已对经济基本面的好坏作出反应，因此数据公布后对于短期大宗商品价格影响较为有限，并不能成为判断短期大宗商品价格走势的主要依据。

三、固定资产投资

固定资产投资是以价值形式表示的在一定时期内建造和购置固定资产的工作量以及与此有关的费用总和。它是反映固定资产投资规模、速度、比例关系和使用方向的综合性指标，是社会固定资产再生产的主要手段。通过建造和购置固定资产的活动，国民经济不断采用先进技术装备，建立新兴部门，进一步调整经济结构和生产力的地区分布，增强经济实力，为改善物质文化生活创造条件。

固定资产投资完成额以建造和购置固定资产以及与此有关的费用作为核算主体。土地开发工程隶属于固定资产投资范畴，但单纯的土地交易却不属于固定资产投资。固定资产投资完成额所指的固定资产使用时间较长，一般使用年限在一年以上，而且单位价值在规定的标准限额之内。

根据管理渠道，全社会固定资产投资分为基本建设、更新改造、房地产开发投资和其他固定资产投资。根据经济类型，全社会固定资产投资分为国有、集体、个体、联营、股份制、外商、港澳台商和其他等。

中国的固定资产投资完成额由国家统计局发布，每月 13 日左右公布上月数据，每季度第一个月 13 日左右发布上一季度数据，每年 2 月底发布上年数据。固定资产投资统计资料的来源包括：跨省、区项目资料来自国务院各部门；农村集体和农村个人固定资产投资资料来自国家统计局农村经济调查总队的农村社会经济调查；除此之外的固定资产投资统计资料均来自国家统计局固定资产投资统计司的统计调查。

固定资产既能拉动需求，又能推动供给。固定资产投资额作为总需求的重要组成部分，是观察经济波动的重要指标。一般来说，经济增长越快，可用于投资的金额越多，投资增长就越快；利率越低，对未来收益率的预期就越高，企业就越有动力将资金用于投资，扩大生产能力，争取未来获得更多收益，投资增长也越快。固定资产投资也是增加社会总供给的重要途径，可以扩大社会生产能力。需要注意的是，固定资产投资的需求拉动作用直接表现在同期数值中，但供给推动作用具有一定的滞后性。

固定资产投资额与大宗商品价格之间关系密切，呈现正相关关系。2020 年 1 月新冠肺炎疫情发生，固定资产投资额累计负增长 24.5%，大宗商品价格指数呈明显下跌趋势（图 2-5）。一般而言，固定资产投资增加会导致社会总需求增加，在大宗商品产能未能有效释放的情况下，将导致大宗商品价格普遍上涨。相反，固定资产投资减少，大宗商品价格则缺乏上涨动力。

图 2-5　固定资产投资额与大宗商品价格走势图

资料来源：国家统计局，Wind。

四、消费者价格指数、生产者价格指数

价格指数(price index)是衡量物价总水平在任何一个时期与基期相比相对变化的指标。物价总水平是指一个经济中商品和服务的价格经过加权后的平均价格，通常用价格指数来衡量。最重要的价格指数包括消费者价格指数(CPI)和生产者价格指数(PPI)。

CPI 是 consumer price index 的英文简称，我国称之为居民消费价格指数，是度量消费商品及服务项目价格水平随着时间变动的相对数，反映居民购买的商品及服务项目价格水平的变动趋势和变动程度。其按年度计算的变动率通常被用来反映通货膨胀或紧缩的程度；CPI 及其分类指数还是计算国内生产总值以及资产、负债、消费、收入等实际价值的重要参考依据。在我国居民消费价格指数构成的八大类别中，食品比重最大，居住类比重其次，但不直接包括商品房销售价格。在美国的消费者价格指数中，住宅占 42％，交通运输占 17％，食品和饮料占 15％，医疗、娱乐、教育和交流三项各占 6％。

CPI 的同比增长率是最受市场关注的指标，它不仅是评估当前经济通胀压力的最佳手段，也是影响货币政策的重要因素。一般来说，当 CPI 同比增长大于 3％时，称为通货膨胀；而当 CPI 大于 5％时，称为严重的通货膨胀。发达国家货币当局通常会设定固定的通胀目标，比如，美国货币当局将美国的通胀率目标设为 1.5％～2％，而欧洲央行设定的通胀目标为 2％以下。

生产者价格指数，是工业生产产品出厂价格和购进价格在某个时期内变动的相对数，反映全部工业生产者出厂和购进价格变化趋势和变动幅度。中国生产者价格指数由工业生产者出厂价格指数和工业生产者购进价格指数两部分组成。由于种种原因，严格意义上的生产者价格指数暂时无法统计出来。目前，中国以工业品出厂价格替代生产者价格，因此，生产者价格指数也被称为工业品出厂价格指数。工业品出厂价格指数是从生产角度反映当月国内市场的工业品价格与上年同月的价格相比的价格变动。

与居民消费价格指数相比，工业品出厂价格指数只反映了工业品出厂价格的变动情况，没有包括服务价格的变动，其变动也要比居民消费价格剧烈一些。但由于它衡量的是企业生产的产品费用，PPI 的变动往往预示了消费价格水平的变动趋向，是在重要性上仅次于消费者价格指数的价格指标。因为,如果销售商必须为商品支付更多的话,那么他们将趋向于把更高的成本转嫁给消费者。

除了消费者价格指数和生产者价格指数,美国劳工部公布的价格指数数据中还包括核心 CPI 和核心 PPI。这两项数据与 CPI 和 PPI 数据的区别是都剔除了食品和能源成分,因为食品和能源受临时因素影响较大,如反常气候、石油工业的短暂中断等,而这两项分别占 CPI 和 PPI 的 25% 和 40% 左右。核心 CPI 是美联储制定货币政策较为关注的一个数据,一般认为核心 CPI 低于 2% 属于安全区域。

CPI、PPI 价格走势受到大宗商品价格走势的影响,并对央行货币政策取向至关重要,决定市场利率水平的中枢,对债券市场、股票市场产生一系列重要影响。

以 2020 年为例,中国经历新冠肺炎疫情,面临整个产业复苏的状况,大宗商品价格持续上涨。2020 年主要工业品涨幅较大,铜、橡胶、螺纹钢分别累计上涨 13.12%、10.06%、16.14%。受此影响,2020 年 9 月,全国居民消费价格同比上涨 1.7%。其中,城市上涨 1.6%,农村上涨 2.1%;食品价格上涨 7.9%,非食品价格持平;消费品价格上涨 2.6%,服务价格上涨 0.2%。1—9 月,全国居民消费价格比上年同期上涨 3.3%。9 月份,国内工业生产和需求稳定恢复,工业品价格继续回升。从环比看,PPI 上涨 0.1%,涨幅比上月回落 0.2 个百分点。其中,生产资料价格上涨 0.2%,涨幅回落 0.2 个百分点;生活资料价格由涨转降,下降 0.1%。从调查的 40 个工业行业大类看,价格上涨的有 15 个,比上月减少 2 个;下降的 19 个,增加 1 个;持平的 6 个,增加 1 个。受国际原油价格变动影响,石油相关行业价格由涨转降,其中,石油和天然气开采业价格下降 2.3%,石油、煤炭及其他燃料加工业价格下降 0.5%。其他主要行业中,价格涨幅回落的有黑色金属冶炼和压延加工业,上涨 1.3%,回落 0.2 个百分点;有色金属冶炼和压延加工业,上涨 0.7%,回落 2.3 个百分点;农副食品加工业,上涨 0.2%,回落 0.4 个百分点(图 2-6)。

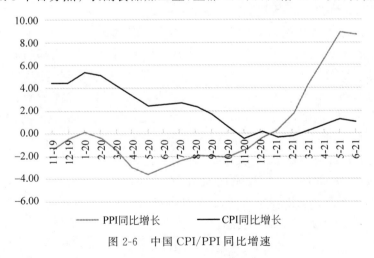

图 2-6 中国 CPI/PPI 同比增速

2014 年,债券市场表现良好,得益于通胀压力的减轻,收益率下行的空间逐渐加大。同时,经济下行压力的加大,也使得央行推出更多货币宽松政策,降息降准窗口再度开启。央行自 2014 年 11 月 22 日起下调金融机构人民币贷款和存款基准利率。金融机构一年期贷款基准利率下调 0.4 个百分点至 5.6%，一年期存款基准利率下调 0.25 个百分点至 2.75%。尽管再度降息，短期内对提振经济、降低实体经济融资成本的作用仍不明显，但宽松的货币政策无疑利好债市，以国债期货 TF1412 合约为例，2014 年 9—11 月的月累计涨幅均在 1% 左右，银行间市场 10 年期国债收益率在 2014 年 10 月 10 日跌破 4%，且继续一路下行，截至 2015 年 2 月 4 日收盘，报收 3.4589%（图 2-7）。

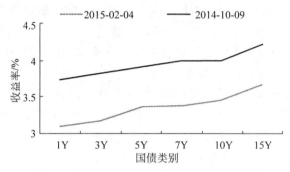

图 2-7　银行间市场国债收益率曲线对比图

五、采购经理人指数

采购经理人指数（PMI）是最重要的经济先行指标，涵盖生产与流通、制造业与非制造业等领域，主要用于预测经济的短期运动，具有很强的前瞻性。采购经理人指数以百分比表示，常以 50% 作为经济强弱的分界点：当指数高于 50% 时，被解释为经济扩张的讯号；当指数低于 50%，尤其是接近 40% 时，则有经济萧条的倾向。目前全球已有 20 多个国家或地区建立了 PMI 体系，最具影响力的 PMI 包括 ISM（供应管理协会）采购经理人指数和中国制造业采购经理人指数。

ISM 采购经理人指数是由美国非官方机构供应管理协会在每月第 1 个工作日定期发布的一项经济领先指标。ISM 每个月向全美代表 20 个不同工业部门的大约 400 家公司发放问卷，要求采购经理人针对新订单、生产、就业、供应商配送、存货、顾客存货量、价格、积压订单量、新出口订单和进口等方面的状况进行评估。ISM 采购经理人指数则是以问卷中的前 5 项为基础，构建 5 个扩散指数加权计算得出，各指数的权重分别为：新订单 30%、生产 25%、就业 20%、供应商配送 15%、存货 10%。ISM 采购经理人指数对于评估经济周期的转折较为重要。它以百分比为单位，常以 50% 作为经济强弱的分界点。一般而言，当 ISM 采购经理人指数超过 50% 时，表明制造业和整个经济都在扩张；当该指数在 43%～50% 之间，表明生产活动收缩，但经济总体仍在增长；而当其持续低于 43% 时，表明生产和经济可能都在衰退。

中国制造业采购经理人指数由国家统计局和中国物流与采购联合会共同合作编制，在每月的第 1 个工作日定期发布。按双方协商的合作分工，国家统计局企业调查总队负责数据的调查采集和加工处理；中国物流与采购联合会和中国物流信息中心负责数据分析、商务报告的撰写以及对社会发布。最终所确立的指数系列共包括 11 个指数：新订单、生产、就业、供应商配送、存货、新出口订单、采购、产成品库存、购进价格、进口和积压订单。中国制造业采购经理人指数则是由其中 5 个分项指数计算而得到的综合指数。该指数自 2005 年发布以来日益受到市场关注。

PMI 与大宗商品价格变化具有一定的相关性。一般而言,PMI 上升,意味着制造业扩张,对大宗商品价格形成支撑。如果这一趋势持续,则会导致大宗商品价格的上升。反而反之(图 2-8)。以中国官方制造业 PMI 为例,2015 年 1 月,官方制造业 PMI 跌至 49.8%,是该指数连续第 4 个月回落,也是自 2012 年 9 月以来首次跌破 50% 荣枯线。从分项指数来看,在构成官方制造业 PMI 的 5 个分类指数中,除供应商配送时间指数有所回升之外,生产指数、新订单指数、从业人员指数以及原材料库存指数均较上月有不同幅度的回落。中国官方制造业 PMI 下跌意味着经济下行压力进一步加大。同时,大宗商品价格持续低落,CRB(商品研究局)现货指数也创出近三年新低。

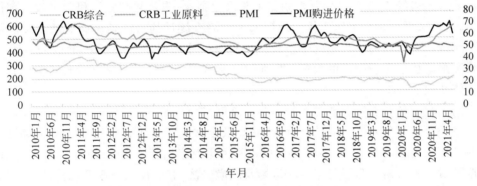

图 2-8 中国 PMI 与 CRB 现货指数走势图

六、失业率、非农就业

失业率是反映宏观经济运行状况的重要指标,其变化反映了就业和宏观经济的波动情况。一般而言,失业率下降,代表整体经济健康发展,利于货币升值。若将失业率配以同期的通胀指标来分析,则可知当时经济发展是否过热,会否构成加息的压力,或是否需要通过减息以刺激经济的发展。

根据国家统计局的统计标准,失业人口是指非农业人口中在一定年龄段内(16 岁至法定退休年龄)有劳动能力,在报告期内无业并根据劳动部门就业登记规定在当地劳动部门进行求职登记的人口。我国统计的失业数据包括城镇登记失业率和调查失业率。

城镇登记失业率即城镇登记失业人数占城镇从业人数与城镇登记失业人数之和的百分比,是我国目前官方正式对外公布和使用的失业率指标,由人力资源和社会保障部负责收集数据。数据是以基层人力资源和社会保障部门上报的社会失业保险申领人数为基础统计的,每年分别在第二、第三、第四季度调查 3 次。由于统计忽略了农村人口及失业未登记人口,城镇登记失业率的调查范围仅覆盖了就业人口的一半左右。

调查失业率由国家统计局负责收集编制,数据采集采用分层、多阶段、整群比例抽样,取得 90 万人的样本量,用样本数据推算总体,调查频率同样是在每年在第二、第三、第四季度调查 3 次。国家统计局根据调查失业人数与同口径经济活动人口的比率得出调查失业率,并同时推算出有关失业的各种结构数据,如长期失业人员比重、各种学历失业人员比重等。由于调查失业率采用国际的严格标准统计,不以户籍为标准,因此更加接近事实,但目前尚不对外公布相关数据。

美国的人口统计局每月都会对 6 万个家庭进行当期人口调查,收集计算失业率所需的信息。美国劳工部劳工统计局(BLS)根据相关信息来计算每月的失业率,并在每月的第一个星期五发布。

除失业率数据外,劳动统计局每月发布的"非农就业"(nonfarm payrolls)数据也是重要的经济数据之一。非农就业数据一般在每月的第一个星期五同时发布。与失业率调查数据的来源不同,非农就业数据的来源是对机构进行调查,收集的就业市场信息直接来自企业组织,而非家庭,劳动统计局与 40 万企业和政府机构保持联系,这些机构雇佣人数约占全部非农人口的 45%。机构调查涵盖了非农业企业、非营利性团体和三级政府部门所雇用的人员,甚至包括在美国工作的外籍人士。调查统计的目的是全面反映在美国的企业和政府部门中创造的或失去的工作数量。非农就业数据来自工资记录,是反映劳动力市场状况最直接最有说服力的指标。失业率数据和非农就业数据共同反映了美国就业市场的整体状况。

美国失业率及非农就业数据的好坏会对美联储货币政策制定产生一定影响,货币政策变化往往会引起美元汇率变动,进而使商品及金融期货产生价格波动。其中对贵金属期货的影响较为显著。2008 年次贷危机后,美国失业率居高不下,市场避险需求激增,大幅提振了贵金属价格。为了稳定金融市场及刺激经济,有效控制失业率,美联储实施了三轮量化宽松(QE)货币政策。美国经济在大量注入流动性的情况下逐渐企稳复苏,使得失业率呈稳步下降趋势,贵金属投资需求大减,从而导致价格大幅下挫(图 2-9)。

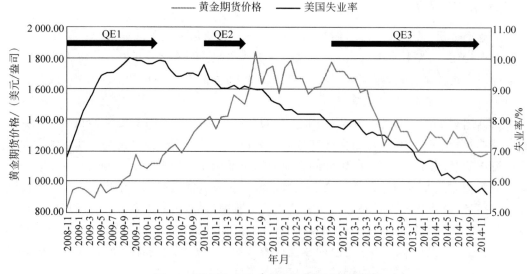

图 2-9　美国失业率与黄金期货价格走势图

非农就业数据对期货市场亦有一定指导性作用。2020 年 3 月至 5 月,美国新冠肺炎疫情恶化对经济造成影响,新增非农就业人数出现骤降,美元指数上涨至峰值,随后政府出台相应经济政策,新增非农就业人数上涨,美元指数开始回落。2020 年 6 月以后,新增非农人数再次出现下降趋势,美元指数回落趋势变缓(图 2-10)。与此同时,以美元计价的纽约黄金期货价格同样于 2020 年 3 月至 5 月有上涨后回落的趋势,并于 6 月以后继续上涨(图 2-11)。

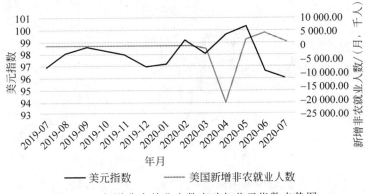

图 2-10　新增非农就业人数变动与美元指数走势图

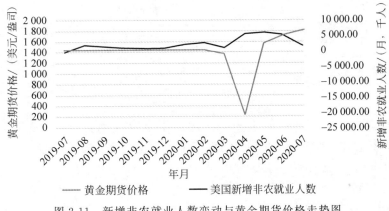

图 2-11　新增非农就业人数变动与黄金期货价格走势图

　　此外,非农就业数据对公布日日内期货价格走势也会产生一定影响。2020 年 4 月 3 日公布的美国 3 月季调后非农就业人口减少 70.1 万人,不增反降拉低预期。新增非农就业人数的下降反映出美国经济下行压力大,利好贵金属期货价格(图 2-12)。数据公布后黄金期货价格接连上升。所以,重要数据公布的不确定性往往会加剧期货市场的波动。

七、进出口数据

　　进口贸易又称输入贸易(import trade),是指将外国商品输入本国市场销售。输往国外的商品未经消费和加工又输入本国,称为复进口或再输入(re-import trade)。出口贸易又称输出贸易(export trade),是指本国生产或加工的商品输往海外市场销售。从海外地区输入的商品,未在境内消费,又未经本国加工而再次输出海外,称为复出口或再输出(re-export trade)。企业在进出口过程中涉及货币的交换,进出口情况对外汇波动情况有直接影响。

图 2-12　纽约黄金期货价格走势

　　如图 2-13 所示,从 2008 年 1 月到 2021 年 6 月,虽然受到新冠肺炎疫情影响,但是我国进出口贸易额总体趋势还是稳中上升的;而且总体处于贸易顺差的状况。

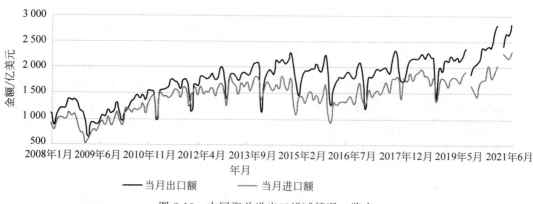

图 2-13　中国海关进出口增减情况一览表

资料来源:东方财富网。

　　当进口大于出口时,国际收支逆差,国际借贷入超,外汇流入少于外汇流出,即债权小于债务,本币趋于贬值,外币升值;当出口大于进口时,国际收支顺差,国际借贷出超,外汇流入多于外汇流出,即债权大于债务,本币趋于升值,外币贬值。

一般而言,出口型企业出口产品收取外币货款时,将面临本币升值或外币贬值的风险。进口型企业进口产品和设备支付外币时,将面临本币贬值或外币升值的风险。因此,进出口企业可以利用外汇远期、外汇期货、外汇期权以及外汇掉期等汇率类衍生品来对冲汇率波动风险,以减少收支外币的不确定性。利用外汇远期和外汇期货进行套期保值的原理相同,但交易场所不同,它们在保证金、流动性、信用风险、灵活性等方面都存在不同。外汇掉期的应用可以理解为多个外汇远期的组合,而企业使用外汇期权对冲汇率风险的主要考虑是利用期权的杠杆性和灵活性。

在出口业务中,若应收账款是外币,则企业面临的主要外汇风险是本币升值(外币贬值)。本币升值(外币贬值)意味着以外币计价的应收账款的本币价值下降,相当于资产价值下跌。为管理该风险,出口企业通常开展本币多头套期保值,即在外汇市场上买入本币外汇远期合约、本币外汇期货合约,或者买入本币外汇看涨期权及卖出本币外汇看跌期权。

对于进口企业而言,若其应付账款是外币,则企业面临的主要外汇风险是本币贬值(外币升值)。本币贬值(外币升值)将导致企业应付账款的本币价值上升,相当于负债规模增加。为应对该风险,进口企业通常进行本币空头套期保值,即在外汇市场上进行卖出本币外汇远期合约、本币外汇期货合约,或买入本币外汇看跌期权等交易。

八、货币供应量

货币供给是指一定时期内一国银行体系向经济中投入、创造、扩张(或收缩)货币的行为。货币供给是一个经济过程,即银行系统向经济中注入货币的过程。货币供应量是单位和居民个人在银行的各项存款和手持现金之和,其变化反映中央银行货币政策的变化,对企业生产经营、金融市场的运行和居民个人的投资行为有着重大的影响,是国家制定宏观经济政策的一个重要依据。

按照国际货币基金组织的统计口径,货币层次划分如下。

M0(基础货币)。M0 是指流通于银行体系以外的现钞和铸币,包括居民手中的现钞和单位的备用金,不包括商业银行的库存现金。M0 可以随时作为流通手段和支付手段,购买力最强。

M1(狭义货币)。M1 是指流通中的现金与商业银行活期存款之和。由于银行的活期存款随时可以成为支付手段,因此同现钞一样具有很强的流动性。M1 作为现实的购买力,对社会经济生活影响巨大,因此,许多国家都将控制货币供应量的主要措施放在这一层次,使之成为国家宏观调控的主要对象。

M2(广义货币)。M2 指银行存款中的定期存款、储蓄存款以及各种短期信用工具。M2 虽然并不是真正的货币,但它们经过一定手续后,能够转化为现实的货币,从而加大货币的供应量。M2 的出现,使货币范围更加扩大,对金融制度和货币流通也产生了较大的影响。

除此之外,各国还会根据自身情况作出一些具体规定。如果在 M2 基础上再加上大额定期存款和一些流动性较低的金融资产,这种范围更宽的货币通常记为 M3(表 2-1)。

表 2-1　中国和美国计算货币存量的指标

指标	包括的资产（中国）	包括的资产（美国）
M0(C)	现金	现金
M1	M0＋活期存款（企事业单位活期存款、农村存款、机关团体部队存款）	M0＋活期存款、旅行支票和其他支票存款
M2	M1＋准货币（企业定期存款、自筹基本建设存款、个人储蓄存款和其他存款）＋可转让存单	M1＋个人持有的货币市场共同基金余额、储蓄存款和小额定期存款
M3	M2＋大额定期存款＋金融债券＋商业票据	M2＋大额定期存款、回购协议、欧洲美元＋机构持有的货币市场共同基金余额

中央银行可以通过增加或减少货币供应量调节货币市场，实现对经济的干预。中央银行可以通过对货币供应量的管理来调节信贷供应和利率。当现金货币供给量增加时，存款货币量和货币总额将相继发生变动，在货币供求失衡的情况下，信贷总额趋于增长、市场利率趋于下降，而价格水平趋于上涨。

近年来，随着金融制度创新的不断深化，对 M1 到 M3 的监测和调节被大多数国家的中央银行所采用，比如，中国将 M1 和 M2 作为货币政策的中介目标，美国联邦储备体系最看重 M2，英格兰银行则注意 M3，而日本银行强调的是 M2＋CDs（大额可转让定期存单）。

货币供应量与大宗商品价格变化密切相关。以原油为例，全球原油贸易均以美元计价，美元发行量增加，物价水平总体呈上升趋势，在石油产能达到全球需求极限的情况下，将推动石油价格上涨并带动石油期货价格上扬；当货币供应量持续大幅增加、部分货币供应量分流进入金融市场，金融市场波动或石油市场供需不稳定预期出现时，在金融市场流动的短期资本会炒作石油期货及其衍生金融投资工具，形成石油期货及衍生金融投资工具价格的大幅波动。

九、利率

基准利率是在整个利率体系中起主导作用的基础利率，其水平和变化决定其他各种利率和金融资产价格的水平与变化。基准利率是利率市场化的重要前提之一。在利率市场化条件下，融资者衡量融资成本，投资者计算投资收益，以及管理层对宏观经济的调控，客观上都要求有一个普遍公认的基准利率水平做参考。因此，从某种意义上讲，基准利率是利率市场化机制形成的核心。

市场经济国家一般以中央银行的再贴现率为基准利率。在中国的利率政策中，1 年期的存贷款利率具有基准利率的作用，其他存贷款利率在此基础上经过复利计算确定。2007 年 1 月 4 日开始运行的上海银行间同业拆借利率（Shibor），是目前中国人民银行着力培养的市场基准利率。全球最著名的基准利率有伦敦同业拆借利率（LIBOR）和美国联邦基金利率，英美两国的存贷款利率均是根据此利率自行确定的。伦敦同业拆借利率是英国银行家协会根据其选定的银行在伦敦市场报出的银行同业拆借利率，进行取样并平均计算成为基准利率，它已成为全球贷款方及债券发行人的普遍参考利率，是目前国际最重要和最常用的市场利率基准。美国联邦基金利率是指美国同业拆借市场的利率,最主要是指隔夜拆借利率,它不仅直接反映货币市场最短期的价格变化,是美国经济最敏感的利率,也是美联储的政策性利率指标。

Shibor 是由货币市场上人民币交易活跃、信用等级较高的银行组成的报价团报出的人民币同业拆出利率计算的算术平均利率,包括隔夜(O/N)、1 周(1W)、2 周(2W)、3 周(3W)、1 个月(1M)、2 个月(2M)、3 个月(3M)、4 个月(4M)、5 个月(5M)、6 个月(6M)、7 个月(7M)、8 个月(8M)、9 个月(9M)、10 个月(10M)、11 个月(11M)、12 个月(1Y)等 16 个品种。目前,对社会公布的 Shibor 品种包括隔夜、1 周、2 周、1 个月、3 个月、6 个月、9 个月及 1 年。

报价银行是公开市场一级交易商或外汇市场做市商。中国人民银行成立 Shibor 工作小组,依据《上海银行间同业拆放利率(Shibor)实施准则》确定和调整报价银行团成员,监督和管理 Shibor 运行,规范报价行与指定发布人行为。目前,Shibor 报价银行团由 16 家商业银行组成,包括中国工商银行、中国农业银行、中国银行、中国建设银行、交通银行、兴业银行、浦发银行、北京银行、上海银行、招商银行、中国光大银行、中信银行、南京银行、德意志银行(上海)、汇丰银行(上海)和渣打银行(上海)。

Shibor 利率的发布流程为:每个交易日,全国银行间同业拆借中心根据各报价行的报价,剔除最高、最低各 2 家报价,对其余报价进行算术平均计算后,得出每一期限的Shibor,并于 11:30 通过中国外汇交易中心暨全国银行间同业拆借中心网站发布。

存款准备金是指金融机构为保证客户提取存款和资金清算需要而准备的资金,金融机构按规定向中央银行缴纳的存款准备金占其存款总额的比例就是存款准备金率。存款准备金分为法定存款准备金和超额存款准备金。法定存款准备金比率由中央银行规定,是调控货币供给量的重要手段之一。超额准备金比率由商业银行自主决定。

在我国,中国人民银行对各金融机构法定存款准备金按旬考核,金融机构按法人统一存入中国人民银行的准备金存款低于上旬末一般存款余额的 8%,对其不足部分按每日万分之六的利率处以罚息。存款准备金制度是在中央银行体制下建立起来的,美国最早以法律形式规定商业银行向中央银行缴存存款准备金。存款准备金制度的初始作用是保证存款的支付和清算,之后才逐渐演变成为货币政策工具,中央银行通过调整存款准备金率,影响金融机构的信贷资金供应能力,从而间接调控货币供应量。

作为经济的晴雨表,证券期货市场对利率水平变化是异常敏感的。一般而言,利率水平越低,股票价格指数越高。首先,在利率水平较低的环境中,储蓄偏好降低,投资者更倾向于投资股票市场,大量资金流入股票市场推高股票指数。其次,在实体经济中,利率水平下降意味着企业的生产成本和融资成本的降低,为企业提供良好的经营环境,增加企业盈利预期,作为股东权益代表的股票价格也就随之上涨。另外,利率水平往往和折现率有直接关系,利率降低引起折现率降低,在进行股票估值中提高了股票价值,股票价格会上升。例如,2019 年 8 月 20 日央行下调金融机构人民币贷款和存款基准利率,金融机构一年期贷款基准利率下调 20 个基点至 3.85%;五年期贷款基准利率下调 10 个基点至4.65%。受此影响,股指启动了一轮强劲上涨。上证指数从 2019 年 8 月份的 2 886.24 点上涨到 2020 年 8 月的 3 395.68 点,上涨幅度为 17.65%(图 2-14)。

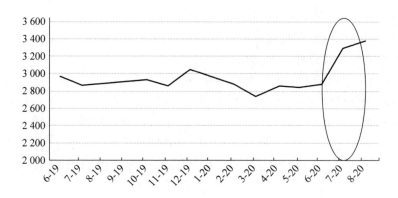

图 2-14　上证指数走势图

需要说明的是,在美元 LIBOR 逐步停用后,对于以美元计价的贷款和证券,ARRC(替代参考利率委员会,Alternative Reference Rates Committee)确定并建议将有担保隔夜融资利率(SOFR)作为新基准。SOFR 是 secured overnight financing rate 的缩写,由美国国债抵押品的隔夜回购利率计算得出。这里需要注意的是,LIBOR 是无担保贷款的利率,但 SOFR 是有担保的利率,而不是无担保的。所谓的有担保,就是以美国国债作为抵押,并且资金仅借出一个工作日的融资利率。

十、汇率

外汇汇率是以一种货币表示的另一种货币的相对价格。外汇汇率具有双向表示的特点,既可用本币来表示外币的价格,也可用外币表示本币价格,因此对应两种基本的汇率标价方法:直接标价法和间接标价法。20 世纪 60 年代以后,欧洲货币市场迅速发展起来,国际金融市场间的外汇交易量迅猛增加,为便于国际进行外汇交易,银行间的报价普遍采用"美元标价法",即以一定单位的美元为标准来折算应兑换多少其他各国货币的汇率表示方法。世界各金融中心的国际银行所公布的外汇牌价都是美元兑其他国家主要货币的汇率,非美元货币之间的汇率,则通过各自对美元的汇率套算。

在中国外汇市场上,比较重要的有基准汇价和银行外汇牌价。基准汇价是中国人民银行每日公布的人民币兑美元、欧元、日元、港币的市场交易中间价,该中间价是各外汇指定银行之间以及外汇指定银行与客户之间人民币兑美元、欧元、日元、港币买卖的交易基准汇价。银行外汇牌价是各外汇指定银行以中国人民银行公布的人民币对美元交易基准汇价为依据,根据国际外汇市场行情,自行套算出当日人民币兑美元、欧元、日元、港币以及各种可自由兑换货币的中间价。外汇指定银行可在中国人民银行规定的汇价浮动幅度内,自行制定各挂牌货币的外汇买入价、外汇卖出价以及现钞买入价、现钞卖出价。这些挂牌价即为银行外汇牌价,见表 2-2。

表 2-2　人民币的外汇牌价表(2020 年 6 月 1 日)　　　人民币/100 外币

货币名称	现汇买入价	现钞买入价	现汇卖出价	现钞卖出价	中行折算价
美元	646.48	641.22	649.22	649.22	647.55
港币	83.22	82.56	83.56	83.56	83.36

续表

货币名称	现汇买入价	现钞买入价	• 现汇卖出价	现钞卖出价	中行折算价
日元	5.861 9	5.679 8	5.905	5.914 1	5.897
欧元	766.88	743.05	772.53	775.02	766.82
英镑	897.29	869.41	903.89	907.89	892.8
加拿大元	518.74	502.36	522.57	524.87	516.58
澳大利亚元	483.73	468.7	487.29	489.45	481.15

根据现汇与现钞的不同，汇率可分为现汇汇率和现钞汇率。现汇汇率是银行买卖外汇支付凭证时标出的汇率，通常所指的外汇汇率都是指现汇汇率。现钞汇率是银行买卖外汇现钞时所标出的汇率。现钞的买卖因涉及现钞的保管、转移等各种费用，现钞的买入价要低于现汇的买入价，现钞的卖出价有时也高于现汇的卖出价，因而现钞买入卖出差价要大于现汇买入卖出的差价。

第二节 其他重要指标

一、经济景气指数

经济景气指数来源于企业景气调查，是西方市场经济国家建立的一项统计调查制度。它是通过对企业家进行定期的问卷调查，并根据企业家对企业经营情况及宏观经济状况的判断和预期来编制的，由此反映企业的生产经营状况和经济运行状况，预测未来经济的发展变化趋势。

经济景气指数的编制基于以下两个理念：一是经济本身存在周期性的波动；二是经济指标之间存在时滞关系。换句话说，经济指标之间不可能同时达到高潮或低潮，总有前后的顺序。按照这个理念，我们能够以所关心的总体经济指标的变化为依据，确定先行指标、同步指标和滞后指标。显然，同类型指标尽管性质相同，但单个指标的峰谷及波形并不完全一致，不同的时点也还可能发生变化。更何况，经济的周期波动是通过一系列经济变量的活动来传递和扩散的，任何一个经济指标的波动都不足以代表宏观经济的总体波动，要反映宏观经济的整体波动，必须综合考虑各个变量的波动，必须通过计量方法对一些不同的指标进行处理，编制相应的先行指数、同步指数和滞后指数，据以判断经济的景气状况。

目前，中国经济景气指数共分为两类。第一类通过对现有宏观经济指标的分析，挑选出最能反映宏观经济运行特点的指标，按照各自的权重，统一加总为一个总指数，判断并预测经济形势。如国家统计局的"国经指数"、国家信息中心的"中经指数"等。第二类通过调查问卷设置问题对特定的调查对象如企业家、消费者等进行的景气或信心调查，通过对统计汇总的结果进行相应的处理，得出相应的指数。如国家统计局企业调查总队的企业景气指数、企业家信心指数，国家统计局中国经济景气监测中心的消费者信心指数等。

宏观经济景气指标能够较好地反映宏观经济的景气程度。例如，2012 年 1 季度至 2013 年 1 季度，我国 GDP 增速当月同比分别为 8.10%、7.60%、7.40%、7.90% 和 7.70%，同期宏观经济景气指数中的先行指数，2012 年 1—3 月均运行于 100 上方，而 4—8 月运行于 100 下方，9 月份回升至 100 上方，4 月份再度下滑至 100 下方，与国内经济增长趋势一致,较好地提前反映了国内宏观经济的景气度。

除了宏观经济景气指数之外,企业景气指数、企业家信心指数和消费者信心指数均可以反映宏观经济运行情况。企业景气指数和企业家信心指数都是建立在企业景气调查基础之上的,与国内生产总值等主要指标互为补充、互为验证,增强了宏观调控部门准确判断经济形势的能力。如 2019 年 3 季度至 2020 年 3 季度,我国 GDP 环比增长速度分别为 1.3、1.6、−9.3、10.1 和 3.1,同期企业景气指数分别为 123.40、122.80、88.22、109.12 和 121.15,同期企业家信心指数分别为 124.30、123.60、90.86、110.41 和 122.54,与国内生产总值的变动趋势基本一致。

消费者信心指数由消费者预期指数和满意指数组成。其中,预期指数反映消费者对家庭经济状况和总体经济走向的预期,满意指数反映消费者对当前经济状况和耐用消费品购买时机的评价,而信心指数则综合描述消费者对当前经济状况的满意程度和对未来经济走向的信心。随着市场经济的发展和市场体制的完善,消费者的信心对经济的影响呈扩大趋势,消费者信心指数变动的前瞻性不断强化。例如,2012 年 2 季度,我国经济复苏放缓,消费者信心指数从 2012 年 5 月的 104.2 下滑至 6 月份的 99.3;3 季度经济复苏态势有所好转,消费者信心指数 9 月份再度回升至 100.8,2013 年 2 月达到 108.2,而进入 2013 年 2 季度,国内经济增长再度放缓,消费者信心指数 4 月份回落至 103.7,充分反映了消费者信心指数的敏感性和前瞻性。

二、商品价格指数

2008 年全球金融危机以来,以原油、有色金属、铁矿石、农产品为代表的大宗商品价格急剧波动,给经济发展、企业经营、投资者决策带来了严峻挑战。在此形势下,能够及时、准确、全面地反映大宗商品市场运行趋势的商品价格指数显得尤为重要。

目前,路透商品研究局指数(Thomson Reuters/Jefferies CRB,RJ/CRB 指数)是全球最具影响力的商品价格指数。1957 年,商品研究局开始编制商品指数,并首次刊载于 CRB 商品 1958 年年报中。1986 年,纽约棉花交易所[NYCE,1998 年并入纽约期货交易所(NYBOT)]和 CRB 合作推出了全球第一个商品指数期货合约。2001 年,英国路透集团获得 CRB 指数的所有权,并于 2005 年与 Jefferies 金融产品公司合作,对该指数进行了第十次修订。2005 年 6 月 20 日,RJ/CRB 指数被正式推出,其期货合约于同年 7 月 12 日正式开始交易。根据 1995 年第九次修订,设立的路透 CRB 商品指数更名为"连续商品指数"(the continuous commodity index,CCI),其期货合约仍旧继续交易。2007 年,洲际交易所(ICE)收购 NYBOT,RJ/CRB 和 CCI 的期货合约均在 ICE 挂牌交易。RJ/CRB 指数构成情况见表 2-3。

表 2-3　RJ/CRB 指数构成情况

组合	商品	权重/%	合约月份	交易所
一	WTI 原油	23	1—12 月	纽约商业交易所(NYMEX)
	燃料油	5	1—12 月	纽约商业交易所(NYMEX)
	无铅汽油	5	1—12 月	纽约商业交易所(NYMEX)
	小计	33		

续表

组合	商品	权重/%	合约月份	交易所
二	天然气	6	1—12月	纽约商业交易所(NYMEX)
	玉米	6	3月、5月、7月、9月、12月	芝加哥期货交易所(CBOT)
	大豆	6	1月、3月、5月、7月、11月	芝加哥期货交易所(CBOT)
	活牛	6	2月、4月、6月、8月、10月、12月	芝加哥商业交易所(CME)
	黄金	6	2月、4月、6月、8月、12月	纽约商品交易所(COMEX)
	铝	6	3月、6月、9月、12月	伦敦金属交易所(LME)
	铜	6	3月、5月、7月、9月、12月	纽约商品交易所(COMEX)
	小计	42		
三	白糖	5	3月、5月、7月、10月	纽约期货交易所(NYBOT)
	棉花	5	3月、5月、7月、12月	纽约期货交易所(NYBOT)
	可可	5	3月、5月、7月、9月、12月	纽约期货交易所(NYBOT)
	咖啡	5	3月、5月、7月、9月、12月	纽约期货交易所(NYBOT)
	小计	20		
四	镍	1	3月、7月、9月、12月	伦敦金属交易所(LME)
	小麦	1	3月、5月、7月、9月、12月	芝加哥期货交易所(CBOT)
	生猪	1	2月、4月、6月、7月、8月、10月、12月	芝加哥商业交易所(CME)
	橙汁	1	1月、3月、5月、7月、9月、11月	纽约期货交易所(NYBOT)
	白银	1	3月、5月、7月、9月、12月	纽约商品交易所(COMEX)
	小计	5		
	总计	100		

资料来源：Jefferies。

RJ/CRB指数包括19个商品期货品种,分为4组及4个权重等级,除第一组的WTI原油在指数中的权重高达23%之外,其他每组中各期货品种所占权重相同。第一组包括3种原油类产品(权重为33%);第二组包括7种流动性很强的商品(权重为42%);第三组由4种农产品构成(权重为20%);第四组则包括价值多样性的商品(权重为5%)。铜和黄金在第二组中,所占权重均为6%,橙汁、镍、小麦等商品在第四组中,权重仅为1%。

RJ/CRB指数会根据其目标比重做每月调整。定期调整有助于保持指数的稳定性并维持指数的基本组合,避免商品类别及成分商品因相关价格变动而出现偏离。通过定期调整,RJ/CRB指数系统性地降低了对估值偏高的商品的持有量,增加了相对较便宜的商品的持有量。RJ/CRB指数涵盖的商品都是原材料性质的大宗商品,而且价格数据采集来自期货市场。因此,RJ/CRB指数在反映全球商品价格的总体动态上发挥了重要作用。该指数不仅能够较好地反映出生产者价格指数和消费者价格指数的变化,甚至比CPI和PPI的指示作用更加超前和敏感,可以看作通货膨胀的指示器。研究表明,RJ/CRB指数是一个有效反映通货膨胀的指标,与通货膨胀指数、债券收益率均在同一个方向波动,在一定程度上反映了经济发展的趋势。

除了RJ/CRB指数,标普高盛商品指数(S&PGSCI)、道琼斯 UBS 商品指数(DJUBS)、彭博商品指数(BCOM)、JP摩根商品指数(JPMCI)、德意志银行商品指数

（DBCI）、罗杰斯国际商品指数（RICI）也都具有一定的全球影响力。其中,高盛商品指数（GSCI）创建于 1991 年,被认为是继 RJ/CRB 指数后最重要的商品价格指数,也是全球资金跟踪量最大的商品指数。高盛商品指数最显著的特点在于对能源价格赋予了很高权重,能源品种占该指数的权重为 70%,提升了该指数的波动性。与标普高盛商品指数相比,道琼斯 UBS 商品指数最明显的特点则是多样性,该指数中没有一种商品的权重超过 33% 或小于 2%。

三、运价指数

波罗的海干散货运价指数（Baltic dry index,BDI）,是由波罗的海航运交易所发布的衡量国际干散货海运价格的权威指数。BDI 反映了全球对矿产、粮食、煤炭、水泥等初级大宗商品的需求,是研究航运企业未来业绩和投资价值的重要指数,也是国际经济和贸易的领先指标之一。BDI 不仅对干散货航运股票、有色金属和煤炭等初级商品制造商股票价格走势具有重要的参考价值,而且与相关商品期现货市场的价格走势密切相关。

BDI 前身是 1985 年开始发布的 BFI（Baltic freight index）,它随波罗的海交易所设立而构建,初值为 1 000 点,由 13 条航线构成。1999 年,BDI 取代 BFI,改为由三种船型运费指数组成,包括好望角型船运价指数（BCI）、巴拿马型船运价指数（BPI）和灵便型船运价指数（BHSI）,构成航线增至 24 条。这三类指数由美国、英国、挪威、意大利、日本等 5个国家共 11 家大型航运中介商针对重要航线依照每天的运费编制,BDI 对这三类指数各取 1/3 权重加总计算而成。

2009 年 7 月 1 日,BDI 开始采用新的计算方式,把好望角型、巴拿马型、超灵便型和灵便型四种船型的期租市场指数计算在内,每种船型权重占 25%。因此,BDI 由 BCI、BPI、BSI（超灵便型船运价指数）和 BHSI 四种指数组成,是四种指数的加权平均数。其中,波罗的海好望角型船运价指数主要反映运输焦煤、燃煤、铁矿砂、磷矿石、铝矾土等工业原料,10 万吨级以上的好望角型船的海运价格;波罗的海巴拿马型船运价指数主要反映运输民生物资及谷物等大宗商品、7 万～9 万吨级的巴拿马型船的海运价格;波罗的海超灵便型船运价指数主要反映运输磷肥、碳酸钾、木屑、水泥等货物,4 万～5 万吨级超灵便型船的海运价格;波罗的海灵便型船运价指数主要反映 2 万～4 万吨级灵便型干散货船的海运价格。

由于 BDI 受全球 GDP 成长率、铁矿石、煤炭、谷物和水泥等大宗商品运输需求量、全球船吨数供给量、国际船用燃油均价、战争及天灾等因素的影响,BDI 对观察和判断全球经济走势具有重要的参考价值。

长期以来,BDI 一直是全球经济和全球商品贸易市场的“晴雨表”,也是大宗商品市场投资者历来最看重的投资指标之一。如果全球经济增长,铁矿石、煤炭、有色金属等初级商品市场的需求增加,价格上涨,BDI 也会相应上涨。因此,BDI 与全球经济增长和大宗商品价格变化基本上呈正相关关系。从历史经验看,商品价格指数先于 BDI 上涨或下跌,BDI 是跟随商品价格指数的变化而变化的。2008 年全球金融危机就是一个例子,CRB 指数大幅跳水在先,BDI 高台下跌在后。从行业角度看,大宗商品的需求驱动大宗商品的价格,驱动 CRB 上升,从而推动全球船运贸易行业升温,造成 BDI 上涨。

BDI 走势和我国大宗商品价格变化关系密切。一方面,大宗商品贸易数量会影响国际市场船运需求,进而对 BDI 产生影响。中国是世界上重要的铁矿石进口国,每年的谷物运输量、煤炭运输量也很大。2011—2015 年,我国铁矿石进口量由 6.86 亿吨增加到 9.52 亿吨,但增速由 2011 年的 10.9% 降至 2015 年的 2.20%。一些品种进口绝对量甚至出现了下降,2015 年前 11 个月我国进口煤及褐煤 18 643 万吨,2014 年同期则为 26 398 万吨。在船运能力一定的情况下,运输需求减少是 BDI 走低的直接原因。另一方面,BDI 的变化对大宗商品价格也产生了影响。首先,BDI 变化通过成本传导机制会直接影响进口商品的价格。中国是世界上铁矿石、谷物、焦炭的重要进口国,船运费用降低有助于降低铁矿石、焦煤、谷物的进口成本,推动其价格下跌。其次,BDI 变化也直接影响市场对全球经济后期走势的判断及信心,抑制大宗商品价格上涨。随着 BDI 回落,运输成本在商品价格中所占比重日益降低。因此,后者对大宗商品价格的影响程度要大于前者。

值得注意的是,BDI 只是特别定义下的一个反映干散货综合海运价格的运价指数。对业界来说,更具参考意义的是 BDI 分船型和航线分指数。与证券综合指数是某个证券市场挂牌股票总体走势的统计指标不同,BDI 显示的只是整个海运市场中的一小部分,也就是干散货海运市场的运价走势,与定期班轮市场无关,油轮、液化气等海运市场则另有运价指数。除了 BDI,波罗的海交易所还有两个著名的运价指数:原油海运运价指数(Baltic exchange dirty tanker index,BDTI)和成品油海运运价指数(Baltic exchange clean tanker index,BCTI)。原油和成品油在全球经济中的地位举足轻重,所以 BDTI 和 BCTI 是两个非常重要的油轮市场指标,其衍生品交易也十分活跃。

四、波动率指数

波动率是一个统计概念,它用于衡量资产价格波动程度,用来衡量标的资产价格变动幅度。目前,波动率指数的功能主要在于反映市场恐慌情绪,预警市场行情,管理市场风险。

1993 年,芝加哥期权交易所(CBOE)提出了 VIX 指数(volatility index)概念,也是最重要的波动率指数,2003 年 CBOE 更新了 VIX 算法,把标的指数从 S&P100 指数改成 S&P500 指数,推出了基于 S&P500 指数的期权的实时价格的 VIX 指数,来代表整个期权市场投资者对未来 30 天股价指数波动率的预期。VIX 作为一个市场预期指数,体现了投资者的心理表现,因此被称为"投资者情绪指标"。当 VIX 高时,投资者认为股票市场的波动将更为剧烈;当 VIX 低时,投资者预期股票市场的波动更小。因此,波动率指数可以及时、准确地衡量金融市场压力水平,反映投资者情绪状况。经过实践运行,人们发现波动率指数不仅是股市灵敏的压力计,并且与标的指数的关系表现出负相关性、变化的非对称性特征。

负相关性:波动率指数的实质是市场交易较为活跃的股指期权的隐含波动率的加权平均,反映市场对未来一段时间内波动率的预期。当预期股票市场有较大波动或担忧下跌时,持有现货资产的投资者倾向于购买股指期权避险,因此推升股指期权价格,进而使得其平均隐含波动率上升,即波动率指数上升;相反,当投资者预期股市平稳或上涨时,则会减少对冲头寸,压低股指期权价格,进而使得波动率指数下降。因此,波动率指数与标的指数一般具有负相关性。从海外市场波动率结构来看,VIX 指数与标普 500 指数呈现明显的负相关关系,当标普 500 指数下跌时,VIX 指数一定程度上升,标普 500 指数上涨时,VIX 指数一定程度下跌。从历史数据来看,美国、欧洲、日本、韩国、印度以及中国香港等市场的波动率指数都支持该结论,即波动率指数与标的指数在大部分时间都呈现出明显的负相关关系。

非对称性:波动率指数不仅与股票指数呈负相关,并且其负相关性是非对称的,其具体表现为:标的指数上涨时波动率指数的下降幅度远低于标的指数下跌时波动率指数的上升幅度。即当行情变差时,投资者往往产生一系列恐慌情绪,通过大量抛售现货或增加执行价更低的认沽期权头寸来避险保值,波动率指数由此大幅上涨;然而在市场上行阶段,投资者增加执行价更高的认购期权头寸的意愿相对较弱,因此波动率指数也随之经历一个缓慢下行过程。以 2001 年 10 月 3 日至 2020 年 11 月 1 日为观测区间,选取标普 500 跌幅和涨幅最大的 10 个交易日,在标普 500 跌幅最大的 10 个交易日,其平均下跌 3.228,对应的 VIX 平均上涨了 21.2%;而在标普 500 涨幅最大的 10 个交易日,其平均上涨 3.015%,VIX 仅下跌 12.355%,证实了 VIX 指数在 S&P500 下跌时波动更加剧烈,其波动情况呈现非对称性。

经中国证监会批准,上海证券交易所于 2015 年 2 月 9 日上市 50ETF 期权产品。该产品是以上证 50 为标的物的上证 50ETF 交易型指数基金为标的衍生的标准化合约,其标的资产为上证 50ETF。2015 年 2 月 19 日,我国正式推出上证 50ETF 波动率指数,又称中国波动率指数(iVIX),该指数由中证指数有限公司维护(图 2-15)。

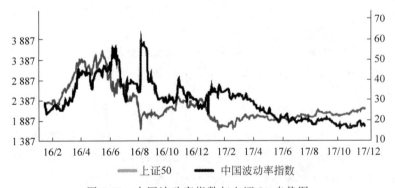

图 2-15　中国波动率指数与上证 50 走势图

中国波动率指数具有三个特点,其一,使用时下最为流行的无模型法编制;其二,使用真实的上证 50ETF 期权交易数据,而不是虚拟的交易数据;其三,根据上证 50ETF 实际交易特点,在选择期权时具有中国证券市场的特色。中国波动率指数与美国的 VIX 指数的编制原理如出一辙,也是根据方差互换原理,以近月与次近月上证 50ETF 期权合约为基础进行编制,反映投资者对未来 30 天上证 50ETF 波动率的预期,仅在一些细节处理上仍然有一些差别。中国波动率指数结合国际经验和国内期权市场实际情况,在期权价格确定时综合考虑成交价、买卖报价等信息,设定 7 个自然日作为展期时间。

五、信用违约互换指数

信用违约互换指数（credit default swap index，CDX），由 CDS 指数公司管理，包含信用违约互换投资等级的 125 家公司。信用违约互换（credit default swap，CDS）是国外债券市场中最常见的信用衍生产品，实际上，它是在一定期限内买卖双方就指定的信用事件进行风险转换的一个合约。信用违约互换指数则可以反映出信用风险价格的变化。

CDX 诞生于 2004 年，当时在全球进行交易的国家也仅仅限于美国和欧洲。由于发展迅速，CDX 仅 3 年的时间就已经位列全球信用衍生品交易量的第二位，英国银行家协会出版的 *British Bankers' Association—Credit Derivatives Report* 2006 显示，信用违约互换指数产品已成为信用衍生产品中的第二大类，成为信用违约互换市场上的热门投资品种。

CDX 是公认的反映整体市场信用风险的一个关键性指标，能够比单一标的资产信用违约互换更迅速地反映市场的基本情况，并有化解系统风险的作用。再加上其交易效率高、交易成本低，获得了市场的广泛支持，因此，CDX 具有很强的流动性。CDX 不仅自身的流动性高，还对整个信用衍生品市场流动性的增加有显著的推动作用，这主要体现在以下两方面。首先，信用违约互换指数的样本仅有 125 种，交易者可以通过复制信用违约互换在信用衍生产品市场上做多头或空头交易。在市场价格发生暴跌或暴涨时，交易者可以在两个市场上做对冲交易来回避风险，增加了信用衍生产品整体市场的流动性。其次，指数交易本身就具有增强市场流动性的特征，当能够通过信用违约互换指数基点的变化来对冲信用风险后，机构投资者就会迅速地针对整个市场的信用风险状况来调节信用风险头寸，从而促进信用衍生品市场交易量的增加。

同时，CDX 的交易者可以通过购买或者出售信用违约互换指数来管理信用风险头寸，对冲信用风险，化解系统性风险。CDX 交易发展迅速并吸引了大量交易者，主要是因为 CDX 为交易者提供了以较低成本快速分散、购买或出售信用风险的机会。

另外，CDX 的定价是每天免费提供的，具有一定的公开透明性，投资者可以清楚地了解其定价过程，便于投资者自己判断指标的定价公正与否。与其他金融衍生品相比，CDX 在这方面的表现是比较突出的，既保证了 CDX 在交易过程中更具有可靠性，也促进了市场的优化。

六、美元指数

美元指数（USDX）是综合反映美元在国际外汇市场的汇率情况的指标，用来衡量美元对一篮子货币的汇率变化程度。它通过计算美元和对选定的一篮子货币的综合的变化率，来衡量美元的强弱程度，从而间接反映美国的出口竞争能力和进口成本的变动情况。

1973 年 3 月，布雷顿森林体系所确定的固定汇率体系正式瓦解，主要贸易国都允许本国货币自由地与其他国家货币进行浮动报价。因此，美元指数的基期是 1973 年 3 月，基数为 100.00。任何时刻的美元指数都是同 1973 年 3 月相比的结果。譬如，美元指数报价为 105.50，意味着与 1973 年 3 月相比，美元对一篮子外汇货币的价值升值了 5.50%；如果美元指数报价为 85.75，则意味着与 1973 年 3 月相比，美元对一篮子外汇货币的价值贬值了 14.25%。

　　美元指数最初由德国马克、法国法郎、荷兰盾、意大利里拉、比利时法郎、日元、英镑、加拿大元、瑞典克朗和瑞士法郎等 10 个外汇品种构成。1999 年 1 月 1 日欧元诞生,美元指数的组成在 2000 年也进行了相应的调整,调整后的美元指数所对应的外汇品种权重分布见表 2-4。

表 2-4　美元指数所对应的外汇品种权重分布

外汇品种	欧元	日元	英镑	加拿大元	瑞典克朗	瑞士法郎
权重/%	57.6	13.6	11.9	9.1	4.2	3.6

　　1985 年 11 月 20 日,当时的纽约棉花交易所正式推出美元指数期货交易,尽管比外汇期货晚推出 13 年,但由于满足了市场需求,不仅获得了成功,也使美元指数成为市场人士十分关注的一个重要经济指标。1998 年,纽约棉花交易所和咖啡、糖、可可交易所(CSCE)合并成立纽约期货交易所;2007 年 1 月,纽约期货交易所被洲际交易所收购。目前,洲际交易所的美元指数期货以及期货期权交易全球影响力较大。中国和美国的主要经济数据发布时间表见表 2-5 和表 2-6。

表 2-5　中国主要经济数据发布时间表

数据名称	发布时间	发布单位	网　　址
国内生产总值	每个季度第一个月 15 日左右发布上一季度数据;每年 1 月 20 日前后上午 10:00 发布上年数据	国家统计局	http://www.stats.gov.cn
工业增加值	每月 9 日发布上月数据;3 月、6 月、9 月和 12 月数据与季度 GDP 同时发布	国家统计局	http://www.stats.gov.cn
中国物流与采购联合会 PMI	每月第一个工作日上午 9:00 发布上月数据	中国物流与采购联合会和国家统计局	http://www.chinawuliu.com.cn
财新中国 PMI	每月 1 日上午 10:30 发布前月数据,预览指数提前一周发布	财新传媒和 Markit Economics	http://www.markiteconomics.com
固定资产投资	每月 13 日发布上月数据;3 月、6 月、9 月和 12 月数据与季度 GDP 同时发布	国家统计局	http://www.stats.gov.cn
房地产价格、投资、销售及建设	投资、建设及销售数据在每月 9 日发布,价格数据每月 18 日发布	国家统计局	http://www.stats.gov.cn
社会消费品零售总额	每月 9 日发布上月数据;3 月、6 月、9 月和 12 月数据与季度 GDP 同时发布	国家统计局	http://www.stats.gov.cn

续表

数据名称	发布时间	发布单位	网址
贸易数据	每月 10 日上午 10:00 左右发布上月数据	海关总署	http://www.customs.gov.cn
外商直接投资	通常每月 15 日发布上月数据	商务部	http://www.mofcom.gov.cn
消费者价格指数(CPI)	每月 9 日上午 9:30 发布上月数据;3 月、6 月、9 月和 12 月数据与季度 GDP 同时发布	国家统计局	http://www.stats.gov.cn
生产者价格指数(PPI)	每月 9 日上午 9:30 发布上月数据;3 月、6 月、9 月和 12 月数据与季度 GDP 同时发布	国家统计局	http://www.stats.gov.cn
货币供应量	每月 10—15 日发布上月数据	中国人民银行	http://www.pbc.gov.cn
商业银行月度存贷款报告	每月 10—15 日发布上月初步数据,19 日前后公布完整数据	中国人民银行	http://www.pbc.gov.cn
中国央行报告	每季第一个月发布上季度宏观经济报告;每季第二个月发布上季度货币政策报告	中国人民银行	http://www.pbc.gov.cn
社会融资规模	月后 3 周左右	中国人民银行	http://www.pbc.gov.cn

表 2-6 美国主要经济数据发布时间表

数据名称	发布时间	发布单位	网址
个人收入及支出	每月第一个工作日发布前两个月数据,也有提前发布	商务部经济分析局(BEA)	http://www.bea.gov
ISM 采购经理人指数	每月第一个工作日发布上个月数据	美国供应管理协会(ISM)	http://www.ism.ws/index.cfm
建筑支出	每月第一个工作日发布前两个月数据	商务部普查局(U.S. Census Bureau)	http://www.census.gov
ADP 就业报告	每月第一个星期三发布上个月数据,也可能提前至上月末,以确保在非农就业数据前发布	自动化数据处理公司(ADP)	http://www.adpemploy-mentreport.com
初请及续请失业金人数	每周四发布截至上周六的数据	劳工部	http://www.dol.gov
非农就业数据及失业率	每月第一个星期五发布上个月数据	劳工部劳工统计局(BLS)	http://stats.bls.gov
财政预算	每月第二或第三周发布上月数据	财政部	http://www.fms.treas.gov

续表

数据名称	发布时间	发布单位	网　　址
国际贸易	每月 10 日左右发布前两个月数据	商务部普查局(U. S. Census Bureau)	http://www.census.gov
零售销售	每月 13 日左右发布上个月数据	商务部普查局(U. S. Census Bureau)	http://www.census.gov/retail
工业生产	每月 15 日左右发布上个月数据	美联储	http://www.federalreserve.gov
房屋开工及建筑许可	每月 16 日左右发布上个月数据	商务部普查局(U. S. Census Bureau)	http://www.census.gov
PPI、CPI	每月 17 日左右发布上个月数据	劳工部劳工统计局(BLS)	http://stat.bls.gov
成屋销售	每月 25 日左右发布上个月数据	全美不动产协会(NAR)	http://www.realtor.org
耐用品订单	每月 26 日左右发布上个月数据	商务部普查局(U. S. Census Bureau)	http://www.census.gov
新屋销售	每月最后一个工作日发布上个月数据	商务部普查局(U. S. Census Bureau)	http://www.census.gov
GDP	初值在 1 月、4 月、7 月、10 月最后一周发布,以后有两次修正,每次修正间隔一个月	商务部经济分析局(BEA)	http://www.bea.gov

即测即练

第 三 章

基本面分析

本章学习目标

本章从期货基本面分析的主要内容和期货价格影响因素入手,介绍几个常用的基本面分析方法,并运用基本面分析方法对几个重要板块和品种进行有侧重的分析,分析相关品种的特点,突出产业链条的梳理等。通过本章学习,了解基本面分析的基本理论,熟悉基本面分析的基本步骤,了解基本面分析的注意要点,能够熟练运用基本面分析方法解析期货价格变动的内在原因和判断价格走势。

第一节 期货基本面分析的主要内容

期货价格是对期货合约标的商品或金融工具未来价格的预期,任何影响标的现货价格的因素都会对期货价格产生影响。尽管对于不同的期货品种,其价格影响因素不尽相同,但其中依然存在一些共性因素,这些因素主要包括供需因素、成本利润因素、宏观经济形势、金融货币因素、自然因素、政治与政策因素及投机因素,这也是期货基本面分析的主要内容。期货基本面分析将从影响期货价格的因素展开。

一、供需因素

从长期看,商品的价格最终反映的必然是供求双方力量均衡点的价格。所以,商品供求状况对商品期货价格具有重要的影响。基本因素分析法主要分析的就是供求关系。商品供求状况的变化与价格的变动是互相影响、互相制约的。商品价格与供给成反比,供给增加,价格下降;供给减少,价格上升。商品价格与需求成正比,需求增加,价格上升;需求减少,价格下降。在其他因素不变的条件下,供给和需求的任何变化,都可能影响商品价格变化,一方面,商品价格的变化受供给和需求变动的影响;另一方面,商品价格的变化又反过来对供给和需求产生影响:价格上升,供给增加,需求减少;价格下降,供给减少,需求增加。这种供求与价格互相影响、互为因果的关系,使商品供求分析更加复杂化,即不仅要考虑供求变动对价格的影响,还要考虑价格变化对供求的反作用。

二、成本利润因素

一般来说,成本利润是与供需相互作用的,当商品生产利润下降至负利润时,企业往往会缩减供应量;当商品生产利润丰厚时,大量资本会陆续介入,产能产量上升,直至利润回归均值水平。因此,当某种商品供应过剩时,盈亏线往往被看作价格运行区间底部或顶部的重要参考指标。进行成本利润分析,不能把某一商品单独拿出来计算其成本利润,而是要充分考虑到产业链的上下游、副产品价格、替代品价格和时间等一系列因素。

三、宏观经济形势

宏观经济形势是决定商品价格走势最重要的因素。长期看,商品价格的波动与经济的周期波动紧密相关。期货价格作为对商品价格的预期,其走势也必然受到宏观形势的深刻影响。当经济处于从复苏到繁荣的阶段时,价格水平通常呈现逐步回升震荡上涨的走势,而在衰退和萧条阶段,期货价格走势常会经历快速下跌到低位调整的过程。因此,准确判断经济形势,是确定行情大势的基础,认真观测和分析经济所处的周期阶段和特点,对于正确把握期货市场价格走势具有重要意义,一些反映经济形势的重要指标,如GDP、失业率、价格指数、汇率等都需要基本分析者给予密切关注。同时,由于期货市场是与国际市场紧密联系的开放市场,世界经济的景气状况也会影响期货价格的波动。

四、金融货币因素

期货市场与金融货币市场有着天然的联系。在金融货币因素中,利率的高低和汇率的变动都会直接影响商品期货价格的变动。利率水平不仅关系着期货交易成本的大小,也是货币当局政策的反映。中央银行对利率水平的调整不仅可以通过影响经济形势影响期货价格,更会通过影响市场预期的方式,造成期货价格的波动。而汇率作为各国货币的交换比例,可以在外国商品价格不变的情况下,通过改变汇率影响外国商品的本币价格,进而对期货市场造成影响。美元、欧元、英镑等国际流通的主要货币走势从来都是基本面分析者十分敏感的因素,也是人们预测国内外期货市场价格时必须关注的重要内容。除利率汇率因素外,股票、债券、黄金和外汇市场作为金融货币体系的重要组成部分,其运行变化也会影响期货市场运行从而对期货价格产生影响。

五、自然因素

自然因素主要指气候条件、地理变化、自然灾害等,包括地震、洪涝、干旱、严寒、虫灾、台风等。自然因素与粮食、金属、能源等商品的生产和消费密切相关,特别是对农产品的影响尤为明显。不利的气候条件会影响农作物的产量,导致农产品供给趋紧,刺激价格上涨,反之则会对农产品价格构成压力。同时,自然因素的变化会影响运输和仓储,这不但间接影响商品的生产和消费,更会通过影响商品运输及仓储成本直接对商品价格造成影响。由于自然因素往往变幻莫测、突发性强,且目前人们对自然灾害的抗争能力十分有限,自然因素对期货商品的制约性极强,作为期货交易者应时刻对自然因素保持关注,以提高对期货价格预测的准确性。

六、政治与政策因素

期货市场对政治形势的变化十分敏感,政局动荡不仅会对经济造成冲击,期货市场也会因此受到影响而剧烈动荡。影响期货价格的政治因素很多,大选、罢工、战争、冲突、政变、经济制裁、重要政治人物逝世等都会导致期货价格的波动。更为重要的是,政治因素对期价市场的影响具有很强的短期暴发性,甚至可能直接决定某种商品期货的短期走势,对投资者产生极大的杀伤力,其后果往往十分严重。同时,由于政治事件的爆发难以预料,因此,很值得投资者关注。

此外,政策因素也会对期货市场产生影响,尤其对于我国,政策变化通常会对行情走势产生决定性的影响,因此,对于分析国内期货市场来说,时刻关注国家各项管理政策,对于把握市场走势十分重要。除了政府的管理政策,贸易政策也会影响期货价格,特别是对石油、铜、糖、小麦等国际化的大宗商品。一些国际商品协定和组织为了协调贸易国之间的经贸关系,常常根据市场状况制定诸如削减产量、限制出口、协调价格等政策措施,以期平衡商品供求,这些人为的措施由于直接影响了商品的供给量,对商品未来价格影响很大,因此,在进行基本面分析时必须特别注意有关国际经贸组织的动向。

七、投机因素

投机因素对期货价格的影响主要表现在大投机商的市场操纵及投资者的心理因素上。期货市场上,大投机商经常利用一些消息人为地进行投机性的大量抛售或补进,使价格走势与基本面脱节,对期货价格的波动起着推波助澜的作用。此外,投资者的心理因素也会对期货价格产生影响。如果投机者对市场看好,即使没有什么好消息,市场也会因投机者的信心而上涨;反之,期货价格可能因投机者缺乏信心而下跌。

投机者的心理因素与投机行为常常会相互影响,产生综合效应。一方面,投机者希望利用价格波动投机获利,这种心理会被其他交易者利用而诱发新的投机。另一方面,投机方式的变化又会反过来影响交易者的心理。值得注意的是,这种影响需要在一定的前提条件下才会出现,并产生作用。一般来说,当期货市场处于旺市时,投机交易有了良好的条件,投机和心理才会容易结合,其产生的综合效应常会使市场产生极强的不稳定性甚至戏剧性的变化,对市场的正常发展造成不良的影响。

第二节　基本面分析法

对期货品种进行基本面分析,不仅需要了解品种具体的价格影响因素以及影响因素是如何影响价格的,还需要掌握对这些关系进行分析的方法。下面主要探讨供需平衡表分析、成本利润分析、季节性分析、事件驱动分析、统计分析等分析方法。

一、供需平衡表分析法

要弄清楚价格走势的主要方向,需从宏观层面的供求角度入手进行分析。而对于供求关系的说明,最明朗的方法就是编制供需平衡表。一些重要的大宗商品都有专业的统计研究机构,这些机构既有官方的,也有非官方的。前者如美国农业部(USDA),定期公布各种农产品的数据报告;后者如国际橡胶研究组织,定期向会员提供全球橡胶的统计研究报告。在这些研究机构的各种统计报告中,供需平衡表备受市场关注。

平衡表列出了大量的供给与需求方面的重要数据,如上期结转库存、当期生产量、进口量、消耗量、出口量、当期结转库存等。除此之外,平衡表还列出了前期的对照值及未来期的预测值。平衡表分析法非常重视供给与需求中各种成分的变动,借以预测价格变动的可能方向。对于那些易储存的大宗商品,供需平衡表能够反映出统计期末的结转库存,而库存数量对价格的确定影响很大。表 3-1 是美国农业部 2022 年 6 月公布的全球大豆供求平衡表摘要内容。

表 3-1　世界大豆供求平衡表　　　　　　　　　　　百万吨

项目	14/15*	15/16*	16/17*	17/18*	18/19*	19/20*	20/210*	21/22*	22/23*		
—									4 月	5 月	变化
期初库存	61.65	77.9	80.41	94.8	98.6	115.24	94.66	99.91	—	85.24	—
产量	319.6	313.77	349.31	342.09	360.26	339.97	368.12	349.37	—	394.69	—
进口量	124.36	133.33	144.22	153.23	144.61	165.12	165.47	154.46	—	167.12	—
总供给	505.61	525	573.94	590.12	603.47	620.33	628.25	603.74	—	647.05	—
压榨量	264.07	275.15	287.28	294.61	297.27	312.31	315.08	313.68	—	326.76	—
国内需总量	301.85	313.94	330.78	338.03	342.65	358.32	363.84	362.93	—	377.44	—
出口	126.22	132.56	147.5	153.08	148.3	165.17	164.51	155.57	—	170.01	—
总需求	428.07	446.5	478.28	491.11	490.95	523.49	528.35	518.5	—	547.45	—
结转库存	77.53	78.5	95.65	99.02	112.52	96.84	99.91	85.24	—	99.6	—
库存消费比	18.11%	17.58%	20.00%	20.16%	22.92%	18.50%	18.91%	16.44%	—	18.19%	—

二、成本利润分析法

成本利润分析也是期货定性分析的一种重要方法。特别是在进行期货价格区间判断的时候,可以把期货产品的生产成本线或对应企业的盈亏线作为确定价格运行区间底部或顶部的重要参考指标。进行成本利润分析,不能把某一商品单独拿出来计算其成本利润,而是要充分考虑到产业链的上下游、副产品价格、替代品价格和时间等一系列因素。我们以成本利润分析中较为典型的大豆为例,来说明一下如何进行成本利润分析。

大豆种植成本主要由土地租用成本,种子、化肥、农药成本和机械、人工成本等构成。以 2020 年黑龙江大豆种植成本为例,大豆种植每公顷投入总成本 10 000 元,每公顷产量 2.3 吨,相当于按照 4 600 元/吨销售,理论收益在 580 元/吨。那么当大豆价格低于 4 348 元/吨时,农民将面临亏损,因此仅从成本角度考虑可以认为 4 348 元/吨可能对国产大豆现货及期货价格是一个较强的成本支撑。

三、季节性分析法

季节性分析法比较适用于原油和农产品的分析,其季节的变动会使价格产生规律性的变化,如在供应淡季或者消费旺季时价格高企,而在供应旺季或者消费淡季时价格低落。这一现象就是大宗商品的季节性波动规律。季节性分析最直接的就是绘制出价格运行走势图,按照月份或者季节,分别寻找其价格运行的季节性逻辑背景,为展望市场运行和把握交易机会提供直观的方法。

需注意的是,季节性分析法只适用于特定阶段,常常需要结合其他阶段性因素作出客观评估。如果出现特殊情况导致供求失衡,就会削弱原有的季节性规律。譬如,在通货膨胀严重时,即使在需求淡季,期货价格也会趋于上涨;而经济形势不好时,季节性上涨就会被冲淡,甚至出现下跌。

四、事件驱动分析法

影响期货价格变动的事件可以分为系统性因素事件和非系统性因素事件。所谓的系统性因素事件,相当于风险类别中的系统性风险,主要是指一些宏观经济政策,包括货币政策、财政政策或者其他突发性政策等事件。非系统性因素事件,相当于风险类别中的非系统性风险,主要是指微观层面的事件,只影响到具体某个期货品种。

对于金融衍生品来说,系统性因素事件是影响其价格变动的主要原因。例如,在经济衰退期,央行每推出一个宽松政策如降低存款准备金率或基准利率,无论是对于股市还是对于债市都会产生利好推动作用。

系统性因素事件中,"黑天鹅"事件是比较特殊且重要的一类,它一般符合以下三个特点:第一,它具有意外性;第二,它产生重大影响;第三,虽然它具有意外性,但人的本性促使我们在事后为它的发生编造理由,并且或多或少认为它是可解释和可预测的。黄金市场"黑天鹅"事件降临发生在1971年8月15日,美国总统尼克松发表声明终止美元兑换黄金的义务,公然单边撕毁布雷顿森林协议。在接下来的数年直到1980年,黄金价格从35美元升至850美元。

五、统计分析方法

期货的涨跌必然是没有固定的规律的,任何方法都无法准确地预测价格的涨跌以及涨跌幅度。但期货价格的涨跌还是能找到一些"规律性"的方向,或者说,可以找出期货价格运行的相关概率,通过历史数据的统计,可以发现当价格运行到某一个阶段或点位时,下一个阶段价格往某个方向走的概率有多大;可以发现什么时候上涨概率大、什么时候下跌概率大。其实在期货市场要寻找的就是较高的概率,而不是固化的规律,通过找到高概率的重复事件或雷同事件,对价格的演绎有一个理性的预期。

对期货价格进行统计,计算概率或大概率区间并进行分析,我们称这类方法为概率统计方法。在对价格的实际分析中,我们经常用到的主要有特定阶段涨跌概率统计和特定对象的统计分布。

特定阶段涨跌概率统计,比如对期货价格每个月份的涨跌统计、对期货价格每个星期一的涨跌概率统计、对期货价格在商品消费旺季的月份进行涨跌统计、对某法定重大节假日期间外盘期货价格涨跌的统计等。首先选择一组或多组价格数据,提取出所需要的分类数据,计算涨跌幅或者收益率,最后计算涨跌概率,进而去找出涨跌背后的原因,通过概率的分析对未来价格进行合理的预期。为了更好地理解,下面针对上面提到的几个方面举例说明。

特定对象的统计分布,通过对均值、标准差、置信区间等统计量的描述,对特定对象进行统计分析,主要应用在期现价差的分布、期货跨期月间价差/比价和内外比价等各类价差和比价的历史走势的统计分布,以及品种的波动率分布上面。在对套利策略和套保策略的制定过程中,经常会遇到对各种价差的走势分析,来对套利和套保入场与出场时机进行把握。而在构造投资组合过程中,会考虑选择加入哪些合适的品种,波动率大意味着机会多,收益也高,所以需要对商品的期货价格波动率做一些统计分析和比较,尽量选择波动率大的品种进行交易,另外还可以参考波动率来研判行情。

第三节 基本面分析法应用——农产品

农产品期货有着地域性、季节性强,受政策影响较大,互相替代性较高等特点。在研究农产品期货时,可以在充分了解该农产品生产、消费特点以及产业链的基础上,运用第二节提供的多种基本面研究方法,综合分析其现货的供需情况以及其他影响因素从而对未来价格运行方向进行预测。以下将以大豆为例子,介绍几种分析方法的应用。

一、供需平衡表分析法

自 2003 年起,我国进口大豆使用量超过国产大豆。2019/2020 市场年,我国大豆进口量达到 9 853 万吨,是国内生产量的 5 倍以上。因为我国自给率非常低,大豆供给主要靠进口,所以国外市场供需动态对国内豆类产品价格的影响非常大。而美国农业部发布的世界农业供需平衡预测(WASDE)报告中包含的大豆平衡表,是我们获取国际大豆供需动态极为有效的途径。

美国农业部的 WASDE 报告是影响国际农产品价格走向举足轻重的报告。该报告每月上旬会在 USDA 官方网站的 *Agency report* 栏目免费公布(供需平衡表数据及举例参见前文第二节内容)。表 3-1 即美国农业部公布的全球大豆供需平衡表。

大豆的供给量主要由期初库存量(beginning stocks)、本期产量(production)和本期进口量(imports)三部分组成。期初库存量是指上期社会积存下来可供社会继续消费的农产品实物量,可分为生产者库存、经营商库存和政府储备三种。本期产量是指本期的农产品的生产量,它是市场农产品供给的主体,主要受生产能力、资源和自然条件、生产成本以及政府政策等因素的影响。本期进口量通常会随着国内市场供求平衡状况的变化而变化,是对国内供给的补充,主要受政治因素、国内外市场价差、汇率、进出口政策等因素的影响。

大豆的需求量通常由国内消费量(domestic total)、出口量(exports)和期末库存量(ending stocks)三部分组成。需要注意的是,表 3-1 中的国内压榨量(domestic crush)已被包含在国内消费量中,无须重复计算。国内消费量主要受消费者的收入水平、数量、消费结构的变化、替代品的价格等因素的影响。出口量是本国生产和加工的商品销往国外市场的数量,主要受政策、汇率、内外价差等因素影响。期末库存量一方面是农产品需求的组成部分,另一方面又在一定程度上起着平衡短期供求的作用。当本期农产品供不应求时,期末库存量会减少;反之则会增加。因此,分析本期期末库存量的变动情况,即可推断出本期农产品的供求状况及其对下期农产品供求状况及价格影响。

供需平衡表对判断农产品的供需情况行情是一个较为有效的工具,在分析行情时可以借助供需平衡表对中长期趋势作出预估。另外,在 USDA 供需平衡预测公布当日,实际公布数值与预期数值的大幅不同,对农产品短期走势也有较大影响。如在 2016 年 5 月 10 日公布平衡表以前,市场对美国国内下季库存预估值在 4.05 亿蒲式耳。实际报告公布的数值仅为 3.05 亿蒲式耳。实际值与市场预期值相差近 25%,市场反应剧烈,当日 CBOT 大豆期货迎来逾 5% 的飙升,触及 18 个月高位。

二、季节性分析法

目前全世界最主要的大豆生产国分别是美国、巴西、阿根廷、中国。美国与中国同处北半球,大豆主产区纬度差不多,受天气的影响因素基本相同,5—6 月是北半球的种植期,7—8 月是最为关键的开花灌浆期,10—11 月是收获期。南美的春秋季节与北半球正好相反,巴西比阿根廷更靠近赤道,种植期稍早一些,10 月就开始播种,南美大豆的关键生长时期在 2—3 月的开花灌浆期,4—5 月开始收割。表 3-2 为世界大豆主产国大豆耕作时间表,在分析大豆价格影响因素时,各个月份关注的重点有所不同。

表 3-2　世界大豆主产国大豆耕作时间表

产地	1月	2月	3月	4月	5月	6月	7月	8月	9月	10月	11月	12月
中美					种植期		开花期	灌浆期	收获期			
巴西		开花期	灌浆期	收获期							种植期	
阿根廷	种植期	开花期	灌浆期	收获期							种植期	种植期

从季节关注重点看,1—5 月,市场炒作重点为南美的大豆的生长、收割、预计产量情况以及中美的种植意向、消费、物流情况。6—10 月,市场关注重点转为中美大豆的种植、生长、收割、产量情况以及南美种植意向。11—12 月,市场关注点又回到了南美大豆以及中美大豆的收割、消费情况。粗略归纳起来就是供应端相关的南美生长期,看南美;北美生长期,看北美。当供应端炒作消退,需求端的消费、物流炒作便接棒兴起。

从季节性的供需格局看,以我国的豆粕价格举例,一般而言,豆粕在每年的第一季度出现全年价格低点。随着 4 月份来临和下游牲畜养殖恢复,市场进入春季需求旺季,对豆粕的需求逐步增加,价格随之上涨。7—11 月,豆粕价格一般表现低迷。因为此阶段也是国家抛储及北美新豆上市的供应宽松时期;而同时需求上进入夏季需求淡季,难以对价格形成支撑。

三、成本利润分析法

大豆及相关产品成本利润分析案例如下。

(一)大豆种植成本与利润

如前文所述,大豆种植成本主要由土地租用成本,种子、化肥、农药成本和机械、人工成本等构成。以 2020 年黑龙江大豆种植成本为例,大豆种植每公顷投入总成本 10 000 元,每公顷产量 2.3 吨,相当于按照 4 600 元/吨销售,理论收益在 580 元/吨。那么当大豆价格低于 4 348 元/吨时,农民将面临亏损,因此仅从成本角度考虑可以认为 4 348 元/吨可能对国产大豆现货及期货价格是一个较强的成本支撑。

(二)大豆进口成本

我国大豆进口依存度较高,80%以上的大豆主要来自进口,因此进口成本的估算显得十分重要。进口成本的估算过程如下。

(1) 到岸价格(美元/吨)=[CBOT 期货价格(美分/蒲式耳)+到岸升贴水(美分/蒲式耳)]×0.367 437(美分/蒲式耳到美元/吨的折算率)

(2) 到岸完税价(元/吨)=到岸价(美元/吨)×1.13(增值税 13%)×1.03(进口关税 3%)×美元兑人民币汇率+港杂费

例:2021 年 7 月 2 日的 9 月大豆 CBOT 期价在 1 409 美分/蒲式耳,到岸升贴水在 135.00 美分/蒲式耳,则到岸价格在 567 美元/吨;当日汇率在 6.472 1,港杂费为 150 元/吨,则 3 月大豆到岸完税价在 4 421 元/吨。考虑到运输时间,大豆实际到港可能在 11 月前后,注意这里估算的并不是当前进口的大豆成本,而是未来进口的大豆成本。估算未来进口的大豆成本可以帮助我们对期货盘面的套期保值利润作出判断。

(三)油厂大豆压榨利润及期货套期保值利润

下面我们来看油厂大豆现货压榨利润和期货盘面套期保值利润:

(1) 油厂大豆现货压榨利润=豆粕出厂价×出粕率+豆油出厂价×出油率-进口大豆成本-压榨费用;

(2) 大豆期货盘面套期保值利润=豆粕期价×出粕率+豆油期价×出油率-进口大豆成本-压榨费用。

例:以 2021 年 7 月 2 日的 9 月巴西豆估算的到岸完税价 4 421 元/吨,如前所述这批豆子将在 11 月前后到港。而 2021 年 7 月 2 日大连豆粕 11 月期货价格在 3 946 元/吨,豆油 11 月期货价格在 8 586 元/吨,按照 0.785 的出粕率、0.185 的出油率、130 元/吨的压榨费用来估算,11 月盘面大豆期货压榨利润在 135 元/吨。一般地,油厂在盘面压榨盈亏平衡或者盈利后卖出套期保值的意愿会增强。因此,当期货盘面出现压榨利润时,盘面的卖出压力可能开始增加。

(四)养殖成本利润

下游的终端产品利润也会对上游的原料采购产生影响。以豆粕的终端需求为例,如果生猪和禽类的养殖陷入亏损,则下游肉禽产品可能通过降低存栏来减少亏损,这就会减少对豆粕等饲料原料的采购需求,从而令豆粕等饲料原料价格承压。相反,当下游肉禽产品的利润良好时,养殖户又会增加补栏从而带动豆粕等原料的需求,提振其价格。

第四节　基本面分析法应用——化工品

一、能源化工供需及影响因素

供求关系是所有商品都遵循的一个因素。供过于求，自然产生买方市场，会导致产品价格在竞争中平稳下滑；供不应求，自然就是卖方市场，化工产品市场价格将出现上涨。

供给面主要可以从两个方面加以考虑，一方面是国内生产商的供给情况；另一方面则是国外进口情况。我国许多石化产品仍需要大量进口以满足国内生产的需求，所以，在分析国内自身供应情况的同时，也需要结合国外进口情况。

需求面则主要考虑经济发展中的实际需求，以及一些投机需求。经过石化企业加工之后，石化产品就销售到下游的用料企业。这时下游工厂的实际需求对化工产品的价格走势起到了决定性影响。影响下游需求的因素主要涉及三方面。第一，现有库存情况对采购时机的影响。下游工厂的库存同样是社会资源总量的一部分，它的高低与否直接影响着工厂的采购时间，对原料市场的成交是一个不可忽略的影响因素。第二，下游工厂的生产条件对开工率的影响直接关系到用料的实际需求。第三，下游制品的销售状况及价格涨跌对采购需求有较大影响。

由于 LLDPE、PVC、PTA、燃料油及天然橡胶的用途和需求结构迥异，我们在考察其下游需求时关注点是不同的。

对于 LLDPE 而言，农膜及包装膜需求是关键。而农膜需求往往具有季节性，一般春节前后以及 7—9 月是其两个生产旺季，分别集中生产地膜和大棚膜，对 LLDPE 需求旺盛。因此 LLDPE 市场的价格也会随着需求的季节性波动而波动。

对于 PVC 而言，房地产、建材行业的景气状况是影响其需求的关键。PVC 用途较为广泛，主要用于型材、异型材、管材、板材、薄膜、包装材料及软制品。其中，型材和异型材是我国 PVC 消费量最大的领域，约占 PVC 总消费量的 25%，主要用于制作门窗和节能材料。聚氯乙烯管道是其第二大消费领域，约占其消费量的 20%。

对于 PTA 而言，聚酯增长决定直接需求，纺织增长决定终端需求。聚酯产品中涤纶对 PTA 的需求量最大，而涤纶是纺织行业的主要原料，因此，纺织行业的景气程度直接影响涤纶市场消费，进而决定 PTA 的需求。

对于天然橡胶而言，汽车工业以及相关轮胎行业的发展情况将会影响天然橡胶的价格，因为天然橡胶消费量最大的就是汽车工业，约占天然橡胶消费总量的 65%。

上述分析可见，虽然这些产品都同属于化工品，但产业链有很大差异，也不存在需求上的替代性或互补性。因此，我们在分析化工产品的下游需求状况时，需要侧重其不同的行业需求。

二、影响能源化工价格的短期因素

能源化工期货价格走势的分析既要分析各品种的个性，也要分析其共性。在某些典型的牛市和熊市行情阶段，共性因素造成的影响有时会大于个性因素。因此，我们分析某个能源化工品种时,不但需要关注宏观状态,也要关注整个板块的表现。总的来说,能源化工行业分析应关注以下内容。

(一)受到原油走势影响较大

原油对能源化工品的影响主要有两方面,一是从成本上构成推动,二是对投资者心理产生影响。能源和化工品在走势上具有趋同性,尤其是原油在一段时间内形成明显上涨或下跌趋势时,很容易引发期货市场上大量资金涌入炒作。但是,在油价表现温和时,主导化工品价格走势的是其自身的基本面。因此,原油对能源化工品到底产生多少影响力关键是看原油涨跌的幅度及持续时间。

(二)价格波动频繁,具有季节性特征

能源化工品产业链长,供求关系的变化对期货价格的影响在很大程度上受交易者心理预期变化的左右,从而导致期货价格反复频繁波动。

能源化工品在生产上并没有如农产品般有季节性的供应特点,但在其需求上存在季节性特点,使得期货价格也会呈现上涨概率较大的季节、下跌概率较大的季节和价格盘整概率较大的季节三种情况。尽管活跃的期货交易可以削弱较明显的价格运动趋势,但特定时节的价格同向波动趋势仍然十分明显。

(三)产业链影响因素复杂多变

石油化工产业链较为复杂、影响因素众多,且各品种具有各自的特点。无论是分析成本还是供求关系,都需要对各个环节有清晰的认识,忽视了任何一个环节的客观现实都容易产生反应过度或反应滞后。

如 PTA 作为上游化工和下游化纤的分水岭,一方面成本受原油波动影响,另一方面受下游纺织需求、直接原料 PX 的供需影响。而且,同一时期,产业链上各环节的价格及供需变化往往也并非同向,因此,需要权衡各方力量才能确定 PTA 的变动趋势。同样的状况也存在于能化产品的其他品种。

(四)价格具有垄断性

分析能源化工产业终端产品价格不易,因为石油化工领域的"中间体"价格往往由生产企业根据成本加上企业的加工利润报价方式主导,而买方只能被动接受。所以,化工品价格具有垄断性。越是靠近产业链上端,其价格垄断性越强。

最典型的是 LLDPE,其生产高度集中,中石化和中石油在 LLDPE 产能与产量方面分别占 88% 和 86% 的份额,合资企业和地方企业占据的份额则非常小。所以,两大集团的定价销售和挂牌销售会对市场价格产生很大的影响。

另外,我们还可以将上游原材料价格与下游产品价格进行对比,找出价格运动的相关性。从以往产业链上产品价格的年均变化趋势来看,石脑油价格的变化与原油价格的变化总体一致,相关度在产业链中最高。也就是说,其裂解差价相对稳定。但是一旦某一环节出现扭曲,该环节或许就是影响价格的重要因素。

三、能源化工价格预测：成本利润分析法

（一）生产成本

生产成本主要包括原材料成本、人工成本以及制造费用。生产成本是产品定价主要因素之一，也是影响期货价格变动的重要因素。

在供需关系不变的情况下，生产成本上升，往往会推动商品价格走高。相反，生产成本下降，商品价格往往也会面临下行的压力。在价格下跌过程中，运用成本分析预测商品价格走势通常是最有效率的，因为成本能较好地构成底部支撑。当市场价格临近或低于生产成本时，商品的投资价值开始显现。

根据近期行业经验数据，下面对 PTA、PVC、LLDPE 的生产成本进行了初步估算。

1. PTA 生产成本

国内 PTA 生产成本＝0.655×PX 价格＋1 200 元（行业平均值）

国外 PTA 生产成本＝0.655×PX 价格＋130 美元（行业平均值）

2. PVC 生产成本

电石法 PVC 生产成本＝1.45×电石价格＋0.76 氯气价格

乙烯法 PVC 生产成本＝0.48×乙烯价格＋0.65 氯气价格

进口单体法 PVC 生产成本＝1.025×VCM 价格＝1.6×1.025EDC

3. LLDPE 生产成本

LLDPE 生产由于是一体化装置，且作为原料的"中间体"缺乏市场流通价格，因此成本测算较为困难，但是我们依然可以借助各环节的区间加工费进行估算。通常，原料端用石脑油计算较为合理。

原油—石脑油：加工费区间为 35～50 美元/吨；

石脑油—乙烯：加工费区间为 95～110 美元/吨；

乙烯—聚乙烯（PE）：加工费区间为 150～175 美元/吨。

（二）利润分析法

例：2015 年 6 月初，如果按照原油 60 美元/吨、LLDPE 9 800 元/吨的现货价格估算，油制烯烃成本约在 6 800 元/吨，石化生产利润在 3 000 元以上，且处于近五年的最高利润阶段。煤制烯烃企业生产 LLDPE 成本在 5 000～5 500 元/吨，也有非常高的利润，2015 年 PE 供需格局偏紧，生产商高利润得以维持，企业除了常规性检修停产外，基本维持高开工率。LLDPE 利润丰厚，因此去利润空间大。鉴于当时原油谈判再次没有达成减产协议，并且石化产品利润高企，做空利润，原油下跌空间进一步打开，盈利空间也顺势放大。

第五节　基本面分析法应用——原油

一、原油历史走势与主要影响因素

近 40 年来，国际原油的走势经历了大起大伏（图 3-1），引起价格波动的主要因素有以

下几个方面。

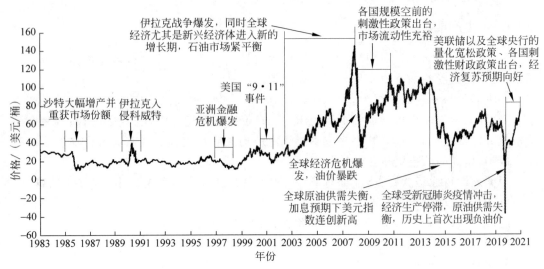

图 3-1　WTI原油期货价格 40 年走势

资料来源：Wind 资讯。

（一）供给和需求因素

研究百年原油价格走势和波动规律,国际原油市场在不同的历史时空和政治经济背景下,其市场特征表象为寡头垄断市场结构和垄断竞争的市场结构的多次更迭,我们依然可以得出结论,决定原油价格变动趋势的是原油的供给和需求状况。

20 世纪 70 年代,世界石油市场经历了第一次石油危机、伊斯兰革命和两伊战争等连续的价格冲击之后,西方国家石油需求下降,石油市场萎靡。为了鼓励消费者重新消费石油,重新夺回石油市场份额,1985 年 OPEC(石油输出国组织)宣布以争夺市场合理份额来取代过去的限产保价政策,从而导致 1986 年油价战的爆发和油价暴跌。这个时期,OPEC 在全球石油市场上占有绝对的价格决定权。1985—1986 年,油经济疲软;投机减少;美元贬值缓解价从 27.53 美元/桶下降到 14.38 美元/桶。在这个时期,国际油价主要由市场供需决定。

2014 年年中至 2015 年年底,全球经济持续萎靡,美国页岩油产量大增,OPEC 为再次争夺市场份额也将产量提升至历史最高水平,原油市场供需失衡加剧。这一时期的暴跌也是全球流动性收紧、美元汇率上升的利空因素导致。

2020 年 4 月 20 日,美国 CME WTI 2005 合约出现－37.63 美元/桶的结算价格,为历史上首次负的原油期货价格。起因在于全球受到新冠肺炎疫情的冲击,数十亿人停止旅行、疫情防控措施使得经济生产停止,全球需求受到严重冲击。叠加 OPEC＋减产计划未能实施,燃料供应已远远高于需求,全球原油供需严重失衡。同时由于供应过剩,WTI原油已很难找到存储空间,所以原油价格暴跌至负值。

另外,页岩气革命和生物燃料的冲击以及来自"碳排放"的环境约束,会从替代需求角度弱化原油的需求量,推动原油供求平衡的下行。

（二）地缘战争因素

1990 年 7 月中旬,长期存在于伊拉克与科威特两国之间的石油政策、领土纠纷和债务问题等方面的争端日趋尖锐,同年 8 月 2 日,伊拉克总统萨达姆突然下令出动 10 万大军入侵科威特。5 个月后,美国发动对伊拉克的战争,伊拉克撤出侵占的科威特,本国的实力也遭到巨大破坏。这一期间,油价从 1989 年 18.2 美元/桶上升到 1990 年 23.81 美元/桶。1990 年海湾危机期间,OPEC 大幅度增加了石油产量,以弥补伊拉克遭经济制裁后石油市场上出现的每天 300 万桶的缺口。

2003 年 3 月美国发动伊拉克战争之前,油价还维持在每桶 37 美元多一点的水平。然而在战争过后的 2004 年 9 月 27 日,油价突破 50 美元大关。伊拉克战争爆发后,伊拉克石油产量下降,美国石油需求增加,导致石油市场供应短期紧张。

（三）突发事件

2001 年 9 月 11 日发生在美国的劫持多架民航飞机冲撞摩天高楼的自杀式恐怖袭击使美国社会经济遭到严重打击,国际油价也受到冲击。2001 年石油价格短期涨到 24.37 美元/桶。随后"9·11"事件导致航空、运输和旅游业不景气,国际油价也因此一度跌到 16~17 美元/桶的水平。

2006 年,尼日利亚发生石油供应袭击事件。尼日利亚是非洲第一大产油国和世界第八大原油出口国,日产原油 250 万桶,占全球原油产出量的近 3%。2006 年初以来,尼日利亚南部原油出产丰富的尼日尔三角洲地区产油设施遇袭。由于该地区频繁发生袭击产油设施和绑架石油工人事件,尼日利亚的石油产量已从原来的日均 250 万桶下降了约 25%,原油出口下降 20%,进而影响国际油价,2006 年国际油价上升了近 20%。

2017 年底,伊朗多个城市爆发反政府示威抗议活动,2018 年 1 月初继续发酵,随后扩散至更多城市。尽管伊朗国内抗议活动并未影响石油生产和出口,但作为 OPEC 第三大产油国,市场对伊朗供应风险的担忧对油价构成重要支撑。同时,美元超预期走弱,美国遭遇极端严寒天气推高取暖油需求并影响原油生产活动,美国商业原油库存连续 10 周下降并于 3 年多来首次降至 5 年平均以下等因素共同推动油价进一步走高。2018 年 1 月底,布伦特和 WTI 原油期货价格分别突破 70 美元/桶和 65 美元/桶,创 2014 年 12 月中旬以来最高。

（四）金融危机

1997 年 6 月,一场金融危机在亚洲爆发。1997 年 7 月 2 日,泰国宣布放弃固定汇率制,实行浮动汇率制,引发了一场遍及东南亚的金融风暴。1997 年下半年,东南亚金融风暴演变为亚洲金融危机。这个时期,油价在 15~19 美元/桶之间浮动。1998—1999 年,亚洲金融危机进一步恶化,日元大幅贬值,美国股市动荡,恒生指数遭遇重挫。亚洲金融危机导致全球经济增长放慢,1998 年经济增长仅为 2.8%[据 IMF（国际货币基金组织）数据],石油价格也因此下滑。至此时期,国际油价滑落到 9 美元/桶左右的低位。

2007—2009 年,金融危机爆发,美元走势和游资炒作使得油价急升骤跌。本阶段国际石油价格由 2007 年 1 月一路上涨到 2008 年 7 月，接近 150 美元/桶。随后的约 5 个月，在 2008 年 12 月下旬，油价戏剧性地暴跌到每桶 40 美元以下。2007 年以来国际石油价格持续高涨、供需平衡偏紧的局面是决定油价走高的基本背景，而美元贬值、投机资金炒作则是推动油价运行的主要动力。2008 年 9 月爆发于美国的金融危机，使得投机炒作资金相继离场、国际油价骤跌。

（五）经济景气周期

2003—2007 年，世界经济强劲增长拉动需求推高油价。这一时期，尽管伊拉克局势、委内瑞拉和尼日利亚的罢工以及产油因备用产能的下降对油价上涨都有影响，但主要原因是石油供应从过去近 10 年的整体供大于求向供不应求的转变。西方国家石油需求增长温和，来自亚洲发展中国家或新兴经济地区石油需求则快速上升，并成为整体需求的主要动力。OECD（经济合作与发展组织）以外的亚洲地区石油需求在 2000—2007 年快速上升，当中需求增长较强的包括中国、印度及韩国，其中中国的石油需求增长尤其快速，期内平均年增长约 7%。

（六）宏观政策刺激

2009—2014 年，各国出台大规模经济刺激政策，油价低位大幅反弹。2009 年，为了应对全球经济危机，各国相继出台了大规模经济刺激计划，比如，我国 2008 年底开始实施的 4 万亿元人民币刺激政策，美国分别在 2008 年 11 月、2010 年 11 月、2012 年 9 月推出三轮 QE，即量化宽松政策。这一时期各国经济复苏，基建投资大量上马，流动性充裕，以原油为代表的大宗商品快速反弹，至 2010 年 5 月，原油上冲至 115 美元/桶。

2021 年以来，美联储以及全球央行的量化宽松政策带来了经济复苏的预期。随着全球新冠疫苗接种的推进，以及疫情在全球范围内得到控制，世界经济开始复苏，对石油的需求也增加。同时，拜登政府上台后，主推的 1.9 万亿美元激进的财政政策刺激，将在经济内生复苏的基础上，加大商品的需求。截至 2021 年 7 月，WTI 和布伦特原油价格分别上升至 75.16 美元/桶和 76.17 美元/桶，二者均创下 2018 年 10 月以来最高水平。

（七）其他短期因素

（1）国际投机基金的短期流向。20 世纪 90 年代以来，国际对冲基金以及其他投机资金是全球原油市场最活跃的投机力量，由于基金对宏观基本面的理解更为深刻并具有"先知先觉"，所以基金的头寸与油价的涨跌之间有着非常好的相关性，虽然在基金参与的影响下，价格的涨跌都可能出现过度，但了解基金的动向也是把握行情的关键。

（2）异常气候。欧美许多国家用石油和天然气作为取暖的燃料，因此，气候变化异常时，会引起燃料油需求的短期变动，从而带动原油和其他油品的价格变化。另外，异常的天气可能会对原油生产设施造成破坏，导致供给中断，从而影响油价。例如，美国的原油工业基地集中在墨西哥湾，而这一带恰是飓风多发地，一旦海上作业平台遭到飓风破坏，油价就会被迫上涨。

（3）极端情况。2021 年 3 月下旬，苏伊士运河因一艘超大型集装箱船搁浅阻挡航道，原油运输受阻,加之市场对 2021 年石油需求回升的预期支撑了油价上涨。临近月底,苏伊士运河堵塞可能将持续数周再次引发市场担忧。3 月 29 日,WTI 和布伦特原油近月期货合约价格分别上升至 61.56 美元/桶和 64.98 美元/桶。

二、原油价格预测：季节性分析法

就季节性分析法而言,原油的季节性就是原油价格由于季节变动而产生的规律性变化,如在供应淡季或消费旺季价格高企,而在供应旺季或消费淡季价格低落。针对这种现象,对原油进行季节性分析是合适的,也是必要的。我们可以选取具有代表性的 Brent 原油作为分析对象,对其价格进行收集、整理及统计分析,并进一步绘制相关图表,为展望市场运行和把握交易机会提供相关参考。

表 3-3 是 Brent 原油期货价格季节性统计分析表,图 3-2 是 Brent 原油期货价格月度涨跌概率及月度均值收益率直观图(2005.1—2019.12),能为展望市场运行和把握交易机会提供相关参考。其选取的数据为 2005—2019 年的 Brent 原油期货连续合约的日结算价,采用的分析方法有季节性图表法、相对关联法。季节性图表法以日结算价格为基础,通过对相关指标的计算,最终绘制出季节性统计分析表(表 3-3),进而绘制月度收益率(图 3-2)。

表 3-3　Brent 原油期货价格季节性统计分析表(2005.1—2019.12)

月份	年数		上涨年数/%	月度收益率/%	平均最大		
	上涨	下跌			涨幅	跌幅	差值
1	8	6	57.14	1.97	3.43	3.00	0.42
2	10	4	71.43	4.41	4.67	2.24	2.43
3	10	4	71.43	3.17	3.70	2.61	1.09
4	9	5	64.29	4.63	5.11	2.13	2.97
5	5	9	35.71	−1.54	2.57	6.22	−3.64
6	9	5	64.29	1.41	3.36	3.51	−0.15
7	9	5	64.29	0.31	3.36	3.67	−0.30
8	6	8	42.86	1.08	3.53	4.76	−1.23
9	6	8	42.86	−0.88	2.97	4.52	−1.55
10	7	7	50.00	0.17	4.23	3.56	0.66
11	9	5	64.29	−1.86	2.89	4.37	−1.48
12	7	7	50.00	−0.39	3.28	3.58	−0.30

注：由于 2008 年金融危机的影响,原油价格变化异常,故剔除该年数据。

从表 3-3 和图 3-2 可以看出,一年中 Brent 原油期货价格上涨概率超过 50% 的有 7 个月,上涨概率最高的是 2 月和 3 月,达到 71.43%,其平均最大涨幅比平均最大跌幅分别高出 2.43 美元/桶和 1.09 美元/桶。无论是上涨概率还是最大涨跌幅差值,2 月和 3 月都居于前列,所以一年中这两个月最具上涨动能。上涨概率低于 50% 的有 3 个月,分别是 5 月、8 月和 9 月,其中下跌概率最高的是 5 月,下跌概率为 64.29%。5 月份平均最大

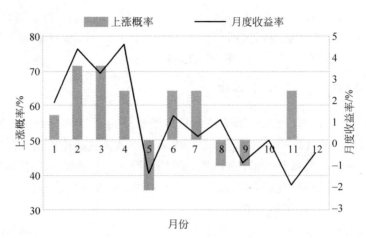

图 3-2　Brent 原油期货价格月度涨跌概率与月度均值收益率(2005.1—2019.12)

跌幅比平均最大涨幅高出 3.64 美元/桶。综合考虑下跌概率及平均最大涨跌幅差值与平均百分率变动,一年中 5 月最具下跌动能。

从图 3-3 中的月度收益率均值来看,Brent 原油期货价格一年中有 4 个阶段性上涨高峰,分别是 2 月、4 月、6 月及 8 月,其中 4 月的收益率最高,达到 4.63%,11 特的收益率最低,为−1.86%。此外,图 3-3 还反映了 Brent 原油期货价格的另外一个特点,月度收益率在 8 月出现明显下降,可能是受气候(如飓风)影响导致供给减少,之后逐步回升,11 月再创新低后回升,但总体收益率显著低于前三季度。

相对关联法是在日结算价的基础上,通过统计分析,绘制出月度百分比曲线,以此判断原油的季节变动模式。

表 3-4 和图 3-3 分别表示了 2005 年 1 月至 2019 年 12 月 Brent 原油期货价格月度百分比均值及 Brent 原油期货季节性指数。在图 3-3 中有虚实两条线,实线代表排除 2008 年数据绘制的 Brent 原油期货价格季节性指数,可以发现 Brent 原油期货价格在 2—4 月达到相对高点,第二季度回调,6—7 月出现次高点,8 月再次回调,9 月反弹后,10—11 月继续回调,11 月再创新低后回升,但总体收益率显著低于前三季度。这一结论与上涨年数百分率、月度收益率以及平均最大涨跌幅变动得到的结果基本吻合。图 3-3 和图 3-2 也基本吻合。而虚线是用所有年份数据绘制的原油期货价格季节性指数,与前文结果则有所背离,主要原因是,2008 年是一个异常年份,全球金融危机导致油价波动剧烈,造成季节性计算失真。季节性类比法只是提供了一个分析预测原油价格的简单工具。在具体分析中,还有必要结合其他方法及经济运行态势进行综合验证,从而判断原油价格走势。

表 3-4　Brent 原油期货价格月度百分比均值统计表(2005.1—2019.12)

时间	平均月度百分比	剔除 2008 年平均月度百分比
1	1	1
2	1.032 669 9	1.032 876 4
3	1.037 772 0	1.033 223 3

续表

时间	平均月度百分比	剔除 2008 年平均月度百分比
4	1.041 386 6	1.038 237 9
5	1.001 747 5	0.988 798 2
6	1.001 427 3	0.993 124 5
7	1.008 876 7	1.009 249 5
8	0.983 914 7	0.999 888 5
9	0.988 412 6	1.000 585 6
10	0.976 392 1	0.999 359 0
11	0.973 550 5	0.989 337 0
12	0.977 157 4	0.986 976 3

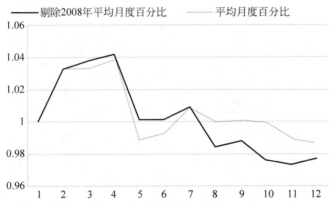

图 3-3　Brent 原油期货季节性指数变动图（2005.1—2019.12）

三、美元与原油关系的计量分析

历史走势表明，原油价格变动和美元与国际主要货币之间的汇率变动存在一定相关关系。美元持续贬值，以美元标价的石油产品的实际收入下降，导致石油输出国组织以维持原油高价作为应对措施。

我们可以利用回归分析方法对原油的影响因素进行分析，原油的影响因素是多方面的，包括供应、库存、需求、汇率、地缘政治等，通过计量方法对近几年原油的影响因素做的计量分析，利用计量分析结果来获得每个影响因素对原油价格的影响程度大小。

比如，美元指数与原油的价格变化关系，现取近两年的美元指数（X 变量）和布伦特原油期货结算价（Y 变量）进行一元回归分析，用统计软件计算得到回归方程：

$$Y = (-0.281) \times X + 114.33$$

其中，判定系数 $R^2 = 0.917$，F 统计量为 5 690.6，给定显著性水平（$\alpha = 0.05$）对应的临界值 $F = 0.000$ 1。这表明美元指数与原油有良好的负相关性，美元指数每上涨 1 个单位，布伦特原油平均下跌约 0.218 美元/吨，若美元指数为 100，布伦特原油平均值约为 92.53 元/吨。

　　通过计量分析方法,可以获得较为准确的变动关系数据,但通过基本面分析可知,供需、库存、汇率对油价的变化是长期且持续性的,而地缘政治则是突发性的,在对原油影响因素做定量分析的时候,突然因素是无法计量的,这也是计量分析的不足之处。

即测即练

第四章

技术分析

本章学习目标

本章包括技术分析理论与方法、技术分析指标与应用、期货市场量价分析三个方面内容。技术分析的基本理论、技术指标分析是技术分析的通识性内容,适用于股票、外汇、期货、期权等相关市场,有个别指标属于期货和期权市场特有内容。本章最后一部分专门就期货市场持仓量与期货价格的关系做了解读。技术分析是资本市场研究的必修课,要求掌握和理解其精髓,灵活运用 3 个以上技术分析工具。

第一节　技术分析理论与方法

一、道氏理论

技术分析在很大程度上开始于道氏理论。1882 年,查尔斯·道和他的合伙人爱德华·琼斯联手创立了道琼斯公司。19 世纪末,道氏在华尔街日报上发表了一系列文章介绍了他对股票市场行为的研究心得。1903 年,纳尔逊在所著的《股市投机常识》一书中,首次使用了"道氏理论"。后来,道氏在华尔街日报的助手和传人威廉·彼得·汉密尔顿对道氏理论进行了整理归纳,并发表在 1922 年出版的《股票市场晴雨表》(纽约哈普兄弟公司出版)中。罗伯特·雷又对道氏理论做了进一步的提炼与发展,并在 1932 年出版了《道氏理论》一书(巴伦氏出版公司,纽约)。

道氏理论的目标是判定市场中主要趋势的变化。道氏理论所考虑的是趋势的方向,不预测趋势所涵盖的期间和幅度。其主要原理包括以下几个。

(1)平均价格涵盖一切因素。所有可能影响供求关系的因素都可由平均价格来表现。道氏理论认为收盘价是最重要的价格,并利用收盘价计算平均价格指数。

(2)市场波动具有三种趋势。道氏理论把趋势分成主要趋势、次要趋势和短暂趋势。其最关心的是主要趋势,通常持续 1 年以上,有时甚至几年,看起来像大潮;次要趋势像波浪,是对主要趋势的调整,一般持续 3 周到 3 个月,常见的回撤约为一半,即 50%;短暂趋势持续时间不超过 3 周,像波纹,波动幅度更小。

(3)主要趋势可分为三个阶段。以上涨趋势为例,第一阶段是建仓,有远见的投资者知道尽管现在市场萧条,但形势即将扭转,因而就在此时买入;第二阶段是上涨阶段,更多的投资者开始参与市场;最后,随着公众蜂拥而上,市场高峰出现,第三阶段来临,所有信息都令人乐观,价格惊人地上扬并不断刷新。

（4）各种平均价格必须相互验证。除非两个平均指数都同样发出看涨或看跌的信号，否则就不可能发生大规模的上升或下跌。如果两个平均价格的表现相互背离，那么就认为原先的趋势依然有效。

（5）趋势必须得到交易量的验证。辨认主要趋势中的三阶段走势时，通常需要与交易量进行相互印证，交易量应在主要趋势的方向上放大。例如，如果大趋势向上，则价格上涨的同时交易量应该增加，而当价格下跌时，交易量减少。

（6）只有发生了确凿无疑的反转信号之后，才能判断一个既定的趋势已经终结，但是确定趋势的反转并不容易。这其实把物理学定律和市场运动联系起来了，也就是说，一个既成趋势具有惯性，通常要继续发展，除非有外力改变它的方向。

道氏理论主要目标是捕捉市场的基本趋势，一旦基本趋势确立，道氏理论假设这种趋势会一路持续，直到趋势遇到外来因素破坏而改变为止，但是道氏理论不能推论不同性质趋势的升幅或者跌幅。多年来，道氏理论在辨别主要牛市和熊市上是成功的。不过，即使如此，它也难逃求全之苛。最常见的批评可能是嫌信号来得太迟。通常道氏理论的买入信号发生在上升趋势的第二阶段，即当市场向上穿越了从底部弹起的第一个峰值的时候。一般来说，在信号发生之前，我们大约错过了新趋势全部价格变化的 20%～25%。道氏理论从来不是企图抢在趋势前头预期趋势，而是力求在大趋势发生后及时揭示大牛市或大熊市的降临，以便捕捉大趋势中发生重要运动的中腹部分。正如绝大多数顺应趋势系统的设计精神一样，道氏理论的目的是捕获市场重要运动中幅度最大的中间阶段。就这种意义上说，上述批评是不能成立的。另外，这种责难本身也表明批评者对顺应趋势理论缺乏了解。实质上，没有哪个顺应趋势系统试图抓住底或顶。想抄底或压顶的人很少如愿以偿。很显然，在期货交易中，绝大多数交易者追逐的是中等趋势而不是大趋势，小幅度价格波动对选择时机意义极为重大。当然，对于道氏理论的解读也是因人而异的，具有人性的主观性。

道氏理论的研究对象是股价平均数。虽说道氏理论的绝大部分内容在期货市场均有一定的应用，但也存在着某些重要区别。举例来说，道氏认为大多数投资人只做大趋势，而中等的调整被用作入市时机的选择，短暂趋势则置之不理。很显然，在期货交易中并非如此，绝大多数期货上追逐的是中等趋势而不是大趋势。小幅度价格波动对选择时机意义重大。这就是说，在一个预计持续数月的中等上升趋势中，顺应趋势者会利用短暂的价格下跌买进。而在一个中等下降趋势中，短暂的价格上弹是卖出的好机会。这样，短暂趋势在期货交易中就显得极为重要。许多短线交易商在非常短的时间内开仓和平仓，他们更致力于把握日内的价格变化。

二、波浪理论

1946 年，波浪理论的奠基人拉尔夫·纳尔逊·艾略特完成了关于波浪理论的集大成之作《自然法则——宇宙的秘密》。1953 年起，A. 汉密尔顿·博尔顿在《银行信用分析家》发表了《艾略特波浪副刊》，并在 1967 年由 A. J. 弗罗斯特接手。1978 年，弗罗斯特和罗伯特·普里克特合作发表了《艾略特波浪理论》。同年，查尔斯·J. 柯林斯发表了他的专著《波浪理论》。自此，波浪理论广泛流传，人称"艾略特波浪理论"。波浪理论中有很多道氏理论的印迹,是"对道氏理论极为必要的补充"。艾略特的5浪上涨的思想和道氏理论的牛市上涨三阶段论具有明显的联系。艾略特的3浪上涨间以2浪调整的思想与道氏理论是契合的,并且两位先生在构造各自的理论时,都从大海那里得到了启示。

(一)波浪理论的原理

波浪理论具有三个重要方面——形态、比例和时间,并且其重要程度依序降低。形态是指波浪的形态或构造,而比例分析是通过测算各个波浪之间的相互关系,来确定回撤点和价格目标。各波浪之间在时间上也相互关联,可以利用这种关系来验证波浪形态和比例。

波浪理论以周期为基础,并把大的运动周期分成时间长短不同的各种周期,每个周期无论时间长短,都是以一种模式进行,即都由上升(或下降)的5个过程和下降(或上升)的3个过程组成。因此,波浪理论认为市场的发展遵循着5浪上升、3浪下降的基本形态,从而形成包含8浪的完整周期。前面5浪所组成的波浪是市场价格运行的主要方向,而后面3浪所组成的波浪是市场价格运行的次要方向。

1. 调整浪

一般地说,调整浪的界定比较不明确,比较难以辨识和预料。然而,有一点却是明确的,即调整浪属于3浪结构(唯一例外是在三角形形态中)。调整浪有锯齿形(图4-1)、平台形(图4-2)、三角形(图4-3)以及双3浪结构和33浪结构(图4-4)四种类型。

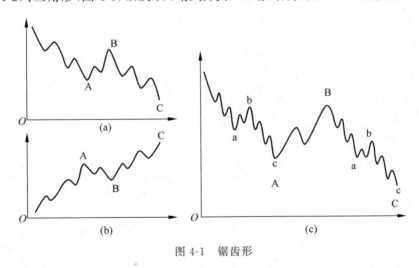

图 4-1 锯齿形

2. 交替规则

从较为广义的角度来看,交替规则认为,市场通常不会接连以同样的方式演变。调整形态交替出现。例如,如果调整浪是简单的a-b-c结构,那么4浪很可能就是复杂的形态,比如三角形。

3. 波浪理论的价格管道

在波浪理论中,价格管道也是测算价格目标的方法之一,并且有助于验证波浪序列的完成。一旦上升趋势确立了,我们就可以通过1浪和2浪的底点连接出基本的上升趋势

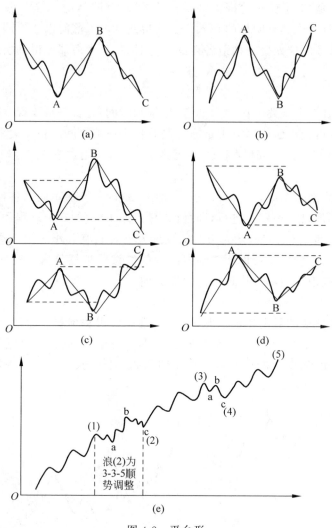

图 4-2　平台形

（a）牛市平台形；（b）熊市平台形；（c）不规则的平台形（一）；

（d）不规则的平台形（二）；（e）平台形顺势调整形态

线。然后，如图 4-5 所示，我们通过 1 浪的高点，引出其平行线，这便是管道线。上升趋势常常完全局限于这两条边界线之间。如果 3 浪开始加速，突破上方的管道线，那么，我们就必须分别从 1 浪的顶点和 2 浪的底点引出另一组平行线，如图 4-5 中的虚线所示。最后所得的管道如图 4-6 所示，下边线沿着两个调整浪——2 浪和 4 浪——的底点，上边线通常经过 3 浪的顶点。如果 3 浪极度强劲，或者是延长浪，那么，上边线或许就得从 1 浪的顶点引出了。第 5 浪在终结之前，应当向上抵近上侧的管道线。如果需要对长期趋势作出管道线，那么，建议大家也采用半对数刻度图数，以同算术刻度的图表相参照。

（二）菲波纳奇数字和价格回撤

波浪理论的数学基础，就是菲波纳奇在 13 世纪发现的一组数列，一般称为菲波纳奇

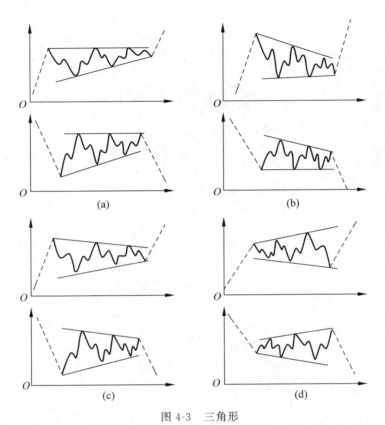

图 4-3　三角形

（a）上升三角形（上边水平，下边上升）；（b）下降三角形（上边下降，下边水平）；
（c）对称三角形（上边下降，下边上升）；（d）扩大三角形（上边上升，下边下降）

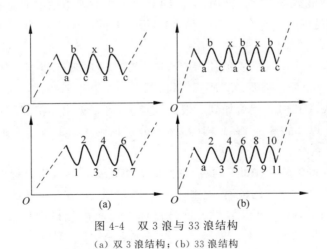

图 4-4　双 3 浪与 33 浪结构

（a）双 3 浪结构；（b）33 浪结构

数字。菲波纳奇数字还是黄金分割、黄金矩形、对数螺线的数学基础。波浪理论中，基本的波浪结构都是按照菲波纳奇数列组织起来的。一个完整的周期包含 8 浪，其中 5 浪上

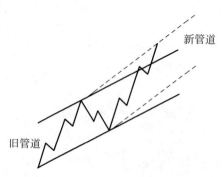

图 4-5　新旧价格管道（Frost and Prechter, p. 62. Copyright 1978 by Frost and Prechter）

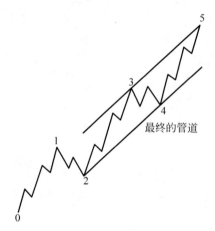

图 4-6　最终的管道（Frost and Prechter, p. 63. Copyright 1978 by Frost and Prechter）

升,3 浪下降——这些都是菲波纳奇数字。再往以下两个层次细分,分别得到 34 浪和 144 浪——它们也是菲波纳奇数字。然而,菲波纳奇数字在波浪理论中的应用,并不只在数浪这一点上,在各浪之间,还有个比例的关系问题。下面列举了一些最常用的菲波纳奇比数。

（1）三个主浪中只有一个浪延长,另外两者的时间和幅度相等。如果 5 浪延长,那么,1 浪和 3 浪大致相等;如果 3 浪延长,那么 1 浪和 5 浪趋于一致。

（2）把 1 浪乘以 1.618,然后加到 2 浪的底点上,可以得出 3 浪起码目标。

（3）把 1 浪乘以 3.236（＝2×1.618）,然后分别加到 1 浪的顶点和底点上,大致就是 5 浪的最大和最小目标。

（4）如果 1 浪和 3 浪大致相等,我们就预期 5 浪延长。其价格目标的估算方法是,先量出从 1 浪底点到 3 浪顶点的距离,再乘以 1.618,最后,把结果加到 4 浪的底点上。

通过百分比回撤,我们可以估算出价格目标。在回撤分析中最常用的百分比数是 61.8%（通常近似为 62%）、38% 和 50%。市场通常按照一定的可预知的百分比例回撤——最熟悉的是 33%、50% 以及 67%。菲波纳奇数列对上述数字稍有调整。在强劲的趋势下,最小回撤在 38% 上下。而在脆弱的趋势下,最大回撤百分比通常为 62%。我们熟知的 50% 回撤,其实也是一个菲波纳奇比数。2/3 回撤、1/3 回撤也一样,标志着重要的支撑或阻挡区。

另外,菲波纳奇时间关系是存在的,只不过预测这方面关系是较为困难的。菲波纳奇时间目标是通过向未来数数,计算显著的顶和底的位置。在日线图上,分析者从重要的转折点出发,向后数到第 5、第 8、第 13、第 21、第 34、第 55 或者第 89 个交易日,预期未来的顶或底就出现在这些"菲波纳奇日"上。

(三)波浪理论在应用中要注意的问题

波浪理论在股市和商品期货市场上运用时有明显的区别,比如在股市上,往往是 3 浪延长,而在商品市场上往往是 5 浪延长;在股市上 4 浪不可以与 1 浪有重叠,在期货市场上这一点却要打点折扣。另外,同一商品不同合约间的数浪也有区别,由于合约间的时间问题和交割的原因,处于不同的波浪阶段,其趋势有可能出现不同,但也有一定的联系,在数浪时,既要相互参考,又要有所区别。为了正确把握该品种的趋势,最好对其指数进行波浪分析,不要对该品种的连续合约进行波浪分析。最重要的是,群体心理是波浪理论的重要依据之一,其在交投活跃的市场效果好于交投清淡的市场。

关于波浪理论,还需要补充一点,那便是 4 浪在之后的熊市中所起到的显著的支撑作用。当 5 浪结构的上升阶段完成后,熊市就出台了。通常,这一轮熊市不会跌过第一层次的、前面的第 4 浪(即在此之前的牛市中形成的第 4 浪)。这是个惯例,虽然也有例外,但是通常看来,第 4 浪的底还是兜得住这个熊市的。在我们测算价格下跌的最远目标时,这点信息的确非常有用。

在有些场合,艾略特图形清晰可辨,但也有些场合不行。如果无视其他技术指标,给不清晰的市场变化勉强加上艾略特形态的话,那就是死搬硬套了,后果好不了。关键仍然是只把艾略特波浪理论看作市场预测之谜解答的一部分。该理论与本章中其他技术分析理论相得益彰,如果我们把它们协调起来使用,就大有胜算了。

三、江恩理论

江恩理论是由 20 世纪投资大师威廉·江恩(William D. Gann)结合自己在股票和期货市场上的骄人成绩和宝贵经验提出的,是通过对数学、几何学、宗教、天文学的综合运用建立的独特分析方法和测市理论,包括江恩时间法则、江恩回调法则和江恩循环周期理论等。

(一)江恩时间法则

江恩把时间作为进行交易的最重要的因素。江恩的时间间隔不只有数日、数周,也可以是数月、数年。江恩交易年,首先可以一分为二,即 6 个月或 26 周。也可以分为 1/8 和 1/16。在江恩年中,还有一些重要的时间间隔。如一周有 7 天,而 7 乘以 7 等于 49,故江恩将 49 视为很有意义的数字。一些重要的顶或底的间隔在 49～52 天。中级趋势的转变时间间隔为 42～45 天(45 天是一年的 1/8)。

（二）江恩回调法则

回调是指价格在主运动趋势中的暂时的反转运动。一般说来，50％、75％、100％作为回调位置能对价格运动趋势构成强大的支持或阻力。

江恩认为，不论价格上升或下降，最重要的回调价位是在 50％ 的位置，在这个位置经常会发生价格的支撑或阻挡，如果在这个价位没有发生，那么，在 63％ 的价位就会发生价格的支撑或阻挡。在江恩价位中，50％、63％、100％ 最为重要，它们分别与几何角度 45度、63 度和 90 度相对应，这些价位通常用来决定建立 50％ 回调带。

（三）江恩循环周期理论

1. 江恩循环理论

江恩认为较重要的循环周期有以下几个。

（1）短期循环：1 小时、2 小时、4 小时、18 小时、24 小时、3 周、7 周、13 周、15 周、3 个月、7 个月。

（2）中期循环：1 年、2 年、3 年、5 年、7 年、10 年、13 年、15 年。

（3）长期循环：20 年、30 年、45 年、49 年、60 年、82 年或 84 年、90 年、100 年。

30 年循环周期是江恩分析的重要基础，因为 30 年共有 360 个月，这恰好是 360 度圆周循环，按江恩的价格带理论对其进行 1/8、2/8、3/8、…、7/8 等，正好可以得到江恩长期、中期和短期循环。

10 年循环周期也是江恩分析的重要基础，江恩认为，10 年周期可以再现市场的循环。例如，一个新的历史低点将出现在一个历史高点的 10 年之后，相反，一个新的历史高点将出现在一个历史低点的 10 年之后。同时，江恩指出，任何一个长期的升势或跌势都不可能不做调整的，持续 3 年以上升势或跌势其间必然有 3～6 个月的调整。因此，10 年循环的升势过程实际上是前 6 年中每 3 年出现一个顶部，最后 4 年出现最后一个顶部。

上述长短不同的循环周期之间存在着某种数量上的联系，如倍数关系或平方关系。江恩将这些关系用按一定规律展开的圆形、正方形、六角形等显示出来，这些图形推述都包含了江恩理论中的时间法则、价格法则、几何角、回调带等概念，图形化地探索市场价格的运行规律。

2. 周期理论的运用

通常，周期分析者认为，波谷比波峰可靠，所以周期长度的度量都是从波谷到波谷进行的，原因大概是绝大多数周期的变异出现在波峰上，也就是说波峰的形成比较复杂，因而认为波谷更可靠些。从实际应用结果来看，在牛市中周期分析远比在熊市中表现优异，这与周期理论研究倾向于关注底部有关。同时，牛市中波谷比波峰形成或驻留的时间相对较短，而波峰因常出现强势整理的态势，较为复杂，所以较难把握，适宜以波谷法度量；在熊市中则相反，因为市态较弱，市场常以整理形态取代反弹，所以波峰比波谷形成时间要短，易于发现，适宜以波峰法度量。

周期理论中有四个重要的基本原理：叠加原理、谐波原理、同步原理、比例原理，以及两个通则原理：变通原理、基准原理。

叠加原理是指所有的价格变化均为一切有效周期简单相加的结果。也就是假定我们能够从价格变化中分解出每个周期成分,那么,只要把每个周期简单地向后拖延,然后再合成起来,结果就应当是未来的价格走势了。谐波原理是指相邻的周期长度之间通常存在倍数关系,一般为 2 倍或者 1/2 的关系。同步原理是指一种强烈的倾向性,即不同长度的周期常常在同一时刻达到谷底。根据同步原理,不同市场但长度相近的周期往往也是同时进退的。比例原理描述的是,在周期长度与波幅之间具备一定的比例关系,周期长,那么其波幅也应当成比例地较大。

变通原理是指上述四个原理只是说明了市场具有强烈的倾向性,而不是严格不变的规则。基准原理认为,尽管各种市场之间均存在一定的差异,并且在应用上述周期原理的时候也都容许我们有所变通,但是仍然存在一系列基准的谐波周期,适用于所有市场。这种基准的谐波模型是研究任何市场的起点。

(四) 江恩共振

江恩认为:市场的波动率或内在周期性因素来自市场时间与价位的倍数关系。当市场的内在波动频率与外来市场推动力量的频率产生倍数关系时,市场便会出现共振关系,令市场产生向上或向下的巨大作用。以下情况可能引发共振现象。

(1) 当长期投资者、中期投资者、短期投资者在同一时间点,进行方向相同的买入或卖出操作时,将产生向上或向下的共振。

(2) 当时间周期中的长周期、中周期、短周期交汇到同一个时间点且方向相同时,将产生向上或向下共振的时间点。

(3) 当长期移动平均线、中期移动平均线、短期移动平均线交汇到同一价位点且方向相同时,将产生向上或向下共振的价位点。

(4) 当 K 线系统、均线系统、KDJ 指标、MACD 指标、布林通道(BOLL)指标等多种技术指标均发出买入或卖出信号时,将产生技术分析指标的共振点。

(5) 当金融政策、财政政策、经济政策等多种政策方向一致时,将产生政策面的共振点。

(6) 当基本面和技术面方向一致时,将产生极大的共振点。

共振并不是随时都可以发生,而是有条件的,当这些条件满足时,可以产生共振;当条件不满足时,共振就不会产生;当部分条件满足时,也会产生共振,但作用较小;当共振的条件满足得越多,共振的威力就越大。在许多时候,已经具备了许多条件,但如果没有关键条件,共振也将无法产生,在这一点上江恩特别强调自然的力量,认为市场的外来因素是从大自然循环及地球季节变化的时间循环而来。共振是一种合力,是发生在同一时间多种力量向同一方向推动的力量。

四、相反理论

相反理论是关于市场极端状态的一种极为流行的研究方法。相反理论认为,当绝大多数人看法一致时,他们一般是错误的一方。那么,我们正确的选择应当是,首先确定大多数人的行为,然后反其道而行之。

汉弗莱·B.尼尔是逆向思考方法的创始者,他在 1954 年出版的《逆向思考的艺术》(卡克斯顿出版社)中,推出了他的理论。1964 年,詹姆斯·H.西贝特着手把尼尔的理论应用到期货交易中,创立了市场风向标通信服务,并在其中引入了"看涨意见一致数字"(《市场风向标》,加州帕萨迪纳镇)。他对商品市场上的各种咨询材料每周进行一次统计,以确定在专业人士中看涨或看跌的程度。这项调查的目的在于,把市场情绪通过一系列的数字表示出来,以便于分析研究和预测。该方法的理论前提是,绝大多数期货商在很大程度上都受到市场咨询机构的影响。因此,我们通过跟踪各种专业性咨询材料的观点,不难比较准确地估计交易者大众所采取的态度。

还有一家信息服务公司也提供关于市场情绪的指标,称为"市场看好意见一致程度指数",刊登在《全国商品期货周刊》上,每周五出版(密苏里州堪萨斯市麦吉路 1735 号,MO64108)。在该指数中,以 75% 作为超买标志,25% 作为超卖标志。如果数字大于 75%,我们就认为市场处于超买状态,意味着可能即将出现顶部过程;如果数字低于 20%,我们就认为市场处于超卖状态,表明市场或许即将发生底部过程。相反理论的主要思想包括以下几方面。

(1)相反理论显示了买方或卖方的余力。如果有 80%～90% 的交易商对某市场都看好,那么意味着他们已经在这个市场买入头寸。那么,还有谁来继续买入,把市场推得更高呢? 这是理解相反理论的关键。如果交易商已经以压倒性的多数倒向了市场的某一边,那么,简言之,市场上已经没有足够的买进或卖出压力来把当前趋势继续推动下去了。

(2)相反理论体现了大小户的实力对比。期货交易的"总和为零",每一手多头合约都伴随着别人的一手空头合约。如果 80% 的交易商都站到了市场的多头一边,那么,剩下的 20% 的人(空头持有者)必定资金雄厚,才能完全容纳其余 80% 的人所持有的多头头寸。因此,空头者的头寸规模必定比多头者大得多。这就意味着,空头者必定拥有庞大的资本,他们才是市场上的强者。相比之下,另外 80% 的人平均每人拥有的头寸就小得多了,因此,他们是弱者。每当价格出现突然变化,他们往往不得不把这些多头头寸卖出平仓。

(3)并非只是大部分人看好,相反理论者就要看淡,或大众看淡时他们便要看好。相反理论会考虑这些看好看淡比例的趋势,这是一个动态的概念。相反理论并不是说大众一定是错的。市场大众通常都在主要趋势上看得对。大部分人看好,价格也会因这些看好情绪变成实质购买力而上升,这个现象有可能维持很久,直至所有人看好情绪趋于一致时,将发生质的变化——供求失衡。

(4)在牛市最疯狂时,媒体如报纸、电视、杂志等都尽量宣传市场的看好情绪,人人热情高涨,就是市场暴跌的先兆。相反,市场已经没有人去理会,新闻全部都是坏消息时,就是市场黎明的前一刻最黑暗的时候,曙光就在前面。

(5)我们研究看涨意见一致的数字时,要兼顾持仓量,还要研究交易商分类报告,并密切关注市场对基本面的新闻的反应。一般来说,我们应当顺着意见一致所指的趋势方向进行交易,直到它达到极限为止。然后,就要警惕它的趋势可能发生变化的信号。在这种关键时刻,为了有利于确认市场的转折,我们也应当兼顾那些更正统的技术分析手段,如支撑或阻挡水平的突破、趋势线移动平均线等,以验证趋势的反转事实。在看涨意见一致数字处于超买或超卖区时,摆动指数图上的背离现象特别有参考价值。

相反理论的另一个重要应用在于和期望理论(卡尼曼和特沃斯基,1979)的结合,该理论认为,投资者往往具有过早结清其盈利头寸而过晚结清其损失头寸的倾向,有经验的交易者利用这种不对称偏好遵循"结清损失头寸而保持盈利头寸"就能获利。交易者还有一种损失厌恶的倾向,在损失增加时反而增加其头寸。我们也可以反其道而行之从而获利。

相反理论给投资者以下启示:一是要深思熟虑,不要被他人所影响,要自己去判断;二是要向传统智慧挑战,市场大众所想所做未必是对的,即使投资专家所说,也要用怀疑态度去看待处理;三是事物发展,并不一定像表面一样,要高瞻远瞩,看得远、看得深,才会迎来胜利;四是要控制个人情绪,恐惧和贪婪都是成事不足、败事有余;五是当事实在眼前和希望不相符时,勇于承认错误。

五、切线分析

简单地说,趋势就是价格运动的方向。技术分析的三大假设中的第二条明确说明价格的变化是有趋势的,价格将沿着这个趋势继续运动,这一点就说明趋势这个概念在技术分析中占有很重要的地位,是投资者应该注意的核心问题。

(一) 趋势的确认

标准的上升趋势的构成是一系列较高的高点和较高的低点。例如图 4-7 中郑糖在 2007 年 12 月到 2008 年 3 月这段时期,每个相对高点都高于前面的高点,且每个相对低点也都高于前面的低点。从这种意义上来说,在未跌至前一个低点之前,这是一个完整的上升趋势,违反了这一条的情形被看作趋势可能结束的警告。图 4-7 中郑糖 2008 年 3 月跌破 2 月份的相对低点,预示着价格会随之发生下跌。应该特别强调,价格的回落或回涨只应看作一种迹象,而不是长期价格趋势出现反转的指标。同理,下跌趋势是指一系列较低的低点和较低的高点,下跌趋势在前一个高点被突破之前是完整的。趋势通道是由趋势线和平行于趋势线的直线构成的平行通道,平行于趋势线的直线称为折返线。在上涨的行情中,折返线是衔接波峰的线,在下跌行情中,折返线是衔接谷底的线。

以下规则经常被应用于趋势线和通道。

(1)上升趋势线由依次上升的波动低点连成,下降趋势线由递降的波动高点连成。

(2)趋势线必须有第三个点来测试,才能确认这条趋势线有效,同时被测试的次数越多,趋势线越重要。

(3)无论是在上升趋势轨道中还是在下跌趋势轨道中,当价格触及上方的趋势线时,就是卖出的时机;当价格触及下方的支撑线时,就是买进的时机。上升趋势线是价格回落的支撑线,当上升趋势线被跌破时,形成多单离场信号。下降趋势线是价格反弹的阻力位,一旦下降趋势线被突破,即形成空单离场信号。

(4)只有趋势线被突破一定幅度才能认为趋势线被有效破坏,否则可能只是一些毛刺,并没有根本性扭转上升趋势,至多是需要对趋势线进行一定幅度的修正。这种有效突破幅度的设定需要根据品种的活跃程度以及品种自身属性有所区别,但一般处于 1% ~ 3% 的水平。

图 4-7　由连续的较高的高点和较高的低点形成的上升趋势

（5）向上突破下降趋势线时必须有成交量配合，而向下跌穿上升趋势线时无须量的配合，但确认有效后成交量方会增大。

（6）如果以缺口形式突破趋势线，则突破将是强劲有力的。

（7）在上升或下降趋势的末期，价格会出现加速上升或加速下跌的现象，所以，市场反转时的顶点或底部，一般均远离趋势线。

（8）我们可以依据不同周期的趋势线，组合分析价格走势和指导交易，使交易具备更多的灵活性和可控性。

（9）一条过于陡峭的趋势线通常不具有实质意义，总体来说斜率 45 度左右的趋势线最有意义。

趋势线比较简明、直观和实用，但是趋势线根据事后经验来画，它的可靠性容易被高估，而且随着趋势发展需要重画趋势线的情况也相当普遍。另外，做趋势线是一个高度人为的过程，对于同样一幅图表，不同的人会作出不同的趋势线。

（二）趋势线

1．内部趋势线

常规趋势线的画法特征是包含极高点和极低点，这样就会产生争议，极高点和极低点代表了市场由于感情用事而出现反常，这些点不一定代表着市场中占主导地位的趋势，内部趋势线不顾及这种非得在极端的价格偏离的基础上做趋势线的暗含要求。一个内部趋势线最大可能地接近主要相对高点或相对低点，不能考虑任何可能的极点（图 4-8）。粗略地说，内部趋势线可以看作是相对高点和相对低点的最佳配置线。

内部趋势线的一个缺点是难以避免任意性，甚至可能比常规趋势线更为严重。实际上，在一幅图中常常会作出多条似乎很有可信度的内部趋势线。然而，一般来说，内部趋势线在界定潜在的支撑和阻力区方面的作用远大于常规趋势线。

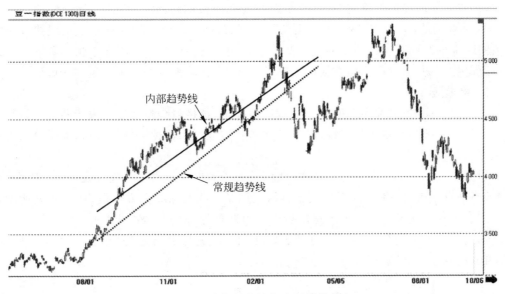

图 4-8　内部趋势线与常规趋势线

2. 移动平均线

移动平均线提供了一种非常简单的使价格序列平滑并且使趋势更易于辨认的方法：根据移动平均值相对前一交易日的变动方向来确认。例如，如果当日值高于前日值，一个移动平均线将会被认为正在上升，如果当日值低于前日值则为下降。既然移动平均线是过去价格的平均，移动平均线的转向点将总是比原始价格序列相应的转向点滞后，这一特征在图 4-9 中也显而易见。

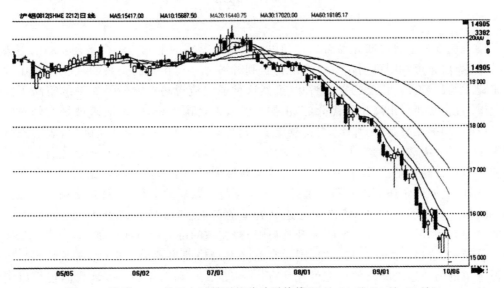

图 4-9　沪铝 0812 处于向下排列的移动平均线（5 日、10 日、20 日、30 日）

在单边趋势市场上，移动平均线可以提供一种非常简单而有效的辨别趋势的方法。

比如,在移动平均线向上反转至少 10 个最小变动单位的那点显示出买入信号,向下反转 10 个最小变动单位的那点显示出卖出信号(目的是避免趋势信号在移动平均线接近于零时来回重复的改变),这种简便的技巧产生了有用的交易信号。问题在于虽然移动平均线在单边趋势市场上很有效,但在横向波动的市场上,移动平均线易于产生许多虚假信号。

3. 管道线

管道线,有时也被称为返回线。在有些情况下,价格趋势整个地局限于两条平行线之间——其中一条为基本的趋势线,另一条便是管道线。当这种情形出现后,如果分析者判断及时,就有利可图。

如图 4-10(a)所示,在上升趋势中,我们首先沿着低点画出基本趋势线,然后从第一个显著波峰(点 2)出发,用虚线引出其平行线。两条直线均向右上方伸展(如点 4 处所示),那么该管道就成立了一半。如果这次折返一直跌回原先的趋势线上(如点 5 处所示),那么该管道就基本上得到了肯定。在下降趋势中,情况与上升趋势类似,但方向相反,如图 4-10(b)所示。

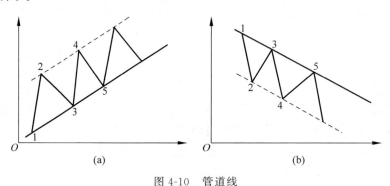

图 4-10　管道线
(a)上升趋势的管道线;(b)下降趋势的管道线

读者应该马上看出如此局面的有利可图之处。基本的上升趋势线是开立新的多头头寸的依据,而管道线则可用作短线的平仓获利的参考。更积极的交易商甚至可利用管道线来建立与趋势方向相反的空头头寸(虽然这种逆着流行趋势方向做交易的策略可能招致危险,且常常要付出高昂的代价)。正如趋势线的情况一样,管道线未被触及的时间越长,试探成功的次数越多,那么,它就越重要、越可靠。重要趋势线被突破后,表明现行趋势发生了重大突破。但是,上升管道线的突破恰好具有相反的意义,它表示流行趋势开始加速。有些交易商把上升趋势的管道线的突破视为增加多头头寸的依据。

此外,我们通常还可以利用管道技术来辨别趋势减弱的信号,这就是价格无力抵达管道线的情况。在图 4-11 中,价格无力达到管道的顶点(点 5 处),这也许就是趋势即将有变的警讯,显示另一条线(基本的上升趋势线)被突破的可能性有所增加。一般地,如果在既有管道中,价格无力达到某一边,则通常意味着趋势即将发生变化(加速或转折),也就是说管道的另一边被突破的可能性增大了。如图 4-12 和图 4-13 所示,我们还可以利用管道线对基本趋势线进行调整。如果价格显著地越过了上升趋势的管道线,则通常表明趋势增强。

管道线还具有测算意义。一旦在价格管道的两条边线上发生了突破,价格管道将顺

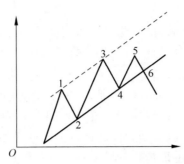

图 4-11 趋势有变警示信号

注：如果市场无力抵达上侧的管道线，则经常构成警示信号，说明下侧的直线将被跌破。请注意，在点 5 处，价格无力达到上侧管道线，随后在点 6 跌破了基本的上升趋势线。

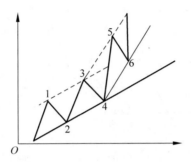

图 4-12 上升趋势调整（加速）

注：当上方的管道线被突破后（见浪 5），许多图表师将按照平行于新的上方管道线的方向，重做基本的上升趋势线。换言之，线 4-6 是平行于线 3-5 作出的。因为上升趋势正在加速，所以顺理成章，基本的上升趋势线也应做相应的调整。

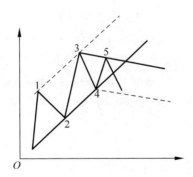

图 4-13 上升趋势调整（向下）

注：当价格无力抵达上侧管道线后，我们可以从两个相继降低的峰点作出下降趋势线（线 3-5），然后，通过点 4，平行于线 3-5，就可以作出尝试性的管道线。下侧这条管道线有时指明了可能出现初始的支撑的位置。

着突破方向达到与管道宽度相等的距离。因此，我们可以根据管道的宽度，从管道边线上的突破点起，简单地顺着突破方向投影出去，得到价格目标。然而，在组成管道的两条线中，基本的趋势线远比管道线重要，也更可靠，管道线是第二位的。

4. 百分比回撤

在每场重大的市场运动之后,价格总要回撤其中的一部分,然后再按照既有趋势方向继续发展。这类与趋势方向相反的价格变化,往往恰好占先前动作的一定的百分比。

50%回撤是一个众所周知的例子。举例来说,假定市场处于上升趋势,如图 4-14 所示,已经从 100 的水平上涨到 200 的水平,那么,接下来的调整常常是回撤到这场运动的一半处,即大约 150 的水平,然后,市场才恢复原来的上升势头。这是一种十分常见的市场倾向,在金融市场上频繁地重现。同时,这种百分比回撤的概念也适用于任何规模的趋势——主要趋势、次要趋势和短暂趋势。

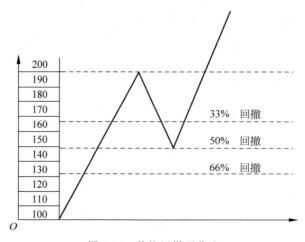

图 4-14　价格回撤百分比

注:价格在恢复原来的方向之前,常常要回撤先前的趋势进程的一半。这是 50%回撤的情况。最小回撤为 1/3,最大回撤为 2/3。

最大和最小百分比回撤,即 1/3 回撤和 2/3 回撤也是广为人知的。换言之,价格趋势可以分成三等份,在一个强劲的趋势的调整过程中,市场通常至少回撤到前一个运动的 1/3 的位置。如果交易商试图在市场下方计划一个值得买入的价格,那么,他可以在图表上算出 33%～50%回撤的区域,以此为参考,来选择大致的买进机会。最大回撤百分数为 66%,这里对应着一个特别关键的区域。如果先前的趋势能持续下去的话,那么,调整必须在 2/3 处打住。

5. 速度线

埃德森·古尔德开创的速度阻挡线(或称速度线)实质上也属于趋势线三分法的具体应用。它与百分比回撤概念的最大区别在于,速度线测绘的是趋势上升或下降的速率(也就是趋势的速度),如图 4-15 所示。

如果上升趋势正处于调整之中,那么,它向下折返的余地通常是到上方的速度线(2/3速度线)为止;如果它又被超越了,那么,价格还将下跌到下方的速度线(1/3 速度线);如果下方的速度线也被跌破了,那么,价格就可能一路而下,直至原趋势的起点的水平。在下降趋势中,下方的速度线如果被突破,那么,价格很可能上冲到上方速度线处。要是后者也失守,那就意味着价格将会涨到原趋势的起点的水平。正如所有的趋势线一样,速度

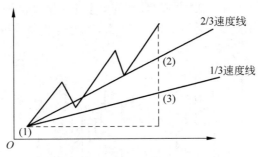

图 4-15 速度线

注：上升趋势中的速度线的例子。从顶峰到趋势起点的垂直距离被分成三等份。从点(1)出发，通过点(2)和(3)
作出了两条趋势线。上方的直线为 2/3 速度线，下方的直线为 1/3 速度线。在市场的调整过程中，这两条线应起
到支撑作用。当它们被突破后，就变成了阻挡线。有时，这些速度线从价格变化的区间穿过。

线一旦被突破，角色也会反串。

（三）趋势线的突破

一般来说，收盘价格越过趋势线要比仅仅只有日内价格穿趋势线更有分量。但有时
只有一个收盘价的穿越也还不足以说明问题。为了辨别趋势线的有效突破，技术分析者
设计了不少时间和价格过滤器。比如收盘价破趋势线的幅度达 3％并且时间在 3 天以上
往往会被认为有效突破。一旦上升或下降趋势线被突破，它们的作用将相互调换——支
撑变为压力、压力变为支撑。

1. 3％原则

3％原则仅仅是有效突破的一个例子。有些图表分析者针对不同市场，选用了各种最
小价格波动允许值。如果过滤器设置得太小，那么减少拉锯影响的效果则不佳。如果选
得太大，那么在有效信号出现之前，就错过了较大的机会。因此，必须结合考虑所追随市
场的趋势发展程度，灵活选择最适合的过滤器，具体市场具体分析。

还有另外一种选择，就是时间过滤器。最为常见的是 2 天原则，换句话说，为了对趋
势线构成有效突破，市场必须连续两天收市在该直线的另一侧。于是，要突破下降趋势
线，价格就必须连续两天收市在该直线的上方。需要补充的是，3％原则和 2 天原则不仅
适用于考察重要趋势线的突破，也同样可以应用于鉴别市场对重要支撑和阻挡水平的
突破。

另外，趋势线的斜率也很重要——当斜率为 45 度时最有意义。该斜率反映的是上升
或下降的速率正好在价格和时间两方面实现完美的平衡。如斜率过于陡峭，说明上升或
下降过快，一般难以持久，如果突破了趋势线，就意味着趋势的斜率可能要调整到 45 度，
而不是趋势的逆转；如过于平缓，说明该趋势虚弱且不可靠并会演变成"无趋势"。有时
要对趋势线进行调整，以适应趋势变缓或变快。

2. 反转日

反转日发生在市场顶部或者底部。顶部反转日有个通行的定义，在上升趋势中，某日
价格达到新的高位，但当天收市价格却低于前一日收市价，如图 4-16(a)所示。底部反转

日指在下降趋势中,某天市场曾跌出新的最低点,但当日收市价格却高于前一日收市价。反转日的价格变化的范围越大,交易量越重,那么,作为近期趋势可能反转的信号,它的分量就越重。

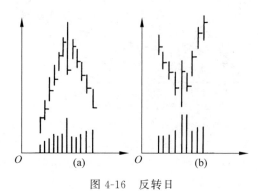

图 4-16　反转日

（a）顶部反转日的例子；（b）底部反转日的例子

注：反转日的交易量越重、价格范围越大,则越重要；如果当日的交易量特别重大,则该底部反转日常被称为抛售高潮。

有时,我们把底部反转日称为"抛售高潮"。这种情况确实是发生在熊市底部的一种剧烈的"大翻身"。在这里,所有已经备受挫折的多头终于忍受不住,不得不斩仓卖出,从而使交易量大增。随后,市场上反倒缺乏卖出压力,形成了所谓卖压真空,于是,价格快速上窜,以填补这个空档。抛售高潮是较为剧烈的反转日,不过,它并不一定标志着熊市终于已经见底,而是通常意味着一个重要低点业已完成,如图 4-16（b）所示。

这种反转形态出现在周线图和月线图上时,意义尤其深远。在周线图上,每根竖直线段代表相应一个星期的全部价格范围,并且它右侧的线头表示周五的收市价。这样,向上的周反转的情况就是,市场在该星期内向下试探,并且跌出了新的低点,但是周五的收市价却又回到上周五的收市价之上。

很显然,周反转比日反转重要得多,月线图上的月反转就更要紧了。还有一种反转形式——岛形反转形态。

有时候,在向上衰竭跳空出现后,价格在其上方小范围地盘桓数日乃至一个星期,然后再度跳空向下。在这种情况下,那几天的价格变化在图表上就像一个孤岛,四周被空白"海水"所包围。向上的衰竭跳空同向下的突破跳空结合在一起,就完成了一个反转形态,它通常意味着市场将发生一定幅度的折返。当然,这场反转的规模也要取决于它本身在趋势的总体结构中所处的地位,如图 4-17 所示。

六、形态分析

形态分析是以原始市场数据为基础,包括价格、成交量、持仓量和时间,以价格曲线构成的形态为对象来分析和预测市场价格变化的方向和趋势。价格运动主要有打破平衡的突破或反转情形和保持平衡的持续情形两大类,因而在价格分析中常常把价格形态分成反转形态和持续形态两大类型。反转形态意味着趋势正在发生重要反转；相反地,持续形态显示市场很可能仅仅是暂时做一段时间的休整,之后当前趋势仍将继续发展。关键

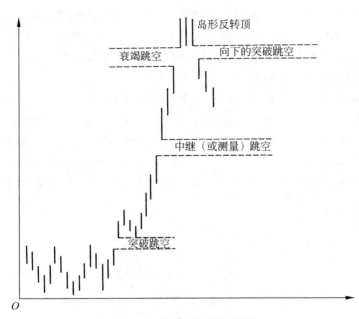

图 4-17 岛形反转形态示例

注：三类价格跳空。突破跳空标志着底部形态的完成。中继跳空发生在趋势的中途（因此，它也被称为测量跳空）。先有向上的衰竭跳空，然后在一周以后有向下的突破跳空，两者一起形成了岛形反转顶。请注意，在上涨过程中，突破跳空和中继跳空并未被填回，而这正是通常的情况。

是必须在形态形成的过程中尽早判别出其所属类型。

反转形态主要有头肩形、三重顶（底）、双重顶（底）、V 形顶（底）、圆弧（盆形）顶（底）等形态。持续形态则主要包括三角形、旗形、楔形、矩形等，这类形态通常反映出现行趋势正处于休整状态，而不是趋势的反转，因此，通常被归纳为中等的或次要的形态，算不上主要形态。

交易量在所有价格形态中，都起到重要的验证作用。在形势不明时（许多情况下都是这样的），研究一下与价格数据伴生的交易量形态，是判断当前价格形态是否可靠的决定性办法。

绝大多数价格形态各有其具体的测算技术，可以确定出最小价格目标。虽然这些目标仅是对下一步市场运动的大致估算，但仍有助于交易商确定其报偿-风险比。

（一）反转形态

所有反转形态几乎都包含了以下几个基本要素：①在市场上事先确有趋势存在，是所有反转形态存在的前提；②现行趋势即将反转的第一个信号，经常是重要的趋势线被突破；③形态的规模越大，则随之而来的市场动作越大；④顶部形态所经历的时间通常短于底部形态，但其波动性较强；⑤底部形态的价格范围通常较小，但其酝酿时间较长；⑥交易量在验证向上突破信号的可靠性方面，更具参考价值。

1. 头肩形态

头肩顶和头肩底是实际价格形态中出现最多的形态，是最著名和最可靠的反转突破形态。对于头肩顶来讲，当颈线被向下突破之后，价格向下跌落的幅度等于头和颈线之间的垂直距离，也就是价格至少下跌了这个幅度后才有可能获得较好的支撑。同样，对于头肩底来讲，价格向上突破颈线之后，其上涨的幅度等于底部与颈线之间的垂直距离，此时，价格上升才有可能遇到像样的压力。

在头肩顶中，价格向下突破颈线后有一个回升的过程，当价格回升至颈线附近后受到其压力又继续掉头向下运行，从而形成反扑。在头肩底中则刚好与之相反。对于反扑，应该注意两方面问题：第一，在头肩顶中，反扑为多方提供了最后一次出逃的机会。在头肩底中，反扑为空方提供了补买机会。第二，反扑不是这两个形态的必然组成部分，所以，不能指望一定要等到反扑出现后才采取行动，而应该在颈线被突破后坚决采取行动，如图 4-18 所示。

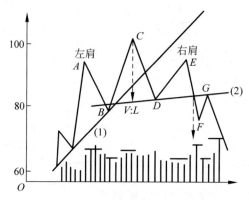

图 4-18　头肩顶的例子

注：左肩和右肩(A 和 E)的高度差不多相同，头(C)比两肩高。请注意在每个峰处逐渐减轻的交易量。当收市价居于颈线[(2)线]之下时，形态完成。其最近目标的求法是，自颈线上的突破点起，向下投射从头部到颈线的竖直距离。突破颈线后，常常出现回向颈线的反扑现象，但它不应再返回颈线的另一边。

对于头肩顶来说，头是第一卖出点，但大部分投资者认为先前的上升趋势仍然会持续，故而不太可能把握住这一卖出点；右肩是第二卖出点，这一点是整个头肩顶形态的较佳卖出点，此时价格上升至左肩位置，由于买方动能不足而回落，头肩形态基本成形，因此投资者在此位置要主动卖出；颈线被突破是第三卖出点，这一点是头肩顶最重要的卖出点，当颈线被突破后，头肩顶宣告成立，价格运动趋势逆转无疑，投资者应坚决卖出；价格突破后反弹至颈线附近时是第四卖出点，这一点也是头肩顶最后一个卖出点，但正如前面提到的，这一点有时不会出现。值得注意的是，对于头肩顶来讲，左肩、头和右肩所对应的成交量依次减少。而对于头肩底来讲，其左肩、底和右肩所对应的成交量没有明显的规律，但是都存在低位放量抗跌迹象，尤其向上突破颈线时需要大成交量的配合，如图 4-19、图 4-20 所示。

有时会出现一些头肩形的变体，称为复杂头肩形。这种形态可能呈现出双头或两个左肩和两个右肩的情况。对付这种情况有个窍门，那就是利用头肩形态所具有的强烈的对称倾向。单个的左肩通常对应着单个的右肩，双重左肩则使出现双重右肩的可能性增加了不少。

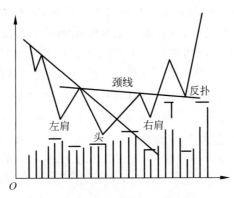

图 4-19 倒头肩形的例子

注:这种形态的底部形式是顶部形式的镜像。其中最重要的区别是在形态后半部分的交易量形态上。在底部过程中,自头部弹起的上冲,应当具有较重的交易量,而当颈线被突破时,交易活动应更是具有进发性的扩张。回向颈线的反扑在底部过程中也更多见。

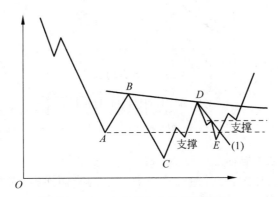

图 4-20 头肩形底中的交易策略

注:右肩(E)尚处在形成过程中的时候,很多技术型交易商就开始建立多头头寸了。在从点 C 到 D 上冲一半到 2/3 的回撤位置上,或者价格跌向近期的支撑水平或支撑性跳空的时候,或者在价格跌到与左肩点 A 的水平差不多的时候,或者当短暂的下降趋势线(1)被向上突破时,统统是早期的入市机会。当颈线果然被突破后,或者事后发生回向颈线的反扑时,可以追加更多的头寸。

2. 双重顶(底)与三重顶(底)

双重顶和双重底即 M 头和 W 底,这种形态在实际中出现得非常频繁,仅次于头肩形,而且容易辨识。当 M 头被向下突破颈线之后,价格向下跌落的幅度等于头和颈线之间的垂直距离,也就是价格至少下跌了这个幅度后才有可能获得像样的支撑。同样,对于 W 底来讲,价格突破颈线之后,其上涨的幅度等于底部与颈线之间的垂直距离,此时,价格上升才有可能遇到像样的压力。对于双头来说,有三个卖出点:第一,右边的头部;第二,颈线被向下突破的位置;第三,价格反弹至颈线附近受阻的位置(这一卖出点有可能不出现)。

首先,从成交量的变化来看,在形成双重顶的第一个峰的过程中,会出现较大的交易量,随之则呈现小量拉回,接着当价格再度上涨到几乎与第一个波峰相同的高度,交易量随之放大,但是却小于第一个波峰的量。其次,两峰之间的持续时间很重要,持续时间越长、形态的高度越大，即将来临的反转潜力越大。一般地，最有效力的双重顶双峰至少应该持续1个月。需要注意的是，双重底形态是个中期到长期的反转形态，两个底部之间最好相距至少4周，有的甚至可能达到两三个月之久。底部的形成一般比头部的形成需要更长的时间。另外，在判别突破成立与否时，一般会要求收盘价超过前一个阻挡峰值，而不仅仅是日内的突破。我们也可以选择双日穿越原则，也就是价格必须连续两天收市在第一峰之上。虽然这种过滤未必绝对可靠，但至少有助于减少经常发生的错误信号。

双重顶的测算方法是，自向下突破点（中间谷点B即被突破的价位）开始，往下投射与形态高度相等的距离。另一种方法是，先测出双重顶中第一条下降轨迹（点A到B）的幅度，然后从位于B点的中间谷点开始，向下投射相同的长度，如图4-21所示。

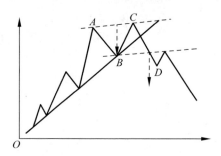

图4-21 双重顶的例子

注：本形态有两个峰（A和C），处在大致相同的水平。当其中的中谷（点B）被收市价跌破后，本形态完结。通常，在第二个峰（点C）交易量较轻，而在向下突破时（点D）交易量有所增加。回向下方直线的反扑现象也不罕见。最小测算目标是，从突破点起向下投射出与形态高度相等的距离。

三重顶（底）形态是头肩形态一种小小的变体，它是由三个一样高或一样低的顶和底组成（图4-22）。在三重顶中，交易量往往随着相继的峰而递减，而在向下突破时则相应增加。三重顶只有在连接两个中间低点的支撑线——颈线被向下突破后，才得以完成。三重底是三重顶的镜像，不过对于向上突破来说，交易量因素更重要。

图4-22 美元指数的三重顶形态

首先,在判断突破成立与否的时候,大多数图表分析者都要求收市价格越过前一个阻挡峰值,而不仅仅是日内的穿越。其次,我们还可以采用某种价格过滤器。其中的一例便是穿越原则(例如1％或3％过滤器)。最后,也可以选用双日穿越原则,即为了证明向上穿越的有效性,价格必须接连两天收市于第一峰之上。还有一类周线图上的时间过滤器,即要求以周五收市价的形式向上超越之前的峰。向上突破量的多少也可能为判断突破信号是否可靠提供线索。

3. 圆弧形态

圆弧形态比其他形态都要少见得多,是指将价格在一段时间的顶部高点用折线连起来,得到一条类似于圆弧的弧线,盖在价格之上,此为圆弧顶;将每个局部的低点连在一起也能得到一条弧线,托在价格之下,此为圆弧底。这种形态代表着趋势很平缓、逐渐地变化。同时,交易量也倾向于形成相应的盆状形态。在圆弧顶部和底部,交易量均随着市场的逐步转向而收缩,随后,与形态方向一致的价格运动占据主动时,交易量又相应地逐步增加。对于圆弧顶(底)来说,当价格向下(上)突破颈线时是第一卖出(买入)点,当价格反扑受到颈线压制(支撑)后是第二卖出(买入)点。

圆弧形态出现的频率较少,也不具备精确的测算规则,但是,一旦出现则是绝好的机会。总的来说,其未来的涨跌幅度与圆弧形态形成的时间成正比,即形成圆弧形态的时间越长,其未来的涨跌幅度就越大,反之越小。此外,人们通常以圆弧弦高作为其未来涨跌的第一个目标量幅。

4. V形形态

V形反转是最难把握的一种形态,前面讨论的都是逐渐变化的反转形态,而V形代表着剧烈的市场反转,趋势往往出乎意料地突然转向。

V形底出现之前,常常会在下跌之后形成一个中继平台,加速下跌又使得下跌趋势十分明显。形成V形反转的主要条件是陡峭的趋势,转折点往往在恐慌交易中出现,同时伴随着巨大的交易量,持仓量也会变得较大。出现V形反转后,价格通常在极短的时间内回撤到原先趋势的某个比例位置。

(二)持续形态

1. 三角形整理形态

三角形整理形态主要分为三种——对称三角形、上升三角形和下降三角形。对称三角形具有两条逐渐聚拢的趋势线,大多发生在一个大趋势进行的途中,表示原有的趋势暂时处于休整阶段,随后还会随着原来的趋势继续行进。对称三角形持续的时间不应太长,若持续时间太长,保持原有趋势的能力就会下降。突破的位置一般应在三角形的横向宽度的1/2到3/4位置。上升三角形比起对称三角形来,表达更强烈的上升意愿,通常以三角形的向上突破作为这个持续过程终止的标志。如价格原有的趋势是向上的,则很显然,遇到上升三角形后,几乎可以肯定今后是向上突破。下降三角形同上升三角形正好反向,是看跌的形态。它的基本内容同上升三角形可以说完全相似,只是方向相反。

三角形整理形态还有一种不同寻常的变体,称为扩大形态。该形态其实是反向的三角形,其两边线逐渐分离,呈现扩大三角形的轮廓,因此也被称为喇叭筒顶部形态。该形态的交易量随着价格摆幅的日益放大而相应扩张。这种情况显示市场已经失去控制,变得极为情绪化。该形态代表了公众参与市场交易活动非常积极的情形(这是不同寻常的),所以最常发生在市场的主要顶部过程中。因此,喇叭筒顶部形态通常是看跌形态。

2. 矩形形态

矩形又叫箱形,也是一种典型的整理形态,价格在两条横着的水平直线之间上下波动,做横向延伸的运动。矩形为冲突均衡整理形态,是多空双方实力相当的斗争结果,多空双方的力量在箱体范围间完全达到均衡状态,这期间谁也占不了上风。随着时间的推移,双方的热情逐步减弱,成交量减少,市场趋于平淡。如果原来是上升趋势,那么经过一段时间整理,会继续原来的趋势,多方会占优势并采取主动,使市场价格突破矩形的上界;如果原来是下降趋势,则空方会采取行动,突破矩形的下界。

就持续时间来说,矩形通常属于1~3个月的类别,其与其他形态的区别在于,由于矩形的价格摆动范围广阔,避免了在其余形态中通常可见的交易活动萎缩的现象。关于矩形,最常用的测算技术是建立在价格区间的高度之上的。我们先从顶到底地量出交易区间的高度,然后从突破点起,顺势投射相等的竖直距离。

与别的大部分形态不同,矩形为投资者提供了一些短线操作的机会。如果在矩形形成的早期能够预计到价格将进行矩形调整,那么,就可以在矩形的下界线附近买入,在矩形的上界线附近抛出,来回做几次短线的进出。如果矩形的上下界线相距较远,短线的收益也是相当可观的。

3. 旗形和楔形形态

旗形和楔形也是最为常见的持续整理形态,在一段上升或下跌行情的中途出现的次数较多。这两个形态是一个趋势的中途休整过程,本身有明确的趋势,并与价格波动原来的趋势方向相反,休整之后,还保持原来的价格趋势。

旗形形态一般在急速上升或下跌之后出现,成交量则在形成形态期间不断地显著减少。在形态形成中,若价格形态形成旗形而其成交量为不规则或并非渐次减少的情况时,下一步将是很快的反转,而不是整理,即一段上涨行情后出现的旗形往下突破,而一段下跌行情后出现的旗形则是向上升破。换言之,高成交量的旗形形态市况可能出现逆转,而不是整理形态。因此,成交量的变化在旗形走势中是十分重要的,它是观察和判断形态真伪的主要方法。

楔形与对称三角形相似,通常持续1个月以上,但不超过3个月。楔形最经常地出现在既存趋势中间,也可能出现在顶部或底部过程中。然而,无论楔形出现在市场运动的中间还是出现在市场运动的尾部,市场分析者总能从以下这一条一般经验中得到些启发:上升楔形看跌,下降楔形看涨。在形成楔形的过程中,成交量是逐渐减少的。楔形形成之前和突破之后,成交量都很大。

4. 持续型头肩形形态

在持续型头肩形形态中,价格图形的外观与横向伸展的矩形形态极相似,但区别是,在上升趋势中,中间低谷低于两肩;在下降趋势中,这种调整过程的中间峰超过了两侧的峰。在这两种情况下,同正常情况比,头肩形都恰好是倒置的,如图4-23所示。

综上,形态分析是比较早就得到应用的方法,相对比较成熟,尽管如此,也有正确使用

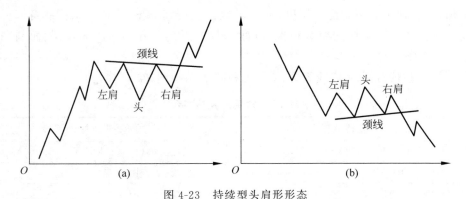

图 4-23　持续型头肩形形态

（a）看涨的持续型头肩形形态的例子；（b）看跌的持续型头肩形形态的例子

的问题。一方面,站在不同的角度,对同一形态可能产生不同的解释;另一方面,进行实际操作时,形态理论要求形态完全明朗才能行动,从某种意义上讲,有错过机会的可能。

另外,我们还应该注意相互验证与相互背离原则在价格形态分析中的应用。相互验证,是指我们应该把所有技术信号和指标加以比较参照,从而保证它们中的大部分相互验证,指向共同的方向。相互背离同相互验证恰恰相反,是指各类技术指标之间不能相互验证的情形。

七、K 线分析

K 线图源于日本,也称为蜡烛图,被古时日本米市的商人用来记录米市的行情与价格波动,后因其细腻独到的标画方式而被引入期货市场及股票市场。

K 线形态是对市场参与者心理过程的刻画,生动地展示了交易者行为随着行情发展而逐步演变的过程。人类在相似的环境下作出相似的反应,这一事实构成了 K 线形态分析的理论基础。K 线形态既可以是特定的单根蜡烛线,也可以是若干根特定蜡烛线的组合,绝大多数 K 线形态都是用来判定市场转折点的,也有少数几种形态是用来判定趋势持续的,分别被称为反转形态和持续形态。

K 线形态分析在抉择市场时机方面是行之有效的。把 K 线形态和其他技术指标综合运用,用后者作为过滤机制,几乎总能赶在其他以价格数据为基础的技术指标之前,为我们提供交易信号。

在分析 K 线形态时,除了注意其基本形态外,还应注意以下几点。

第一,上影线及下影线的长度关系。当上影线极长而下影线极短时,表明市场上卖方力量较强,对买方予以压制;当下影线极长而上影线极短时,表明市场上卖方受到买方的顽强抗击。

第二,实体部分和上下影线相对长短的比例关系,以此来分析买卖双方的力量。

第三,K 线图所处的价位区域。对于同一 K 线形态,当出现在不同的地方时,它们的意义与解释不同,甚至完全相反。比如,K 线实体上下都带长影线,如果出现在上升行情末期,则一般意味着天价的形成;如果出现在下跌行情末期,则一般意味着底价的出现。

又如上下影线的阳线锤子和阴线锤子,若出现在高价位,一般预示后市转跌;若出现在低价位,一般预示后市看涨。所以,进行 K 线图分析,就要观察阴线或阳线各部分之间的长度比例关系和阴阳线的组合情况,以此来判断买卖双方实力的消长,从而判别价格走势。

以下为一些较常用的 K 线组合(表 4-1 和图 4-24~图 4-34)。

表 4-1　常用的 K 线组合

看涨的反转或持续形态	看跌的反转或持续形态
长白色实体(+)(长阳线)	长黑色实体(一)(长阴线)
锤子线(+)(图 4-24)	上吊线(一)(图 4-24)
倒锤子线(+)(图 4-24)	流星线(一)(图 4-24)
捉腰带线(+)(图 4-24)	捉腰带线(一)(图 4-24)
吞没形态(+)(图 4-25)	吞没形态(一)(图 4-25)
孕线(+)(图 4-25)	孕线(一)(图 4-25)
十字孕线(+)(图 4-25)	十字孕线(一)(图 4-25)
刺透形态(+)(图 4-26)	乌云盖顶形态(一)(图 4-26)
十字星(+)(图 4-26)	十字星(一)(图 4-26)
反击线(+)(图 4-26)	反击线(一)(图 4-26)
白色三兵形态(+)(图 4-27)	三只乌鸦形态(一)(图 4-27)
启明星形态(+)(图 4-27)	黄昏星形态(一)(图 4-27)
十字启明星形态(+)(图 4-27)	十字黄昏星形态(一)(图 4-27)
弃婴形态(+)(图 4-28)	弃婴形态(一)(图 4-28)
三星形态(+)(图 4-28)	三星形态(一)(图 4-28)
断折形态(+)(图 4-28)	断折形态(一)(图 4-28)
三线收缩上升形态(+)(图 4-29)	三线收缩下降形态(一)(图 4-29)
三线扩张上升形态(+)(图 4-29)	三线扩张下降形态(一)(图 4-29)
连跳带跑形态(+)(图 4-29)	连跳带跑形态(一)(图 4-29)
奇特三川底部形态(+)(图 4-30)	阶梯顶部形态(一)(图 4-30)
南方三星形态(+)(图 4-30)	平头顶部形态(一)(图 4-30)
悄然燕归形态(+)(图 4-30)	向上跳空两只乌鸦形态(一)(图 4-30)
夹心棒形态(+)(图 4-31)	三只乌鸦接力形态(一)(图 4-31)
鸽子归巢形态(+)(图 4-31)	深思形态(停顿形态)(一)(图 4-31)
阶梯底部形态(+)(图 4-31)	前方受阻形态(一)(图 4-31)
平头底部形态(+)(图 4-32)	两只乌鸦形态(一)(图 4-32)
分手线(+)(图 4-32)	分手线(一)(图 4-32)
上升三法形态(+)(图 4-32)	下降三法形态(一)(图 4-32)
向上跳空并列阴阳线形态(+)(图 4-33)	向下跳空并列阴阳线形态(一)(图 4-33)
并列阳线(+)(图 4-33)	并列阳线(一)(图 4-33)

续表

看涨的反转或持续形态	看跌的反转或持续形态
一阳吞三阴（＋）（图 4-33）	一阴吞三阳（－）（图 4-33）
向上跳空三法（＋）（图 4-34）	向下跳空三法（－）（图 4-34）
待入线（＋）（图 4-34）	待入线（－）（图 4-34）
切入线（＋）（图 4-34）	切入线（－）（图 4-34）

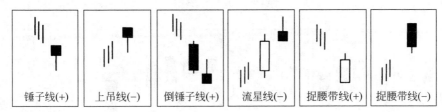

图 4-24　反转形态[①]（1）

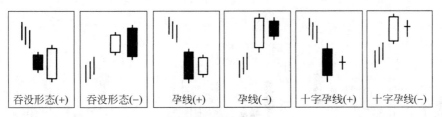

图 4-25　反转形态（2）

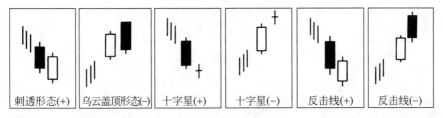

图 4-26　反转形态（3）

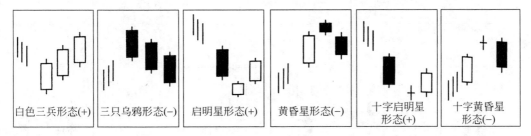

图 4-27　反转形态（4）

[①]　图中的（＋）表示看涨的反转形态，图中的（－）表示看跌的反转形态，下同。

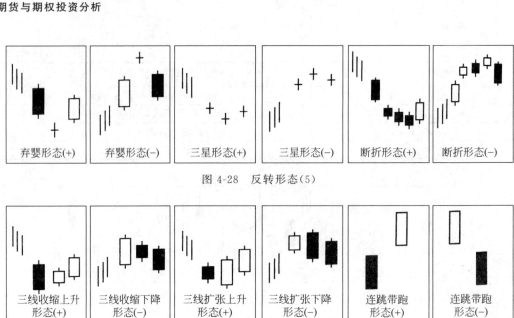

弃婴形态(+) 　弃婴形态(−) 　三星形态(+) 　三星形态(−) 　断折形态(+) 　断折形态(−)

图 4-28　反转形态（5）

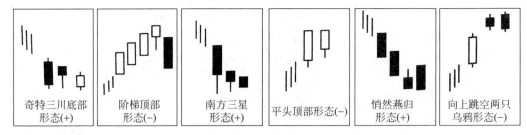

三线收缩上升　三线收缩下降　三线扩张上升　三线扩张下降　连跳带跑　连跳带跑
形态(+)　　　形态(−)　　　形态(+)　　　形态(−)　　　形态(+)　　形态(−)

图 4-29　反转形态（6）

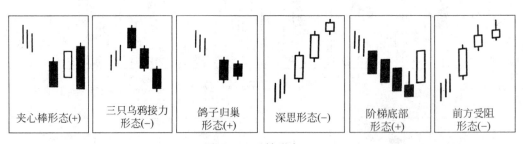

奇特三川底部　阶梯顶部　南方三星　平头顶部形态(−)　悄然燕归　向上跳空两只
形态(+)　　　形态(−)　　形态(+)　　　　　　　　　　形态(+)　　乌鸦形态(−)

图 4-30　反转形态（7）

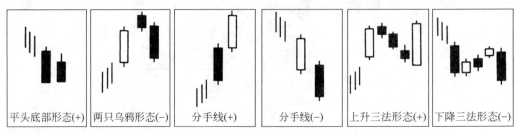

夹心棒形态(+)　三只乌鸦接力　鸽子归巢　深思形态(−)　阶梯底部　前方受阻
　　　　　　　形态(−)　　形态(+)　　　　　　　　　形态(+)　　形态(−)

图 4-31　反转形态（8）

平头底部形态(+)　两只乌鸦形态(−)　分手线(+)　分手线(−)　上升三法形态(+)　下降三法形态(−)

图 4-32　反转和持续形态（9）

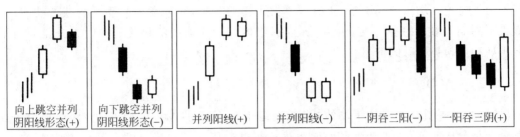

图 4-33　持续形态（10）

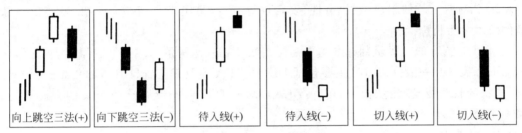

图 4-34　持续形态（11）

第二节　技术分析指标与应用

一、趋势型指标

（一）MA

在所有的技术指标中，移动平均线（MA）最富灵活性，适用最广泛。因为它构造方法简便，而且它的成绩易于定量地检验，所以，它构成了绝大部分自动顺应趋势系统的运作基础。移动平均线实质上是一种追踪趋势的工具，其目的在于识别和显示旧趋势已经终结或反转、新趋势正在萌生的关键契机，以跟踪趋势的进程为己任。移动平均线是一种平滑工具，滞后于市场变化。并且，短期移动平均线对价格变化更敏感，长期移动平均线则迟钝些。最合适的移动平均线应该足够灵敏，可以及时地发出信号，并且又相当迟钝，足以避开大部分随机的"噪声"（即随机价格变化）。

移动平均线的优点主要体现在：①运用移动平均线可以观察价格总的走势，不考虑价格的偶然变动，这样可选择出入市的时机。②移动平均线能发出出入市的信号，将风险水平降低。无论移动平均线怎样变化，反映买或卖信号的规则一样。③移动平均线分析比较简单，使投资者能清楚了解当前价格动向。

移动平均线的缺点是：①移动平均线变动缓慢，不易把握价格趋势的高峰与低谷。②在价格波幅不大的牛皮市期间，平均线折中于价格之中，出现上下交错型的出入市讯号，使分析者无法定论。③平均线的参数没有一定标准和规定，常根据市场的不同发展阶段、分析者思维而各有不同，投资者在设定计算移动平均线的周期时，必须先清楚了解自己的投资期限。

为了避免平均线的局限性,更有效掌握买卖的时机,充分发挥移动平均线的功能,一般将不同期间参数的平均线予以组合运用,组内移动平均线的相交与同时上升排列或下跌排列均为趋势确认的信号。

(二) MACD

MACD(平滑异同移动平均线)指标是运用快速(短期)和慢速(长期)移动平均线及其聚合与分离的征兆,加以双重平滑运算。而根据移动平均线原理发展出来的 MACD,一则去除了移动平均线频繁发出假信号的缺陷,二则保留了移动平均线的效果。因此,MACD 指标具有均线趋势性、稳重性、安定性等特点,是用来研判买卖时机、预测价格涨跌的技术分析指标。

MACD 指标的一般研判标准主要是围绕快速和慢速两条均线及红、绿柱线状况和它们的形态展开。一般分析方法主要包括 DIF 和 DEA 值及其位置、DIF 和 DEA 的交叉情况、柱状的收缩情况(柱状值＝DIF－DEA)、MACD 图形的形态这四个大的方面分析。MACD 图形的形态法则主要有以下两种。

1. M 头 W 底等形态

MACD 指标的研判还可以根据 MACD 图形的形态来帮助研判行情。当 MACD 的红柱或绿柱构成的图形呈现双重顶(底)(即 M 头和 W 底)、三重顶底等形态时,也可以按照形态理论的研判方法来加以分析研判。

2. 顶背离和底背离

MACD 指标的背离就是指 MACD 指标的图形的走势和价格 K 线图的走势方向正好相反。MACD 指标的背离有顶背离和底背离两种。

当价格 K 线图上的价格走势一峰比一峰高,而 MACD 指标图形上由红柱构成的图形的走势是一峰比一峰低,这叫顶背离现象。顶背离现象一般是价格在高位即将反转转势的信号,表明价格短期内可能下跌,是看跌的信号。底背离一般出现在价格的低位区。当价格还在下跌,而 MACD 指标图形上由绿柱构成的图形的走势是一底比一底高,这叫底背离现象。底背离现象一般是预示价格在低位可能反转向上的信号,是短期看涨的信号(图 4-35)。

在实践中,MACD 指标的背离一般出现在强势行情中比较可靠。价格在高价位时,通常只要出现一次背离的形态即可确认价格即将反转。而价格在低位时,一般要反复出现几次背离后才能确认。因此,MACD 指标的顶背离研判的准确性要高于底背离。

MACD 的优点是利用了二次移动平均来消除价格变动当中的偶然因素,因此,对于价格运动趋势的把握是比较成功的。当然,MACD 也有不足,当市场没有明显趋势而进入盘整时,其经常会发出错误的信号,另外,对未来行情的上升和下降的深度也不能提出有帮助的建议。

(三) 三重交叉法与移动平均线包络带

最常用的三重交叉法系统,要数 4—9—18 天移动平均线的组合。这个概念最先出自 R.C.艾伦 1972 年的著作《怎样从商品市场发财》以及 1974 年的《怎样利用 4 天、9 天、18

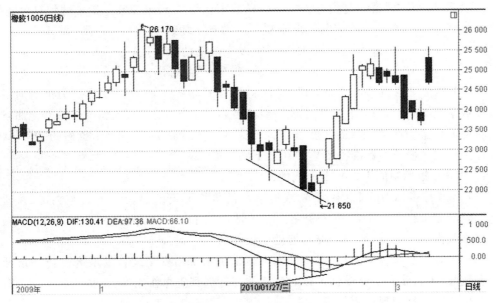

图 4-35　橡胶 1005 合约的底背离

天移动平均线的组合从商品市场获取更多利润》。

在上升趋势中,合理的排列应该是,4 天平均线高于 9 天平均线,而后者又高于 18 天平均线;在下降趋势中,4 天平均线最低,9 天平均线次之,18 天平均线居上。

在下降趋势中,当 4 天平均线同时向上穿越了 9 天和 18 天平均线后,则构成买入的预警信号。随后,一旦 9 天平均线也向上越过了 18 天平均线,则该预警就得到了验证,说明上述买入信号成立。当上升趋势反转为下降趋势时,首先是最敏感的 4 天平均线向下跌破 9 天平均线和 18 天平均线,形成卖出的预警信号。随后,如果 9 天平均线也向下跌破了 18 天平均线,则卖出信号得到确认。

移动平均线包络带是指盲从原有的移动平均线出现,把它分别向上或向下移动一定的百分比,得到两条包络线。采用百分比包络线,有助于判断市场行情是不是向上或向下过度延伸了。举例来说,短线交易上常常在 21 日简单移动平均线的上下添加 3% 包络线。

(四) 布林通道

布林通道指标是美国股市分析家约翰·布林根据统计学中的标准差原理设计出来的一种非常简单实用的技术分析指标。布林通道通常采用 20 日移动平均线,并将其分别向上和向下偏移两个标准差,从而确保 95% 的价格数据分布在这两条交易线之间。一般而言,价格的运动总是围绕某一价值中枢(如均线、成本线等)在一定的范围内变动,布林通道指标正是在上述条件的基础上,引进了"价格通道"的概念,其认为价格通道的宽窄随着价格波动幅度的大小而变化,而且价格通道又具有变异性,它会随着价格的变化而自动调整。参考布林通道进行买卖,不仅能指示支撑、压力位,显示超买、超卖区域,进而指示运行趋势,还能有效规避主力惯用的技术陷阱——诱多或诱空。

一般来说,布林通道线是由上、中、下三条轨道线组成。日 BOLL 指标的计算公式为

$$中轨线＝N 日的移动平均线$$
$$上轨线＝中轨线＋两倍的标准差$$
$$下轨线＝中轨线－两倍的标准差$$

上、下轨位于通道的最外面,分别是该趋势的压力线与支撑线,中轨线为价格的平均线。多数情况下,价格总是在由上下轨道组成的带状区间中运行,且随价格的变化而自动调整轨道的位置。而从带状的宽度可以看出价格变动的幅度,越宽表示价格的变动越大。BOLL 指标的一般研判标准主要集中在以下几方面。

1. BOLL 指标中的上、中、下轨线的意义

(1) BOLL 指标中的上、中、下轨线所形成的价格通道的移动范围是不确定的,通道的上下限随着价格的上下波动而变化。在正常情况下,价格应始终在价格通道内运行。如果价格脱离通道运行,则意味着行情处于极端的状态下。

(2) 在 BOLL 指标中,价格通道的上下轨是显示价格安全运行的最高价位和最低价位。上轨线、中轨线和下轨线都可以对价格的运行起到支撑作用,而上轨线和中轨线有时则会对价格的运行起到压力作用。

(3) 一般而言,当价格在布林通道的中轨线上方运行时,表明市场处于强势;当价格在布林通道的中轨线下方运行时,表明市场处于弱势。

2. K 线和布林通道上、中、下轨之间的关系

图 4-36 以沪锌 1006 合约为例说明 K 线和布林通道的应用,图中序号分别与以下分析对应。

图 4-36　K 线和布林通道在沪锌 1006 合约上的应用

(1) 当 K 线从布林通道的中轨线以下向上突破布林通道中轨线时,预示着价格的强势特征开始出现,价格将上涨,投资者应以中长线买入为主。当 K 线从布林通道的中轨

线以上向上突破布林通道上轨时,预示着价格的强势特征已经确立,价格将可能短线大涨,投资者应以持有待涨或短线买入为主。

（2）当 K 线向上突破布林通道上轨以后,其运动方向继续向上时,如果布林通道的上、中、下轨线的运动方向也同时向上,则预示着市场的强势特征依旧,价格短期内还将上涨,投资者应坚决持有待涨,直到 K 线的运动方向开始有掉头向下的迹象时才密切注意行情是否转势。

（3）当 K 线在布林通道上方向上运动了一段时间后,如果 K 线的运动方向开始掉头向下,投资者应格外小心,一旦 K 线掉头向下并突破布林通道上轨,预示着价格短期的强势行情可能结束,价格短期内将大跌,投资者应及时短线离场观望。特别是对于那些短线涨幅很大的品种。

（4）当 K 线从布林通道的上方向下突破布林通道上轨后,如果布林通道的上、中、下轨线的运动方向也开始同时向下,预示着价格的短期强势行情即将结束,价格的短期走势不容乐观,投资者应以逢高减仓为主。

（5）当 K 线从布林通道中轨上方向下突破布林通道的中轨时,预示着价格前期的强势行情已经结束,价格的中期下跌趋势已经形成,投资者应中线及时卖出。如果布林通道的上、中、下线也同时向下则更能确认。

（6）当 K 线向下跌破布林通道的下轨并继续向下时,预示着价格处于极度弱势行情,投资者应坚决以持币观望为主,尽量不抢反弹。

（7）当 K 线在布林通道下轨运行了一段时间后,如果 K 线的运动方向有掉头向上的迹象,表明价格短期内将止跌企稳,投资者可以少量逢低建仓。当 K 线从布林通道下轨下方向上突破布林通道下轨时,预示着价格的短期行情可能回暖,投资者可以适量买进,做短线反弹行情。

（8）当 K 线一直处于中轨线下方,并和中轨线一起向下运动时,表明价格处于弱势下跌过程中,只要 K 线不向上反转突破中轨线,稳健的投资者都可保持空头思路。

（五）DMI

DMI 中文名称直译为方向移动指数,也有趋势指标、趋向指标和动向指标等不同叫法。

1. DMI 的计算

DMI 的计算过程比较复杂,包括 ±DI（directional indicator）、DX（directional movement index）和 ADX（average directional movement index）4 个组成指标:① +DI 和 −DI,称为方向线,+DI 表示上升方向线,−DI 表示下降方向线。尽管名称上有正负之分,但具体取值都是正数,没有负数,取值永远在 0～100 之间。通过比较上升方向的变动和下降方向的变动在全部变动中所占的比例衡量该方向上多空双方力量的绝对强度,这是 DMI 构造的基本思想。② DX,称为动向值,也叫比例数,取值范围是 0 至 100。从直观上讲,如果 +DI = −DI,则说明向上和向下的力量相等,那么价格将没有趋势,波动也没有方向,而这时 DX = 0。从另一个极端看,如果 ±DI 中有一个是 0,比如说 +DX 为 0,那么向下的力量完全战胜向上的力量,而这时 DX = 100。由此可知,DX 越大,价格越具有趋势和波动的方向;而 DX 越小,价格就没有明确的趋势和波动方向。DX 表明的是多空双方差异的相对水平。③ADX,称为平均方向指标。ADX 是 DX 的移动平均。之所以选择 ADX 而不选择 DX,是为了避免某一天的偶然取值使其大幅度变动。

2. DMI 的应用法则

(1) ±DI 的应用法则。利用+DI 和−DI 这两条曲线可以很容易判断出行情的发展趋势并以此为依据确立自己的买入和卖出价位。

±DI 表示上升动力和下降动力绝对数字的大小,所以当+DI 上升、−DI 下降时,就说明目前多方力量强大。如果+DI 从低位向上,而−DI 从高位向下,当+DI 上穿−DI 时,为多方最终占优势的局面,是买入信号。与上述方向相反,当−DI 上升、+DI 下降时,则说明目前市场是空方力量渐渐增强,而多方力量渐渐减弱。如果−DI 从低向上,而+DI 从高向下,当−DI 上穿+DI 时,是空方最终占优的标志,是卖出信号。

(2) DX 和 ADX 的应用法则。DX 和 ADX 的应用法则是相同的,以下只叙述 ADX 的应用法则。在多头市场中,价格会不断地上涨,从而导致+DI 的上升和−DI 的下降,ADX 也会上升。而在空头市场中,价格不断地下降,+DI 会下降,−DI 会上升,最终 ADX 还是上升。这就是说,无论是在空头市场还是在多头市场,ADX 的曲线总是呈现上升的趋势。也就是说,ADX 只能帮助投资者判断是否有趋势存在,也即价格目前是否按照某一方向移动,而不能帮助投资者弄清楚价格具体是向上移动还是向下移动。

① ADX 曲线持续上升到高位,说明目前价格波动有一个明确固定的方向,可能是上升也可能是下降,如图 4-37 中(1)处,与沪深 300 指数在 2009 年 8 月的下跌相对应,ADX 快速上升。当然,ADX 达到什么数字算是高位,要根据参数的选择和品种而定。

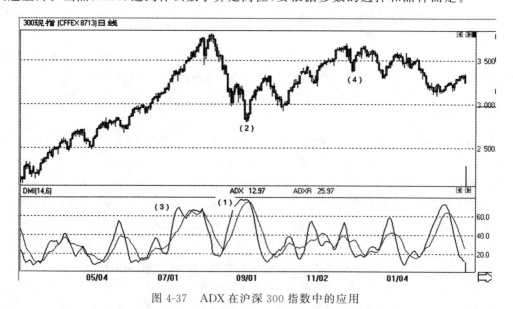

图 4-37   ADX 在沪深 300 指数中的应用

② 当 ADX 上升到很高的高位并转折向下时,说明原来的趋势可能遇到了麻烦,不能再像原来那样沿原方向畅快地运动了,甚至可能是这一轮趋势反转的开始,如图 4-37 中(2)处,价格此后转折。

③ 价格不断出现新高或新低,ADX 同时也不断出现新高,而价格这种创新高和创新低的行为还将保持一段时间,不会立即停下来,这就是 ADX 的助涨和助跌作用,如图 4-37 中(3)处,ADX 一路走高,沪深 300 指数也同时创出新高,且滞后于 ADX 见顶。

④ ADX 进入低位时(具体低到什么数字才算低,要根据具体的情况而定),说明＋DI 和－DI 已经接近,多空双方的力量对比基本相当,谁也不占大的优势。此时,价格进入盘整阶段,没有明确的运动方向,如图 4-37 中(4)处。ADX 一旦进入低位就失去了它的作用。ADX 的价值体现在 ADX 处在高位时的表现,当处于低位时,对投资者的意义不大。

几乎所有技术分析指标都是通过某种方式来发现多空双方力量对比的变化,进而预测未来的行情,DMI 也不例外。DMI 包括的几个技术指标都可以单独运用于价格的预测。但是,DMI 最好同其他技术指标结合使用,这可使推测的结果更加准确。

与 DMI 结合使用得最多的技术指标是 RSI(相对强弱指标)。RSI 和 DMI 都是描述多空双方力量对比的技术指标,DMI 是从最高价和最低价的角度,RSI 则是从收盘价的角度。在大多数情况下,DMI 和 RSI 的波动方向是一致的,是同步的。如果 DMI 和 RSI 所显示的多空双方力量发生了矛盾,这时的行情可能会有大的动作。

(六) 止损点

止损点(SAR)指的是交易者可以承受的最大损失,一旦达到损失上限,交易者必须平仓或减仓以阻止损失扩大,英文全称是 stop and reverse 或 the parabolic SAR。SAR 这一指标是由维尔斯·维尔德(J. Welles Wilder, Jr.)在其著作《技术交易体系的新概念》(*New Concepts in Technical Trading Systems*)中提出的。止损点的 stop 即停止损失,要求交易者事先设定一个止损价位,并且止损价位应随着期货价格的波动不断调整;reverse 即反向操作,要求交易者在价格达到止损价位时,进行平仓与反向操作,谋求收益最大化。止损点指标适用于趋势市场,通常用于确定止损价位,也可用于确立市场的反转价位。

1. 止损点 SAR 的计算

$$SAR_n = SAR_{n-1} + AF \times (EP - SAR_{n-1})$$

式中,n 为计算周期,如 n 日或 n 周、n 月,SAR 的基准计算周期为 2,n 的变动范围是 2～8。

AF(acceleration factor)为加速系数,分为上升加速因子和下降加速因子两类。AF 的取值范围是 0.02～0.2,其基础值是 0.02,每当价格创新高(上升行情中)或新低(下降行情中),即出现一个新的价格极值的时候,AF 即按照 0.02 的倍数增加。如果市场行情转变,AF 都必须重新由 0.02 开始计算。AF 取值越高,SAR 指标对于价格的反映越灵敏。

EP(extreme price)为极值,指上涨波段的最高价格(extreme high)或下降波段的最低价格(extreme low)。计算 SAR_n 时,EP 是 $n-1$ 期以前的值,不包含 n 期值。

SAR_n 为第 n 期的 SAR 值,SAR_{n-1} 为第 $n-1$ 期的 SAR 值。SAR_0 的计算需要区分市场的上升或者下降趋势。在上涨波段中,最高价格 EP 为 SAR_0;在下降波段中,最低价格 EP 为 SAR_0。市场行情发生反转时,前一波段的 EP 是下一波段的 SAR 起始值。

在看涨行情中,计算出的当日 SAR 值如果比当日或前一日的最低价格高,则应当以当日或前一日的最低价格为当日的 SAR 值；在看跌行情中,计算出的当日的 SAR 值如果低于当日或前一日的最高价格,则应当以当日或前一日的最高价格为该日的 SAR 值(图 4-38)。

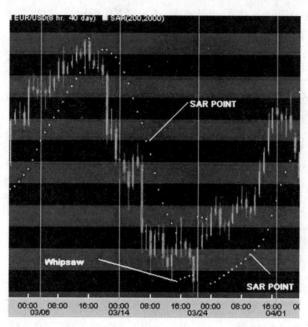

图 4-38　SAR 指标

2. SAR 指标的应用

当价格从 SAR 曲线下方向上突破 SAR 曲线时,为买入信号,预示着上涨行情即将开始,应迅速及时地买入建仓。

当价格向上突破 SAR 曲线后继续上行,同时,SAR 曲线也向上运动时,价格上涨趋势已经形成,SAR 曲线对价格形成强劲支撑,应坚决持仓待涨或逢低加仓。

当价格从 SAR 曲线上方向下跌破 SAR 曲线时,为卖出信号,预示着下跌行情即将开始,投资者应迅速及时地卖出减仓。

当价格向下跌破 SAR 曲线后继续下行,同时,SAR 曲线也向下运动时,表明价格下跌趋势的形成,SAR 曲线对价格形成巨大的压力,应坚决持币观望或逢高减仓(图 4-39)。

止损点的设置主要分为以下三类。

(1) 定额止损法,即将亏损额设置一个固定的比例,一旦亏损大于该比例就平仓,无须过分依赖对于行情的研判。定额止损比例的确定取决于投资者能够承受的最大亏损和交易品种的随机波动之间的平衡。

(2) 技术止损法,即将止损设置与技术分析相结合,在剔除市场的随机波动之后,在关键的技术位设定止损位,从而避免亏损进一步扩大,要求投资者具有很强的自制力和技术分析能力。

(3) 无条件止损法,即不计成本,夺路而逃的止损。当市场基本面发生根本性转折时,投资者应摈弃任何幻想,不计成本地杀出,以求保存实力,择机而战。

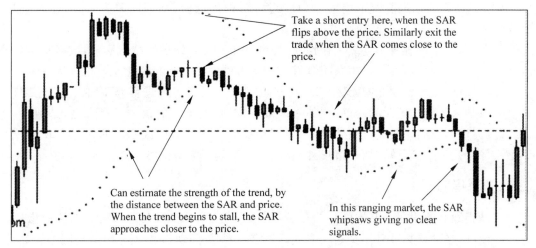

图 4-39　SAR 指标的应用

SAR 指标又称为"傻瓜"指标,适用于广大投资者,特别是中小散户。SAR 指标的作用主要表现在如下方面。

（1）持币观望。当价格被 SAR 指标压制在其下并一直向下运动时,投资者可一直持币观望,直到价格向上突破 SAR 指标并发出明确的买入信号时,才考虑是否买入。

（2）持仓待涨。当价格在 SAR 上方并依托 SAR 指标一直向上运动时,投资者可一路持仓待涨,直到价格向下跌破 SAR 指标的支撑并发出明确的卖出信号时,才考虑是否卖出。

（3）明确止损。SAR 指标具有极明确的止损功能。卖出止损是指当 SAR 发出明确的买入信号时,不管投资者之前是在何价位卖出的,是否亏损,都应及时买入并持仓待涨;买入止损是指当 SAR 指标发出明确的卖出信号时,不管投资者之前是在何价位买入的,是否赢利,都应及时卖出并持币观望。

SAR 指标操作简单,买入、卖出信号明确,特别适合入市时间不长、投资经验不丰富、缺乏买卖技巧的中小投资者使用。SAR 指标的不足之处在于：横向整理行情中的效果不佳;也会因为 AF 的选择不恰当而延误交易时机;应结合其他技术分析方法使用。

（七）四周规则

在我们设计跟踪趋势系统的时候,除了移动平均线外,最著名也最成功的技术还有周价格管道,或简称四周规则。

1970 年,印第安纳州的拉法叶镇的邓恩和哈吉特公司的金融服务部门推出了一本《交易商手册》。该公司对当时最流行的商品自动交易系统进行了模拟测试和比较研究,结果表明,在所有的测试对象中,理查德·唐迁创立的"四周规则"系统最为成功。唐迁被推崇为商品期货自动交易系统领域的先驱。

根据四周规则建立的系统很简单：

（1）只要价格涨过前四个日历周内的最高价,则平回空头头寸,开立多头头寸。

（2）只要价格跌过前四个周内（照日历算满）的最低价，则平回多头头寸，建立空头头寸。

如上所述，本系统属于连续工作性质（连续在市），即系统始终持有头寸，或者是多头，或者是空头。一般地，连续在市系统具有一个基本的缺陷：当市场进入无趋势状态时，它仍处在市场中，难免出现"拉锯现象"。我们也可以对四周规则进行修正，使之不连续在市。办法是采用较短的时间跨度，比如一周或二周，作为平仓的信号。换言之，必须出现了"四周突破"，我们才能建立头寸，但只要朝相反的方向的一周或二周的信号出现，就平回该头寸。之后，交易商将居于市场外，直到下一个四周突破信号出现再入市。

二、摆动指数

摆动指数必须附属于基本的趋势分析，从这个意义上说，它只是一种第二位的指标。有三种情况，摆动指数最有用。这三种情况对绝大多数摆动指数来说都是共同的：①当摆动指数的值达到上边界或下边界的极限值时，表示市场趋势走得太远，可能开始趋于弱化；②摆动指数处于极限位置，并且摆动指数与价格变化之间出现了相互背离现象时，通常构成重要的预警信号；③如果摆动指数顺着市场趋势的方向穿越零线，可能是重要的买卖信号。

（一）威廉指标

威廉指标（WR 指标）是由 Larry Williams 1973 年首创的，最初用于期货市场。威廉指标主要是通过分析一段时间内价格最高价、最低价和收盘价之间的关系，来判断市场的超买超卖现象，预测价格中短期的走势。它主要是利用振荡点来反映市场的超买超卖行为，分析多空双方力量的对比，从而发现有效的信号来研判市场中短期行为的走势。

WR 指标的一般研判主要是围绕 WR 的数值大小、WR 曲线形状等方面展开的。和其他技术分析指标一样，WR 指标的背离也分为顶背离和底背离两种。顶背离一般是价格将高位反转的信号，是比较强烈的卖出信号。底背离一般是价格将低位反转的信号，是比较强烈的买入信号。

WR 指标作为一个短线指标，能够较为准确地发现短期内超买和超卖的信号，从而为投资者短期操作行为提供有效的指导，但是该指标在参考数值选择上也没有固定的标准，这无疑会给实际操作带来麻烦，同时应该注意到的是，盘整过程中 WR 的准确性较高，而在上升或下降趋势当中，却不能只以 WR 超买超卖信号为依据来判断行情即将反转。

（二）KDJ 指标

KDJ 指标（随机指标）是由 George Lane 首创的，最早也是用于期货市场。它主要是利用价格波动的真实波幅来反映价格走势的强弱和超买超卖现象，在价格尚未上升或下降之前发出买卖信号的一种技术工具。它在设计过程中主要是研究最高价、最低价和收盘价之间的关系，同时也融合了动量观念、强弱指标和移动平均线的一些优点，因此，能够比较迅速、快捷、直观地研判行情。

KDJ 最早以 KD 指标的形式出现，而 KD 指标是在威廉指标的基础上发展起来的。

不过威廉指标只判断超买超卖的现象,在 KDJ 指标中则融合了移动平均线速度上的观念,形成比较准确的买卖信号依据。在实践中,K 线与 D 线配合 J 线组成 KDJ 指标来使用。由于 KDJ 线本质上是一个随机波动的观念,故其对于掌握中短期行情走势比较准确。

KDJ 指标主要是通过 K、D 和 J 这三条曲线所构成的图形关系来分析市场上的超买超卖、形态分析、走势背离及 K 线、D 线和 J 线相互交叉突破等现象,从而预测价格中、短期及长期趋势。图 4-40 以豆粕 1009 为例说明了 KDJ 曲线的应用,与以下分析对应。

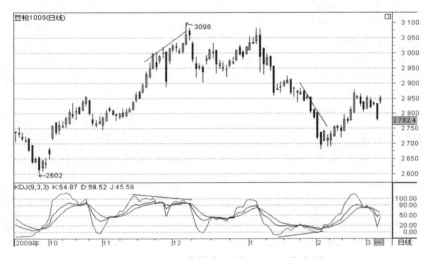

图 4-40 KDJ 曲线在豆粕 1009 上的应用

(1)当 KDJ 曲线与价格曲线从低位(KDJ 值均在 50 以下)同步上升,表明价格中长期趋势向好,短期内价格有望继续上涨趋势,投资者应继续持有多单或逢低买入。

(2)当 KDJ 曲线与价格曲线从高位(KDJ 值均在 50 以上)同步下降,表明短期内价格将继续下跌趋势,投资者应继续持币观望或逢高卖出。

(3)当 KDJ 曲线从高位回落,经过一段时间强势盘整后再度向上并创出新高,而价格曲线也在高位强势盘整后再度上升创出新高,表明价格的上涨动力依然较强,投资者可继续持有待涨。

(4)当 KDJ 曲线从高位回落,经过一段时间盘整后再度向上,但到了前期高点附近时却掉头向下、未能创出新高时,而价格曲线还在缓慢上升并创出新高,KDJ 曲线和价格曲线在高位形成了相反的走势,这可能就意味着价格上涨的动力开始减弱,KDJ 指标出现了顶背离现象,一旦价格向下,应果断及时地离场。

(5)当 KDJ 曲线在长期弱势下跌过程中,经过一段时间弱势反弹后再度向下并创出新低,而价格曲线也在弱势盘整后再度向下创出新低,表明价格的下跌动能依然较强,投资者可继续持币观望。

(6)当 KDJ 曲线从低位向上反弹到一定高位、再度向下回落,但回调到前期低点附近时止跌企稳、未能创出新低时,而价格曲线还在缓慢下降并创出新低,KDJ 曲线和价格曲线在低位形成相反的走势,这可能就意味着价格下跌的动能开始衰弱,KDJ 指标出现了底背离现象。此时投资者也应密切关注价格动向,一旦价格向上就可以短线买入,等待反弹的出现。

KDJ 指标作为最常用的短线指标之一,能够敏锐地抓住价格上升和下跌的信号,对于短线操作的指导意义大。但是 KDJ 指标也存在着明显的不足,主要表现在以下几个方面:第一,KDJ 指标发出的买入和卖出信号过于频繁,投资者需要结合其他分析方法来确认信号的有效性;第二,KDJ 指标在顶部和底部会产生钝化的现象,也就是说当价格处于顶部或底部时,KDJ 指标发出的信号可靠性差;第三,当价格进入整理区域时,KDJ 指标也会显得无所作为。

(三) 相对强弱指标

相对强弱指标以一特定时期内价格的变动情况推测价格未来的变动方向,并根据价格涨跌幅度显示市场的强弱。

RSI 的研判主要是围绕 RSI 的取值、长期 RSI 和短期 RSI 的交叉状况及 RSI 的曲线形状等展开的。一般分析方法主要包括 RSI 取值的范围大小、RSI 数值的超卖超买情况、长短期 RSI 线的位置及交叉、RSI 曲线形状、RSI 与价格的背离等方面,此处不再赘述。

RSI 通过计算一段时期内价格上升动能占总动能的比重来研判多空双方的力量对比,是最为常用的指标之一。但是,RSI 也存在着不足,投资者应该正确地认识并客观对待,如 RSI 在第一次进入应该采取行动的区域而形成单峰或是单谷的时候发出的信号不太可靠,需要结合其他技术分析方法加以确认。

(四) 乖离率

乖离率(BIAS)可描述价格与价格的移动平均线相距的远近程度。BIAS 指的是相对距离。

1. BIAS 的计算公式及参数

$$N \text{ 日乖离率} = (\text{当日收盘价} - N \text{ 日移动平均价}) / N \text{ 日移动平均价}$$

式中,分子为价格(收盘价)与移动平均价的绝对距离,可正可负,除以分母后,就是相对距离。BIAS 的公式中含有参数的项只有一个,即 MA。这样,MA 的参数就是 BIAS 的参数,也就是天数。参数大小的选择首先影响 MA,其次影响 BIAS。一般说来,参数选得越大,则允许价格远离 MA 的程度就越大。

2. BIAS 的应用法则

BIAS 的应用法则主要是从三个方面考虑。

(1) 从 BIAS 的取值大小方面考虑。找到一个正数或负数作为上下分界线,正数的绝对值一般可以设置得比负数的绝对值大一些。只要 BIAS 一超过这个正数,就应该考虑卖出,只要 BIAS 低于这个负数,就应该考虑买入。这条分界线与三个因素有关:BIAS 选择的参数的大小、选择的品种合约、所处的时期。一般来说,参数越大,采取行动的分界线就越大。市场越活跃,选择的分界线也越大。

(2) 从 BIAS 的曲线形状方面考虑,切线理论在 BIAS 上也能得到应用。BIAS 形成从上到下的两个或多个下降的峰,而此时市场价格还在继续上升,则这是抛出的信号。

BIAS 形成从下到上的两个或多个上升的谷,而此时市场价格还在继续下跌,则这是买入的信号。

(3) 从两条 BIAS 线结合方面考虑。当短期 BIAS 在高位下穿长期 BIAS 时,是卖出信号;在低位,短期 BIAS 上穿长期 BIAS 时是买入信号。

3. 应用 BIAS 应注意的问题

(1) 应该在实践中寻找适合自己风格的分界线的具体位置。

(2) BIAS 迅速地达到第一峰或第一谷的时候,是最容易出现操作错误的时候,应当特别小心。

(3) BIAS 的应用应该同 MA 的使用结合起来,这样效果可能更好。当然,同更多的技术指标结合起来也会极大地降低 BIAS 的错误率。具体方法如下:①BIAS 从下向上穿过 0 线,或 BIAS 从上向下穿过 0 线可能也是采取行动的信号。上穿为买入信号,下穿为卖出信号。因为此时,价格也在同方向上穿过了 MA。②BIAS 是正值,价格在 MA 之上,如果价格回落到 MA 之下,但随即又反弹到 MA 之上,同时 BIAS 也呈现相同的走势,则这是买进信号。对于下降的卖出信号也可类似处理。③BIAS 是正值,并在向 0 回落,如果接近 0 时,反弹向上,则这是买入信号。对 BIAS 是负值可照此处理。

图 4-41 以 PVC1005 为例说明了以上三种情况在实际中的应用,图中序号与以上分析对应。

图 4-41　BIAS 与 MA 在 PVC1005 合约中的综合应用

BIAS 指标的实质是测算价格偏离均线即市场平均成本的程度,从而计算出在一定时期内市场的平均盈利程度和平均亏损程度,以发现短期的买入和卖出信号,其有效性毋庸置疑。但不同的市场和不同的投资者对于盈利的期望大小和亏损的承受能力是不同的,因而导致了 BIAS 没有一个公允的判断标准,这就给投资者在使用这个指标时造成了一定的困难。

（五）CCI

CCI(顺势指标)，英文全称是 commodity channel index，由唐纳德·兰伯特(Donald R. Lambert)创立，是一种中短线超买超卖指标，最初用于股市投资。

1. CCI 的计算

$$CCI = \frac{1}{0.015} \frac{P_t - SMA(P_t)}{\sigma(P_t)}$$

式中，P_t 是最高价、最低价和收盘价的平均值；$SMA(P_t)$ 等于最近 N 期 P_t 的平均值；$\sigma(P_t)$ 等于最近 N 期 P_t 的平均绝对偏差；平均绝对偏差的公式为

$$\frac{1}{n} \sum |x - \bar{x}|$$

CCI 没有运行区域的限制，在正无穷和负无穷之间变化，但是，该指标有一个相对的技术参照区域，即 $+100$ 与 -100。因此，CCI 的运行区间通常分为以下三类。

(1) 当 $CCI > +100$ 时，价格进入超买区间，价格异动现象应多加关注。

(2) 当 $CCI < -100$ 时，价格进入超卖区间，投资者可逢低加仓。

(3) 当 CCI 处于 -100 与 $+100$ 之间时，价格处于震荡整理区间，投资者应以观望为主。CCI 是针对市场的非常态设计的，即在市场常态下，CCI 不发挥作用。

2. CCI 的应用

当 CCI 自下而上突破 $+100$ 线，进入非常态区间时，表明股价脱离常态而进入异常波动阶段，中短线应及时买入。如果有较大的成交量配合，则买入信号更可靠。

当 CCI 自上而下跌破 -100 线，进入另一非常态区间时，表明价格盘整的结束，即将进入一个较长的寻底过程，投资者应以持币观望为主。

当 CCI 自上而下跌破 $+100$ 线，进入常态区间时，表明价格上涨阶段可能结束，即将进入一个比较长时间的盘整阶段，投资者应及时逢高卖出。

当 CCI 自下而上突破 -100 线，进入常态区间时，表明价格探底阶段可能结束，即将进入一个盘整阶段，投资者可以逢低少量买入。

当 CCI 在 $+100$ 与 -100 线之间的常态区间运行时，投资者应使用 KDJ、WR 等其他超买超卖指标进行研判。

3. CCI 的背离

CCI 的背离是指 CCI 的曲线的走势和价格 K 线图的走势方向正好相反，分为顶背离和底背离两种。

(1) 当 CCI 曲线处于远离 $+100$ 线的高位，但它创出近期新高后，CCI 曲线反而形成一峰比一峰低的走势，而此时 K 线图上的价格却再次创出新高，形成一峰比一峰高的走势，这就是顶背离。顶背离现象一般是股价在高位即将反转的信号，表明价格短期内即将下跌，是卖出信号。在实际走势中，CCI 出现顶背离是指股价在进入拉升过程中，先创出一个高点，CCI 也相应在 $+100$ 线以上创出新的高点，之后，价格出现一定幅度的回落调整，CCI 曲线也随着价格回落走势出现调整。但是，如果价格再度向上并超越前期高点创出新的高点时，而 CCI 曲线随着价格上扬也反身向上但没有冲过前期高点就开始回落，

这就形成 CCI 的顶背离。CCI 出现顶背离后,价格见顶回落的可能性较大,是比较强烈的卖出信号。

(2) CCI 的底背离一般出现在远离−100 线以下的低位区。当 K 线图上的价格一路下跌,形成一波比一波低的走势,而 CCI 曲线在低位却率先止跌企稳,并形成一底比一底高的走势,这就是底背离。底背离现象一般预示着价格短期内可能将反弹,是短线买入信号。

与 MACD、KDJ 等指标的背离现象研判一样,在 CCI 的背离中,顶背离的研判准确性要高于底背离。当价格在高位,CCI 在远离+100 线以上出现顶背离时,可以认为价格即将反转向下,投资者可以及时卖出;而价格在低位,CCI 也在远离−100 线以下低位区出现底背离时,一般要反复出现几次底背离才能确认,并且投资者只能做战略建仓或做短期投资。

(六) ROC

ROC(价格变动速率),英文全称是 rate of change,由当天的股价与一定的天数之前的某一天股价比较,反映市场价格变动的快慢程度。该指标经由 Gerald Appel 和 Fred Hitschler 于 *Stock Market Trading Systems* 一书中加以介绍,采用 12 天及 25 天周期可达到相当的效果。

1. ROC 指标的计算

$$AX = 当日收盘价 − 12 天前的收盘价$$
$$BX = 12 天前的收盘价$$
$$ROC = AX/BX$$

ROC 指标用来测量价位动量,可以同时监视常态性和极端性两种行情。ROC 以 0 为中轴线,可以上升至正无限大,也可以下跌至负无限小。以 0 轴到第一条超买或超卖线的距离,往上和往下拉一倍、两倍的距离,再画出第二条、第三条超买超卖线,则图形上就会出现上下各三条的天地线。

当 ROC 向上则表示强势,以 100 为中心线,由中心线下方上穿,大于 100 时为买入信号;当 ROC 向下则表示弱势,以 100 为中心线,由中心线上方下穿,小于 100 时为卖出信号;当价格创新高时,ROC 未能创新高,出现背离,表示头部形成;当价格创新低,ROC 未能创新低,出现背离,表示底部形成。不同期货品种的价格比率之不同,其超买超卖范围也略有不同,但一般介于−6.5 和+6.5 之间。

2. ROC 指标的应用

ROC 波动于"常态范围"内,而上升至第一条超买线时,应卖出。

ROC 波动于"常态范围"内,而下降至第一条超卖线时,应买进。

ROC 向上突破第一条超买线后,指标继续朝第二条超买线涨升的可能性很大,指标碰触第二条超买线时,涨势多半将结束。

ROC 向下跌破第一条超卖线后,指标继续朝第二条超卖线下跌的可能性很大,指标碰触第二条超卖线时,跌势多半将停止。

ROC 向上穿越第三条超买线时,属于疯狂性多头行情,回档之后还要涨,应尽量不轻易卖出。

ROC 向上穿越第三条超卖线时,属于崩溃性空头行情,反弹之后还要跌,应克制不轻易买进。

(七) ATR

平均真实波幅(average true range,ATR)是维尔斯·维尔德首先提出的,用于衡量价格的波动性。ATR 指标是交易系统设计者不可或缺的工具之一,是资金管理的重要辅助工具之一。

1. ATR 的计算公式

真实波动幅度(TR)是以下三个指标中的最大值。

(1) 当前的最高价格减去当前的最低价格。

(2) 当前的最高价格与前一日收盘价之差的绝对值。

(3) 当前的最低价格与前一日收盘价之差的绝对值。

ATR 是 TR 的 N 日简单移动平均,即

$$ATR = [ATR(t-1) \times (N-1) + TR(t)]/N$$

式中,N 为 ATR 的计算周期;t 为当前交易日;参数 N 通常设置为 14。

2. ATR 的应用

(1) 常态时,波幅围绕均线上下波动。

(2) 极端行情时,波幅上下幅度剧烈加大。

(3) TR 过高,并且价格上涨过快时,应当卖出。

(4) TR 过低,并且 ATR 连创新低时,表明价格已经进入窄幅整理行情中,随时将面临突破。

(5) 波幅的高低根据交易品种及其在不同的阶段由使用者确定。

三、人气型指标

(一) 心理线指标

PSY(心理线)主要是从投资者的买卖趋向的心理方面,对多空双方的力量对比进行探索。它是以一段时间收盘价涨跌天数的多少为依据,其计算方法很简单,计算公式如下:

$$PSY(N) = A \div N \times 100$$

式中,N 为周期,是 PSY 的参数,可以为日、周、月、分钟等;A 为在这周期之中价格上涨的日、周、月、分钟数等。参数选择得越大,PSY 的取值范围越集中、越平稳,但又有迟滞性的缺点;参数选择得小,PSY 取值范围的波动性很大且敏感性太强。

PSY 的应用法则有以下几个。

(1) 在盘整局面,PSY 的取值应该在以 50 为中心的附近,下限和上限一般定为 25 和 75。PSY 取值在 25~75 说明多空双方基本处于平衡状况。如果 PSY 的取值超出了这个平衡状态,就是超买超卖,投资者就应该注意准备行动了。

（2）如果 PSY 的取值高得过头或低得过头,都是行动信号。一般说来,如果 PSY<10 或 PSY>90 这两种极低和极高的局面出现,就可以不考虑别的因素而单独采取买入和卖出行动。如图 4-42 中(2)处 PSY 仅为 8.33,价格出现严重超跌,而后便走出一波上涨行情。

（3）当 PSY 的取值第一次进入采取行动的区域时,往往容易出错,要等到第二次出现行动信号时才安全,这对 PSY 来说尤为重要,如图 4-42 中(3.1)处价格虽短暂突破 75,但此后价格继续单边上涨,如此时做空风险极大,直到(3.2)处价格才开始回调。

图 4-42　PSY 指标在 PTA 连续合约周线上的应用

（4）PSY 的曲线在低位或高位出现大的 W 底或 M 头是买入或卖出的行动信号。别的形态对 PSY 也适用。

（5）PSY 一般最好同价格曲线相配合使用,这样更能从价格的变动中了解超买或超卖的情形,背离现象在 PSY 中也是适用的。

（二）能量潮指标

OBV 的英文全称是 on balance volume,也叫平衡交易量。有些人把每一天的成交量看作海的潮汐一样,形象地称 OBV 为能量潮。

1. OBV 的计算公式

OBV 的计算公式很简单,首先假设已知上一个交易日的 OBV,根据今天的成交量以及今天的收盘价与上个交易日的收盘价的大小比较计算出今天的 OBV,公式如下:

$$今日 OBV = 昨日 OBV + sgn \times 今成交量$$

式中,sgn 可能是+1,也可能是 −1,这由下式决定:

如果今收盘价>昨收盘价,则为+1;

如果今收盘价<昨收盘价,则为 −1。

2. OBV 的构造原理

OBV 的基本原理是根据潮涨潮落把市场比喻成一个潮水的涨落过程,如果多方力量大,则向上的潮水就大,中途回落的潮水就小,衡量潮水大小的标准是成交量。每一天的成交量可以理解成潮水,但这股潮水是向上还是向下,是保持原来的大方向还是中途回落,这个问题就由当天的收盘价与昨天的收盘价的大小比较而决定。

(1) 如果今收盘价>昨收盘价,则这一潮水属于多方的潮水。

(2) 如果今收盘价<昨收盘价,则这一潮水属于空方的潮水。

3. OBV 的应用法则和注意事项

(1) OBV 不能单独使用,必须与价格曲线结合使用才能发挥作用。

(2) OBV 曲线的上升和下降对于进一步确认当前价格的趋势有着很重要的作用:价格上升(或下降),而 OBV 也相应地上升(或下降),则可以更确认当前的上升(或下降)趋势。价格上升(或下降),但 OBV 并没有相应地上升(或下降),则目前的上升(或下降)趋势就要大打折扣。

(3) 对其他技术指标适用的切线理论的内容也同样适用于 OBV 曲线,W 底和 M 头等著名的形态也适用于 OBV。

(4) 在价格进入盘整区后,OBV 曲线会率先显露出脱离盘整的信号,向上或向下突破。

第三节　期货市场量价分析

一、量价关系分析

量价关系分析是运用成交量、持仓量与价格的变动关系分析预测期货市场价格走势的一种方法。成交量是指某一时间内买进或卖出的期货合约数量,通常是指某一交易日成交的合约量。持仓量是指到某日收市为止,所有未平仓了结的合约的总数。我国期货市场的交易量和持仓量是双边统计的。

(一) 交易量

交易量是重要的人气指标,交易量大表明市场人气足,对上涨的强度和迫切性更高,反之,上涨的压力就小得多。如果价格上升趋势中交易量上升,或者价格回跌时交易量减少或收缩,均说明市场处于技术性强势。在下降趋势中,当价格下跌时交易量上升,或者价格反弹时交易量下降,均说明市场处于技术性弱势。

交易量的另一个重要作用是验证价格形态。价格形态中,交易量是重要的验证指标。如头肩顶成立的预兆之一,就是在头部形成过程中,当价格冲到新高点时交易量较小,而在随后跌向颈线时交易量却较大。在双重顶和三重顶时,在价格上冲到每个后继的峰时,交易量都较小,而在随后的回落中,交易量却较大。在持续形态形成过程中,如三角形,与之伴随的交易量逐渐下降。一般地,所有价格形态在完结时,只要这个突破信号是成立的,那么它就应当伴有较大的交易量。

在对价格和交易量的关系研究中,实际上是使用了两种不同的工具来估计同一个对象——市场力量。就价格本身而言,要等到价格趋势实际反转时才能体现出来,因此,交易量是领先于价格的,从交易量的变化可以判断买方或卖方力量的消长。值得注意的是,在出现涨跌停板时,尽管交易量通常极小,却是市场趋势非常强烈的表现。

(二)持仓量

持仓量是期货相对于证券市场的特有概念。持仓量同样反映了市场人气,持仓量增加,表明资金在流入市场,减少则表明资金在流失。持仓量与价格的关系主要体现在:在上升趋势中,持仓量增加是看涨信号,持仓量减少则是看跌信号;在下降趋势中要区别对待,下降趋势之初的持仓量增加是看跌信号,下降趋势之末的持仓量增加则是看跌信号,下降趋势过程中的持仓量和成交量同减表明市场持续看淡、资金流出。

值得注意的是,持仓量具有非常明显的季节性倾向,因此对持仓量必须做季节性修正。仅当持仓量的增加超过其季节性的增长之后,这个变化才具有重要意义。如果价格正在上升趋势中,同时总持仓量又高出季节性平均水平(如5年平均),那么就意味着新资金已流入市场,买盘强劲,牛市已现。如果价格上扬而持仓量下滑至季节性平均水平以下,那么这种走高就有可能是由于空头止损平仓而造成的,资金正在流出市场,这是一种弱势情况,反弹将宣告失败。

另外,除了以上倾向性外,还有其他一些市场环境,持仓量也能给出一些指引。

(1)当一场主要的市场趋势尾声时,持仓量已经随着价格趋势的整个过程增加到一定高度,那么,一旦持仓量不再继续增加甚至开始减少,就是趋势即将发生变化的迹象,如图4-43中连豆指数在2003年下半年以及2008年上半年的情况。

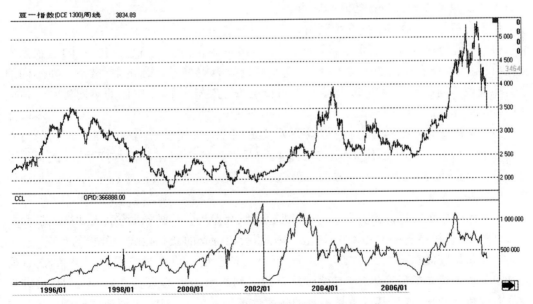

图4-43 连豆指数持仓量走势图与价格变化

(2)如果在市场顶部,持仓量处在高水平,而价格下跌又突如其来,那么这是一个看跌信号。这种情况就意味着,在上升趋势接近尾声时建立多头头寸的交易者均处于损失之中。这将迫使他们卖出斩仓,所以使价格遭到压力。这种情况一直将维持到持仓量减少到足够大幅度之后。

(3) 如果在市场横向调整期间持仓量逐渐增加,那么一旦发生向上或向下的价格突破,随后而来的价格运动将会加剧。

(4) 在价格形态完成时的持仓量增加可视为对可靠趋势信号的补充印证。例如,如果出现在随成交量放出的持仓量增加基础上,对头肩底的颈线的突破就更加可信。值得注意的是,由于跟随在趋势初始信号后的推动力常常是由陷于市场错误一方的交易者产生的,因此有时持仓量会在新趋势开始时略有减少。这种持仓量的初始性减少可能使人误入歧途,因此不必对持仓量在极短时期内的变化过分关注,需要结合成交量和价格区间综合判断。

持仓量和成交量是能够辅助确认图表中其他技术信号的次级技术指标,不宜单独基于成交量或者持仓量的数字而作出交易决策,可以将它们与其他技术信号结合使用来加以确认。

二、期货市场持仓量分析

大部分金融市场技术分析者同时跟踪三组数字,即价格、交易量和持仓量,以使自己的分析手段具备三度空间。交易量分析适用于所有市场,持仓量分析主要应用于期货市场。在上述三个因素中,价格显然是最重要的因素。交易量和持仓量是次要的,主要作为验证性指标使用。而在这两者之中,交易量又更重要些,持仓量居末位。在基本面比较确定的情况下,对价格短期走势的判断,除技术分析外,持仓量以及持仓结构的变化更能简洁明了地反映各市场参与方的基本观点。

根据分析角度的差异,持仓主要有以下几种分类方法。

(1) 从博弈双方对比的角度,持仓可以分为多头持仓和空头持仓。进一步地,根据资金性质、组织性质和控制能力的差异,持仓又可以分为主多、散多、主空、散空。在不同的市场环境或不同的趋势性质里,博弈双方可能会发生变化。博弈主体的不同将对行情演变产生不同作用。

(2) 从持仓时间差异看,持仓可以分为长线、中线、短线及日内交易等。不同的持仓时间也会对行情变化产生不同的影响。日内交易者的持仓变化分析难度最大,因为一方面看不懂其具体持仓情况,另一方面对敲(或做市商交易)将直接造成持仓的增减,从而影响分析判断。

(3) 从持仓性质看,持仓可以分为投机、套利、套保等。目前,市场上流动性比较大的主力合约中,投机持仓一般占 90% 以上。因此,投机持仓的变化也成为分析的重点。

持仓量研究涵盖两大方向,其一是研究价格、持仓量和成交量三者之间关系,这种研究方法是传统经典的研究方法,有助于从整体上判断市场中的买卖意向;其二是研究各会员多空持仓变化,这是基于市场本身的规律性产生的分析方法,也即通过分析市场买方与卖方力量的对比变化来预测市场运行方向,而买卖力量就是通过持仓状况来分析的。一般而言,主力机构的持仓方向往往影响着价格的发展方向,这在国内市场尤其明显。由于基本面不会一日一变,在基本面基本确定的情况下,可以说,主力机构特别是大套保商比一般投资者对基本面的分析更具优势,它们对基本面的理解更透彻、更全面,因而它们的动向对交易的指导意义更强。

但是,主力资金经常进行分仓或转移交易席位,这使得通过持仓排行把握主力动向的方法有时如同盲人摸象,因此,这种方法得出的结论只能作为入市策略的辅助指标。

三、国内交易所持仓分析

(一)交易所持仓信息披露

持仓信息是一种常规信息,不同国家的交易所或监管当局在持仓的具体规定和信息披露上有不尽相同的规定。比如,我国期货交易所在风险管理办法里均规定了限仓制度和大户持仓报告制度。根据不同期货品种的具体情况,分别确定每一品种每一月份合约的限仓数额,采用限制会员持仓和限制投资者持仓相结合的办法,控制市场风险。当会员或者投资者在某品种合约的投机持仓头寸达到交易所规定的持仓限额80%(含)以上时,会员或投资者应向交易所报告其资金情况、头寸情况,投资者须通过经纪会员报告。交易所可根据市场风险状况,制定并调整持仓报告标准。

目前,在国内商品期货交易所中,只有大连商品交易所(DCE)公布所有合约的所有席位持仓情况,而上海期货交易所和郑州商品交易所只公布当日交易量排名前20名会员的持仓情况,同时,商品期货交易所也会对多空持仓量排在前20名的会员及数量予以公布。国内持仓公布有两个特点,一是每个交易日都发布,发布频率高;二是以会员为公布对象。而会员的客户中既有套期保值者,也有投机者,还有套利者,所以仅仅从会员的持仓数据看不清持仓结构。

(二)持仓分析方法

就国内持仓分析来说,主要有以下方法,一是比较多空主要持仓量的大小,如果某期货合约前数名(比如前20名)多方持仓数量远大于空方持仓数量,说明该合约多单掌握在主力手中,空单则大多分布在散户手中,反之亦然;二是观察某一品种或合约的多单(空单)是否集中在一个会员或几个会员手中,结合价格涨跌找到市场主力所在,即"区域"或"派系"会员持仓分析;三是跟踪某一品种主要席位的交易状况、持仓增减,从而确定主力进出场的动向。

1. 前20名持仓分析

由于资金的多空意向体现在持仓上,而且主要体现在前20名席位上,因此一般使用前20名持仓的多空合计数之差(即净持仓)来对多空实力进行分析。这里的净持仓变化能较大程度地表现主力资金的多空态度,因此研究净持仓的变化对预判价格的将来变化有非常大的帮助。这里主要研究的是价格的波段性变化,而非短期的价格无序波动。判断净持仓变化与价格关系一般有如下规律。

(1)特殊信号:背离。背离分为两种,即净持仓与价格变化方向的背离、阶段性的价格新低(新高)而净持仓峰值未新低(新高)。在出现背离信号时,应首先遵从价格的技术信号,即当技术信号(特别是K线组合)出现"转折"迹象时,背离信号的作用将开始产生作用。

① 一段时间的价格变化与净持仓方向变化相反,且较为激烈时,预示着后市价格很快将出现较大的反向运行。

② 某个阶段性趋势运行时,价格较前一波段高点(低点)创出新高(新低),而净持仓峰值未较前一波段的峰值创出新高(新低),则暗示着价格在当前位置处于衰竭阶段,可能出现反向(或次级调整,由于获利回吐而产生)的变化。

(2)一般信号:顺势。此情况为净持仓变化与价格产生"同向"关联时,价格趋势的判断为顺势(即跟随之前价格变化趋势来定)。

当然,长期决定价格走向的并不是持仓结构,而是基本供求关系,但通常持仓变化客观地反映了基本面的变化。在不同的市场阶段,持仓变化的市场含义也会不同,要结合当时情况具体分析,但长期看,持仓分析对交易的指导意义是明显的。此外,在市场参与基础较好的品种上,持仓分析尤为有效,而对于那些交易不活跃靠做市商保持流动性的品种,持仓分析并无太大意义。

2. "区域"或"派系"会员持仓分析

某些特殊时期,持仓资金具有地区属性。比如,江浙一带的资金活跃程度非常高,资金量也很大。因此在持仓排行榜上经常有"浙江帮"之称,如 2008 年上半年的大豆 809 合约上的浙江资金便是获利颇丰。这种"区域"或"派系"的分法一般是在特定背景下比较有效。如"江浙系"资金大部分来自民间游资,具有较强的投机属性;而作为大豆和玉米主产区的东北地区,则有许多现货背景的席位。

另外,以后的股指期货出台后,必然会产生"券商系"的资金,而这些资金主要将会集中在具有券商背景的期货公司。通过分析某一时期、某个特定品种的"区域"或"派系"会员持仓情况,可以更好地了解目前该品种的多空倾向,因为这些"区域"会员通常具有这些特定背景下的研究等方面实力。

3. 成交量活跃席位的多空持仓分析

成交量越大表示该席位越活跃,那么它在该合约上的影响能力则可能越大,因此分析成交量活跃的席位的多空持仓情况,能窥探这些"最活跃"的资金的多空倾向。值得注意的是,虽然有些席位成交量位列前几名,但因为或是做市商,或是专门做当日短线交易,因此分析这些成交量最活跃的席位持仓也未必能全面了解当前主流资金的多空倾向。

4. 合约总持仓量增减与价格关系

成交量和持仓量的变化会对期货价格产生影响,期货价格变化也会引起成交量和持仓量的变化。因此,分析三者的变化,有利于正确预测期货价格走势。

(1)成交量、持仓量增加,价格上升,表示新买方正在大量收购,近期内价格还可能继续上涨。

(2)成交量、持仓量减少,价格上升,表示卖空者大量补货平仓,价格短期内向上,但不久将可能回落。

(3)成交量增加,价格上升,但持仓量减少,说明卖空者和买空者都在大量平仓,价格可能会下跌。

(4)成交量、持仓量增加,价格下跌,表明卖空者大量出售合约,短期内价格还可能下跌,但如抛售过度,反可能使价格上升。

（5）成交量、持仓量减少，价格下跌，表明大量买空者急于卖货平仓，短期内价格将继续下降。

（6）成交量增加，持仓量和价格下跌，表明卖空者利用买空者卖货平仓导致价格下跌之际陆续补货平仓获利，价格可能转为回升。

（7）其他情况，根据之前走势特点进行"顺势"判断。

从上分析可见，在一般情况下，如果成交量、持仓量与价格同向，其价格趋势可继续维持一段时间；如两者与价格反向，价格走势可能转向。当然，这还需结合不同的价格形态做进一步的具体分析。

在完整的上涨下跌周期里，持仓量会出现不同的变化，这种变化恰恰验证了趋势的运行。在趋势形成时，市场处于增仓状态（无论上涨还是下跌）；形成突破后，一般会伴以持仓量的增减。减仓行为表明趋势判断错误的一方在退出市场，这会加剧趋势的运行。而增仓则表明有更多的投资者介入，价格趋势一般会持续更长，价格区间也会相应得到拓展，也就是说价格会涨得更多或跌得更多。当趋势运行接近尾声时，往往伴随大量的减仓，价格也出现快速变化，进而转入调整状态。如2008年3月初的郑糖，当价格再创新高时却出现连续几个交易日的大幅减仓，表明多空双方大量平仓离场，而随后期价便出现连续性下挫。

（三）持仓分析中需注意的问题

持仓分析要注意的问题很多，其中一个最重要的问题是，投资者往往对具有现货背景的会员席位上多空仓位的变化作出错误的判断。比如，铜厂一般是卖出套期保值，因此，其仓位的增加并不反映铜期货可能见顶的信息。类似地，电缆厂一般是买入套期保值者，其多仓的建立也不意味着铜价一定上涨。在牛市中，前者显然是亏损的，而在熊市中，后者亏损也是常事。因此，在对具有现货背景的会员席位上的持仓进行分析时，应该考虑到套期保值盘的因素，辩证地分析套期保值者的建仓目的。

此外，期货市场上的空头比较分散，而多头通常比较集中（也有反过来的例子），这个现象其实反映的是现货资源的有限性和资金的无限性之间的矛盾。很难想象一个没有现货背景的机构敢于建立大规模的空头持仓，一旦建立了庞大的空头仓位，而又没有现货来源，就有可能面临被逼空的危机。因此，当空头仓位比较分散、多头仓位比较集中时，并不能断言目前是一波牛市行情，反之亦然。对于多头来说，不会遇到逼空的问题，因此仓位相对来说可以重些，最后有交割做保障，或者转抛到远期合约上。

综上所述，无论是经典的持仓量、成交量与价格之间关系的分析，还是主力持仓分析方法，都没有固定的模式，也没有绝对的结论，一切都需要投资者结合市场的现状和行情的趋势加以综合判断。但相对于股票市场，期货市场的持仓量确实能够给投资者提供一个反映多空双方交易意图和多空力量变化的指标。

四、美国 CFTC 持仓报告分析

（一）CFTC 持仓报告披露

美国商品期货交易委员会（CFTC）是监管期货和期权交易、促使市场免于虚假价格的权力部门。完成此项任务的措施之一就是 CFTC 的市场监管项目,它的职责在于监管市场,防止某个交易商的头寸大到足够导致价格不再正确反映供需状况。为了监控,CFTC 制定了大户报告制度。期货交易所的结算会员、期货经纪商和境外经纪商必须每天向 CFTC 提交持仓报告。报告内容主要是期货或期权的持仓量等于或超过 CFTC 规定水平的交易者的持仓情况。在每天收盘以后,如果投资者的任何月份的期货合约或期权合约超过 CFTC 的持仓限额,该报告单位必须向 CFTC 报告它在期货和期权上的全部持仓情况。CFTC 负责收集所有期货合约持仓构成数据,这个数据库的一部分会在 CFTC 的 COT 报告(Commitments of Traders Report)中公布给公众。

COT 报告的前身可以追溯到 1924 年美国农业部的粮食期货管理局发布的第一份关于政府监管下的期货市场的套保和投机状况的年度综合报告。自 1962 年 6 月 30 日起,取而代之的是由美国农业部下属的商品交易管理局(The Commodity Exchange Authority,CEA)发布的 COT 月度报告。该报告仅涉及 13 个农产品期货品种,每月末进行数据整理,并在下个月的第 11 或 12 个日历日公布。当时,这份报告的出版标志着"在给公众提供期货市场即时和基本信息上迈出了一大步"。1974 年,美国国会通过了总统杰拉尔德·福特签署的 1974 年商品交易委员会法案。该法案取代了 1936 年的商品交易法案,批准设立新的商品交易委员会 CFTC。COT 报告的编纂工作继而被 CFTC 接手。新的法案赋予 CFTC 更高的权力,例如,CEA 的监管权限仅限于 1936 年法案所列举的农业期货品种,而 1974 年的新法案则授权 CFTC 对于所有期货交易品种的专属管辖权。

随着时间的推移,COT 报告在披露频率、时间、内容和信息的可获得性上得到了不断的改进。在披露频率上,COT 报告从 1990 年开始于月中和月末各公布一次,从 1992 年开始每两周公布一次,从 2000 年开始每周公布一次。从披露时间上看,1990 年为报告日之后第 6 个工作日;而 1992 年已经缩短到报告日之后第 3 个工作日。从披露内容来看,20 世纪 70 年代初报告披露内容增加了每一类交易者的数量、每个种植年度的净余额和集中度;1995 年又增加了对期权头寸的披露;2007 年开始新增了关于特定农产品市场的指数交易商(index traders)持仓情况的补充报告。从披露信息的可获得性来看,1993 年以前,CFTC 是根据实际的订阅名单逐个邮寄的;自 1993 年开始,报告订阅者付费之后即可获得电子版的 COT 报告;1995 年以来,投资者则能够在 CFTC 的网站上免费查阅 COT 报告。

该报告每周五在美国东部时间下午 3:30 公布,报告的持仓量数据截至当周星期二收盘时,持仓数据间隔为一周,即从上周三到本周二的收盘数据。COT 报告提供了每周二持仓量的明细项目,对达到 CFTC 持仓报告水平的 20 个或更多交易者的持仓进行公布。

目前披露的 COT 报告有两种类型:一种是期货持仓报告(futures-only commitments of traders);另一种是期货和期权持仓报告(futures-and-options-combined commitments of traders)。每一份报告的格式均有两种,即长格式(long form)和短格式(short form)。短格式报告分别披露了报告(reportable)持仓和非报告(non-reportable)持仓信息。与非报告持仓不同的是,报告持仓又进一步披露了商业(commercial)持仓、非商业(non-commercial)持仓、套利持仓、与上一周报告的差异、各细分品种的持仓比例以及交易者数量等信息。长格式报告包含了短格式报告中所披露的信息,不同之处在于,长格式报告在合适的情况下会按照农事年对数据进行整理,而且还会披露持仓量最高的前四名和前八名交易商情况。

1. 未平仓合约

未平仓合约(open interest)是指所有因为未到期、未交割等原因而"未被结束的"单边的多头或空头期货、期权合约。所有多头未平仓合约总量等于所有空头未平仓合约总量。

某个交易商的未平仓合约量就是该交易商的持仓量。在期货期权持仓报告中,期权的未平仓合约和交易商持仓都需要按照交易所提供的换算因子进行等价转换,即看涨期权多头(long-call)和看跌期权空头(short-put)的未平仓期权合约要转换成等价的期货多头头寸,看涨期权空头(short-call)和看跌期权多头(long-put)的未平仓期权合约要转换成等价的期货空头头寸。经过转换后的交易商的期货多头和空头头寸分别与该交易商所持有的期货多空头寸相加,得到的就是该交易商的综合多头(combined-long)和综合空头(combined-short)持仓。报告持仓交易商向 CFTC 披露的未平仓合约中不包含交易商或者清算机构已经发布交割通知的期货合约。

2. 报告持仓和非报告持仓

期货和期权的持仓高于 CFTC 规定的具体的报告持仓水平的清算会员、期货委员会交易商和外国经纪公司统称为报告持仓交易商,要向 CFTC 提交日持仓报告。每日闭市时,如果某报告持仓交易商所持有的某一交易品种的任何一个到期日的期货或期权合约的持仓水平达到或者高于 CFTC 的报告持仓水平,那么,该报告持仓交易商须在持仓报告中披露其持有的该期货品种的所有到期日的期货和期权合约水平。在各交易市场中,所有报告持仓交易商所披露的持仓量之和通常占该市场总持仓水平的 70%～90%。为了既不增加期货行业的信息披露负担,也能对市场形成有效的监管,CFTC 会不定期地对各个市场的报告持仓水平进行调整。

在 CFTC 持仓报告中,总持仓量减去报告持仓量就是非报告持仓量。然而,非报告持仓的衡量标准,以及进一步的商业与非商业分类标准并未公布。

3. 商业和非商业交易商

报告持仓交易商可分为商业和非商业交易商(commercial and non-commercial traders)两类。对于某一报告持仓交易商所持有的某一交易品种的期货合约,如果其持有该期货合约的目的满足 CFTC 规章所定义的对冲的条件,那么,该交易商所持有的该交易品种的所有合约都属于商业持仓。商业持仓交易商通常要在 CFTC 持仓报告中注明其"……所从事的商业活动需要借助期货或期权市场进行对冲"。在获取了更多关于报告交易商的市场行为信息之后,CFTC 还会对该交易商进行重新分类,以确保对于商业和非商业持仓分类的准确性与延续性。对于某一个交易实体,它可以是某些交易品种的商业交易商,同时,又是其他交易品种的非商业交易商,但是,它不可能同时是某一交易品种的商业交易商和非商业交易商,然而,包含多个交易实体的多功能组织例外。例如,一个从事金融期货交易的金融组织可能同时拥有一个独立的持有商业持仓的银行和一个独立的持有非商业持仓的资产管理公司。

交易头寸超过 CFTC 规定水平的报告交易商持仓被分成商业和非商业持仓。商业交易商从事与现货有关的业务,被普遍认为是保值者。非商业交易商不涉及现货业务,它们被归为投机商,达到报告水平的投机商一般来自期货或者商品基金,因而也常被称为基金持仓。基金持仓又分为多单、空单和套利,多单和空单都是指净持仓数量。比如某基金同时持有 2 万手多单和 1 万手空单,则其 1 万手的净多头头寸将归入"多单",1 万手双向持仓归入"套利"头寸。而所谓的"净多"和"净空",就是指基金持仓中多单数量与空单数量之间的差额,"净多"或"净空"的变化对期货价格影响较大,是分析价格走势的关键因素。一般来说,"净多"数量与市场行情呈同方向变动,"净空"数量与市场行情呈反方向变动。非商业持仓是 CFTC 持仓报告中核心的内容,被市场视作影响行情的重要因素。非报告持仓一般指小的投机商持仓。长格式报告除了以上披露的信息外,还包括作物年度数据,最大四家和八家交易商所持有头寸的集中度数据。

图 4-44 是 CFTC 发布的 NYMEX 原油期货多头分类持仓数示意图,时间区间是从 2000 年到 2009 年,从中可以看出 NYMEX 原油期货持仓中商业持仓一直占主导地位(从空头头寸来看更是如此),而基金持仓的规模也是逐步增加。

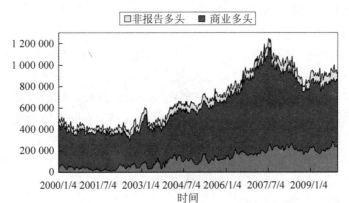

图 4-44　NYMEX 原油期货多头分类持仓数示意图(2000—2009 年)

(二)CFTC 持仓报告分析

通过分析持仓报告,投资者试图确定各类市场参与者——大型对冲机构、大型投机商和小型交易者的"预测"表现。这里有个合理的假定,那就是大型和经验老到的交易者应该能够对市场有更好的洞察,从而帮助他们预测价格运动。即使不是绝对无误的,至少也比包含在小型投资者中的"信息缺乏公众"的预测正确。

长期跟踪显示,大型对冲机构与大型投机商能够较好地预测价格,而小型交易者为最差,有些出乎意料的是,那些大的对冲机构一贯好于大型投机商,但大型投机商的预测结果在不同的市场中差异较大。图 4-45 是美国 NYMEX 原油期货基金净头寸与原油价格的对照图。

经观察,不难发现基金对原油净持仓的增减与油价的涨跌间的关系是相当紧密的。事实上,从近年来看,2007 年 3 月开始,基金净多开始增加,直到 2008 年 7 月,基金持仓首次出现净空,其间原油价格涨幅超过 100%,此后原油价格快速下跌,2008 年底原油价

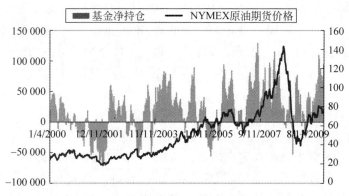

图 4-45　NYMEX 原油期货价格走势与基金净多持仓变动

格处于 50 美元/桶以下的低位,基金净多迅速增加,2009 年 10 月达到 10 万手以上,原油价格的涨幅也再次超过 1 倍。

为了剔除季节性的影响,持仓报告可按以下步骤分析:首先计算大型对冲机构、大型投机商和小型交易者在每月末的一般净头寸水平,并将这些一定年份的月末统计数据进行平均,找出在任何给定的一年时间里它们正常的头寸将处于什么水平,然后将当前各市场参与者的头寸与它们的正常水平进行比较,只要它们的头寸明显地偏离正常水平,就将这个偏离视为它们对待市场的牛、熊态度。CFTC 持仓分析中最牛气的市场格局是:大型对冲机构的净持仓为多头,且其数量大大地超过了季节性正常值;大型投机商明显地持有净多头寸,而小型投资者的净头寸为空头,且其数量也大大地超过季节性正常值。这种情况代表了一个极端。另一个极端则是市场最熊气的格局,情况与上面正好相反——大型对冲机构净持仓为空头,且数额庞大等。在分析正常偏离时,要特别注意净持仓偏离长期平均值达 40% 以上的情形,同时也要忽略偏离程度小于 5% 的情形。

从表面上看,CFTC 持仓报告反映了不同交易商的交易动机,但它也没有厘清所有交易背后的动机。首先,没有说明非报告交易商的动机。唯一知道的是它们没有超过持仓限制,它们可能是保值商或者投机商。其次,将报告交易商分成商业和非商业市场参与者产生潜在的误导。商业交易商并不总是保值商,因为对非商业交易商存在投机头寸的限制,这会刺激交易商将自身确认为商业交易商,而且用于真实交易的现货头寸总是不为人知,它们头寸在属性上可能是投机的,所以真实的保值头寸可能只是商业交易商头寸的一部分而已。比如,2008 年 8 月 6 日,CFTC 发布消息说,在调查石油期货价格是否被投机操纵时,有重大发现——一家“超级”石油投机交易商,总共持有高达 3.2 亿桶的巨额原油期货头寸,相当于近 5 000 万吨原油。因为潜在的风险巨大,所以 CFTC 将此家石油交易商从原来的“商业头寸交易者”身份,重新划入“非商业头寸交易者”身份。这家单一交易商身份的重新认定,引起了整个市场结构的重大变化——以往持仓报告中,“非商业头寸交易者”的持仓比例不到 38%,而重新“站队”以后,投机交易商的未平仓合约中的持仓比例上升到 48%。除了修正最新报告以外,CFTC 还追溯修改了到 2007 年为止的全部市场数据报告。这实际从根本上改变了 COT 的数据,而在 2008 年 7 月中旬前,原油价格一直保持强劲上扬之势,并在当月 11 日创出每桶 147 美元的历史新高。CFTC 更改数据后,加上美国金融危机的影响,原油期货价格半年间一路暴跌至每桶 30 多美元。总体而言,商业持仓背后可能有不同的交易动机。最后,也是由以上所推论的,市场不存在明显的刺激因素将自身归为投机商。所以,报告中非商业持仓中交易商的动机较为一致、相对纯粹。应该说,它是相对准确的一类,有效反映了一部分投机商如管理期货和基金的持仓。

在关注 CFTC 的持仓报告时有几个方面应注意,第一,对商业头寸而言,更应关注净头寸的变化而不是持有多头还是空头。因为对商业机构而言,多还是空往往是由它们的商业角色决定的,通常不会改变它们的多空方向,只会根据价格对持有头寸作出相应的调整。第二,注意季节性因素的变化,尤其是农产品,有时候商业交易者做的只是季节性套期保值盘。第三,持仓分析是从资金面的角度看市场动向,对短期作用明显,对于长期走势还需结合基本分析等其他方法。尽管如此,持仓报告仍为投资者提供了一个大概的市场轮廓,有其利用价值。

即测即练

第五章

统计与计量分析方法

本章学习目标

本章内容包括三部分,主要介绍统计与计量分析方法,包括一元线性回归分析、多元线性回归分析和时间序列分析等内容,涵盖基本概念、理论和方法以及案例分析。本章难点在于如何将期货、期权价格问题和统计与计量分析方法有机地结合,包括模型的设计以及统计分析概念的理解和分析方法的应用等。本章重点是统计与计量分析的基本概念和方法,要求认真理解和熟练应用。

第一节　一元线性回归分析

在经济和金融分析中,经常要对变量之间的相互关系进行分析,回归分析是分析变量之间关系的一种重要分析方法。只有一个解释变量的线性回归分析叫一元线性回归分析,含有多个解释变量的线性回归分析叫多元线性回归分析。回归分析作为有效方法应用在经济或者金融数据分析中,遵循以下步骤:第一步,模型的设定;第二步,参数估计;第三步,模型检验;第四步,模型的应用。

一、相关关系分析

研究经济和金融问题时往往需要探寻变量之间的相互关系,变量和变量之间通常存在两种关系:确定性的函数关系和相关关系。确定性的函数关系表示变量之间存在一一对应的确定关系;相关关系表示一个变量的取值不能由另外一个变量唯一确定,即当变量 x 取某一个值时,变量 y 对应的不是一个确定的值,而是对应着某一种分布,各个观测点对应在一条直线上。

分析两个变量之间的相关关系,通常通过观察变量之间的散点图和求解相关系数的大小来度量变量之间线性关系的相关程度。相关系数分为总体相关系数和样本相关系数。若相关系数是根据总体全部数据计算出来的,称为总体相关系数,记为 ρ;根据样本数据计算出来的,称为样本相关系数,简称相关系数,记为 r。相关系数的度量公式为

$$r = \frac{\sum\limits_{i=1}^{n}(x_i - \bar{x})(y_i - \bar{y})}{\sqrt{\sum\limits_{i=1}^{n}(x_i - \bar{x})^2 \sum\limits_{i=1}^{n}(y_i - \bar{y})^2}}$$

(5-1)

相关系数 r 的取值范围为：$-1 \leqslant r \leqslant 1$。$|r|$ 越接近于 1，表示两者之间的相关关系越强；$|r|$ 越接近于 0，表示两者之间的相关关系越弱。当 $r > 0$ 时，表示两者之间存在正向的相关关系；当 $r < 0$ 时，表示两者之间存在负向的相关关系；当 $r = 0$ 时，并不表示两者之间没有关系，而是两者之间不存在线性关系。

二、一元线性回归模型的基本假定

设有如下一元线性回归模型：

$$y_i = \alpha + \beta x_i + \mu_i, \quad (i = 1, 2, 3, \cdots, n) \tag{5-2}$$

式中，y_i 为因变量或被解释变量；x_i 为自变量或解释变量；μ_i 是一个随机变量，称为随机（扰动）项；α 和 β 是两个常数，称为回归参数；下标 i 表示变量的第 i 个观察值或随机项。随机项 μ_i 满足如下基本假定。

假定 1　每个 $\mu_i (i = 1, 2, 3, \cdots, n)$ 均为独立同分布、服从正态分布的随机变量。且 $E(\mu_i) = 0$，$V(\mu_i) = \sigma_\mu^2 =$ 常数。

假定 2　每个随机项 μ_i 均互不相关，即

$$\text{cov}(\mu_i, \mu_j) = 0 \quad (i \neq j)$$

假定 3　随机项 μ_i 与自变量的任一观察值 x_i 不相关，即

$$\text{cov}(\mu_i, x_i) = 0 \quad (i = 1, 2, 3, \cdots, n)$$

根据上述，对式（5-2）两边同时取均值，则有

$$E(y_i) = \alpha + \beta x_i \tag{5-3}$$

表明点 $(x_i, E(y_i))$ 在式（5-3）对应的直线上，这条直线叫作总体回归直线（或理论回归直线）。

三、一元线性回归模型的参数估计

关于一元线性回归模型的参数估计方法常采用的是普通最小二乘法（ordinary least squares，OLS）。设所选拟合最优的直线方程为

$$\hat{y}_i = \hat{\alpha} + \hat{\beta} x_i \tag{5-4}$$

观察值 y_i 与它的拟合值（回归值）$\hat{y}_i$ 之差为 e_i，称为回归残差，计为

$$e_i = y_i - \hat{y}_i \tag{5-5}$$

于是有

$$y_i = \hat{\alpha} + \hat{\beta} x_i + e_i$$

$\hat{\alpha}$、$\hat{\beta}$ 是 α、β 的估计量，残差 e_i 可以看作是 μ_i 的估计量，是可以观察的。

最小二乘准则认为，$\hat{\alpha}$ 和 $\hat{\beta}$ 应选择：使得残差平方和最小，即使

$$Q = \sum_{i=1}^{n} e_i^2 = \sum_{i=1}^{n} (y_i - \hat{y}_i)^2 = \sum_{i=1}^{n} [y_i - (\hat{\alpha} + \hat{\beta} x_i)]^2$$

达到最小，这就是最小二乘准则（原理）。这种估计回归参数的方法称为普通最小二乘法。

四、一元线性回归模型的检验

（一）拟合优度

反映回归直线与样本观察值拟合程度的量，就是拟合优度，又称样本"可决系数"，常用 R^2 表示。

$$R^2 = \frac{\text{ESS}}{\text{TSS}} = \frac{\sum (\hat{y}_i - \bar{y})^2}{\sum (y_i - \bar{y})^2} = 1 - \frac{\text{RSS}}{\text{TSS}} \tag{5-6}$$

式中，TSS 为总离差平方和；ESS 为回归平方和；RSS 为残差平方和。很显然，在总离差平方和一定时，回归平方和越大，拟合优度越大，反映的线性回归效果越好，说明了回归直线和样本观察值拟合程度越好。反之越差。R^2 的取值范围为：$0 \leqslant R^2 \leqslant 1$，$R^2$ 越接近 1，拟合效果越好；R^2 越接近 0，拟合效果越差。

（二）t 检验

t 检验又称为回归系数检验，有如下几个步骤。

第一步，提出假设。设原假设 $H_0: \beta = 0$，备择假设 $H_1: \beta \neq 0$。

第二步，构造 t 统计量：

$$t = \frac{\hat{\beta}}{Se(\hat{\beta})} \sim t(n-2) \tag{5-7}$$

即服从自由度为 $n-2$ 的 t 分布。

第三步，给定显著水平 α，查自由度为 $n-2$ 的 t 分布表，得临界值 $t_{\alpha/2}(n-2)$。

第四步，根据决策准则，如果 $|t| > t_{\alpha/2}(n-2)$，则拒绝 $H_0: \beta = 0$ 的原假设，接受备择假设 $H_1: \beta \neq 0$，表明回归模型中自变量 x 对因变量 y 产生显著的影响；否则不拒绝 $H_0: \beta = 0$ 原假设，回归模型中自变量 x 对因变量 y 的影响不显著。

五、一元线性回归分析的预测

在预测期内自变量已知时，预测因变量的值，我们称之为无条件预测，如果在预测期内自变量未知，这时的因变量预测值就是有条件预测。比如，程序化套利交易中，需要验证现货股票组合与股指现货的拟合效果，这时需要使用外推数据进行模型验证，这时的自变量是已知的，可以使用无条件预测，但是在套利交易中使用的现货组合就是对现货指数的预测，对应的价差交易需要使用有条件预测。本节我们只讨论无条件预测。

（一）点预测

设回归模型为 $y_i = \alpha + \beta x_i + \mu_i (i = 1, 2, 3, \cdots, n)$。假定抽样期之外的某预测期 f 的自变量 x_f 已知，上述模型适用于该预测期，这时因变量为 $y_f = \alpha + \beta x_f + \mu_f$，并且随机项满足基本假定。则 y_f 的预测值存在两个，一个是期望值，另一个就是 y_f 的点预测值。

利用回归方程：$\hat{y}_i = \hat{\alpha} + \hat{\beta} x_i$，将 i 外推到某个预测期 f，x_f 已知，则 $\hat{y}_f = \hat{\alpha} + \hat{\beta} x_f$，这

是 y_f 在 f 点的预测值,也可以作为 $E(y_f)$ 的预测值。

(二)区间预测

1. y 平均值的区间预测

预测期平均值 $E(y_f | x_f)$ 的置信度为 $1-\alpha$ 的置信区间为

$$\left(\hat{y}_f - t_{\alpha/2}(n-2)g\hat{\sigma}_\mu \sqrt{\frac{1}{n} + \frac{(x_f - \bar{x})^2}{\sum(x_i - \bar{x})^2}}, \hat{y}_f + t_{\alpha/2}(n-2)g\hat{\sigma}_\mu \sqrt{\frac{1}{n} + \frac{(x_f - \bar{x})^2}{\sum(x_i - \bar{x})^2}}\right)$$

$$(5\text{-}8)$$

式中,$\hat{\sigma}_\mu = \sqrt{\dfrac{\sum e_i^2}{n-2}}$,$\sum e_i^2$ 为残差平方和。

2. y 个别值的区间预测

一元线性回归时 y 的真实值 y_f 的置信度为 $1-\alpha$ 的置信区间为

$$\left(\hat{y}_f - t_{\alpha/2}(n-2)g\hat{\sigma}_\mu \sqrt{1 + \frac{1}{n} + \frac{(x_f - \bar{x})^2}{\sum(x_i - \bar{x})^2}}, \hat{y}_f + t_{\alpha/2}(n-2)g\hat{\sigma}_\mu \sqrt{1 + \frac{1}{n} + \frac{(x_f - \bar{x})^2}{\sum(x_i - \bar{x})^2}}\right)$$

$$(5\text{-}9)$$

从式(5-8)和式(5-9)得出 y 平均值的区间预测和个别值的区间预测具有如下特征:①在相同的置信度下,y 的个别值的预测区间宽一些,说明比 y 平均值区间预测的误差更大一些;②样本容量 n 越大,预测精度越高,预测越准确;③x_f 距离 x 的均值越近,预测精度越高;④$\sum(x_i - \bar{x})^2$ 越大,反映了抽样范围越宽,预测精度越高。

六、案例分析

(一)分析目的

以 2015 年 2 月 2 日至 2015 年 3 月 16 日美元指数为解释变量(x),同期的黄金现货价格(y,美元)为被解释变量,样本容量为 31,试对其建立简单的一元线性回归模型。

(二)模型的设定

1. 画散点图

首先将美元指数(x)和黄金现货价格(y)导入 SPSS 20.0 里,然后单击 SPSS 菜单栏中的"图形—旧对话框—散点/点状"按钮,在弹出的"散点图"对话框中,选择"简单分布",再单击"定义"按钮,在弹出的"简单散点图"对话框中,将变量 y 导入"y 轴框"中,变量 x 导入"x 轴框"中,最后单击"确定"按钮,弹出如图 5-1 所示的散点图。

从散点图可以看出,被解释变量 y 和解释变量 x 具有较为明显的负向相关关系。进一步地,求出两者之间的相关系数。

2. 求相关系数

单击菜单栏中的"分析—相关—双变量"按钮,在弹出的"双变量相关"对话框中,将变量 x、y 导入"变量框"中,相关系数选用默认的"Person 相关系数",最后单击"确定"按钮,

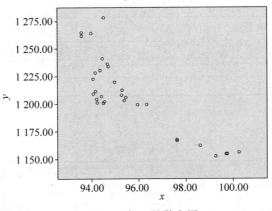

图 5-1 x 与 y 的散点图

弹出如表 5-1 所示的结果。

表 5-1 变量 x 与 y 的相关系数

变 量		y	x
Y	Pearson 相关性	1	$-0.843**$
	显著性(双侧)		0.000
	N	31	31
X	Pearson 相关性	$-0.843**$	1
	显著性(双侧)	0.000	
	N	31	31

注:** 表示在 0.01 水平(双侧)上显著相关。

从表 5-1 的输出结果可以看出,被解释变量 y 和解释变量 x 之间的 Pearson 相关系数约为 -0.843,且在 1‰的显著性水平下拒绝相关系数为零的原假设,表明两者的线性关系程度高。可以对其建立一元线性回归分析。

将被解释变量 y 和解释变量 x 建立如下的一元线性回归模型:

$$y_t = \alpha + \beta x_t + \mu_t$$

式中,y_t 和 x_t 分别为被解释变量和解释变量;α、β 为待估计的参数;μ_t 为随机扰动项,反映了除解释变量 x_t 和被解释变量 y_t 之间的线性关系之外的随机因素对被解释变量 y_t 的影响,是不能由 x_t 和 y_t 之间的线性关系所解释的变异部分。

(三)参数估计

单击"分析—回归—线性"按钮,在弹出的"线性回归"对话框中,将 x 导入"自变量"框中,将变量 y 导入"因变量"框中,最后单击"确定"按钮,得到如表 5-2~表 5-4 所示的输出结果。

表 5-2 模型汇总(1)

模型	R	R^2	调整 R^2	标准估计的误差
1	0.843a	0.711	0.701	18.733 34

注:a. 预测变量:(常量),x。

表 5-3　Anovaa（1）

模型		平方和	df	均方	F	Sig.
1	回归	25 079.059	1	25 079.059	71.463	0.000b
	残差	10 177.205	29	350.938		
	总计	35 256.264	30			

注：a. 因变量：y。

b. 预测变量：（常量），x。

表 5-4　系数 a（1）

模型		非标准化系数		标准系数	t	Sig.
		B	标准误差	试用版		
1	（常量）	2 590.495	163.521		15.842	0.000
	x	−14.454	1.710	−0.843	−8.454	0.000

注：a. 因变量：y。

根据上述输出结果，本例中的参数估计结果如下：

$$\hat{Y}_t = 2\,590.495 - 14.454 X_t$$
$$Se = (163.521)(1.710)$$
$$t = (15.842)\,(-8.454)$$
$$R^2 = 0.711; F = 71.463; \mathrm{d}f = 29$$

（四）模型的检验

1. 拟合优度检验

由表 5-2 可以看出，本例中可决系数 R^2 约等于 0.771，说明所建立的一元线性回归模型整体上对样本数据拟合效果较好，解释变量"美元指数"解释了被解释变量"黄金现货价格"变动的 71.1%。

2. t 检验

对回归系数的检验采用 t 检验，其原假设为 $H_0: \beta = 0$；备择假设为 $H_1: \beta \neq 0$。由表 5-4 的输出结果可以看出，估计的回归系数 $\hat{\beta}$ 的标准误差和 t 统计量值分别为：$Se(\hat{\beta}) = 1.710, t(\hat{\beta}) = -8.454$。取显著性水平 $\alpha = 0.05$，查 t 分布表得自由度为 $n - 2 = 29$ 的临界值 $t_{0.025}(29) = 1.699$，而 $|t(\hat{\beta})| = 8.454 > 1.699$，所以在 5% 的显著性水平下，拒绝原假设 $H_0: \beta = 0$。也可以根据 t 统计量值对应的 P 值作出判断，因为 Sig. $= 0.000 < 0.05$，同样表明在 5% 的显著性水平下，拒绝 $\beta = 0$ 的原假设，说明美元指数对黄金现货价格有显著影响。

（五）模型的应用

1. 回归系数的含义

所估计的参数 $\hat{\beta} = -14.454$，说明美元指数每上涨 1 个点，黄金现货价格平均减少

14.454 美元。

2．回归模型的预测

当 2015 年 3 月 17 日美元指数为 99.66,根据上述模型估计结果,预测 2015 年 3 月 17 日黄金现货价格为多少美元。给定 5% 的显著性水平下,求出该预测值平均值的区间预测和个别值的区间预测。

SPSS 操作步骤如下。

第一步,在数据视图的 x 变量下面输入 99.66,在上述参数估计时,SPSS 弹出的"线性回归"对话框中,单击"保存"按钮,弹出如图 5-2 所示的"线性回归:保存"对话框。

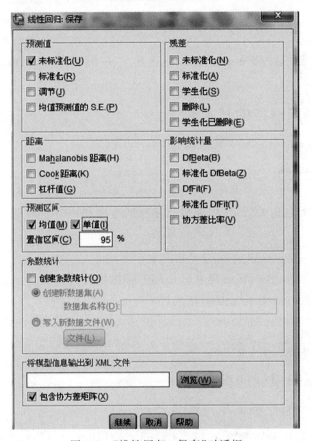

图 5-2　"线性回归:保存"对话框

第二步,在"线性回归:保存"对话框中的"预测值"下面勾选上"未标准化";在"预测区间"下勾选上"均值"和"单值";"置信区间"选择默认的"95%"。

第三步,设定好后,单击"继续"按钮,回到"线性回归"对话框,最后单击"确定"按钮,就会在数据视图中出现 2015 年 3 月 17 日黄金现货价格的预测值约为 1 149.982 美元;平均值的预测区间约为(1 134.252,165.712);个别值的预测区间约为(1 108.564,1 191.399)。

第二节 多元线性回归分析

多元线性回归主要用于分析影响因变量的因素中,不仅涉及一个自变量,可能涉及多个自变量。例如,我们在分析一家公众公司价值时,需要研究其多个财务指标,比如负债比例、资产回报率等指标序列(每个月指标),这些指标构成公司价值(序列)的核心影响因素,我们定义公司价值(序列)为因变量时,这些财务指标(序列)就是自变量。多元线性回归模型分析一个因变量和几个自变量之间的关系。形式如下:

$$y_i = \beta_0 + \beta_1 x_{1i} + \beta_2 x_{2i} + \cdots + \beta_k x_{ki} + \mu_i \tag{5-10}$$

式中,$i = 1, 2, \cdots, n$;y_i 是 $x_{1i}, x_{2i}, \cdots, x_{ki}$ 的线性部分加上随机扰动项 μ_i;$\beta_0, \beta_1,$ $\beta_2, \cdots, \beta_k$ 是参数;随机扰动项 μ_i 指的是包含在 y_i 中但不能被 k 个自变量的线性关系所解释的变异性。

一、多元线性回归模型的基本假定

多元线性回归模型满足如下基本假定:

(1)零均值假定,即

$$E(\mu_i) = 0 \quad (i = 1, 2, \cdots, n)$$

(2)同方差与无自相关假定,即随机扰动项的方差和协方差满足:

$$\mathrm{var}(\mu_i) = \sigma^2 = 常数 \quad (i = 1, 2, \cdots, n)$$

$$\mathrm{cov}(\mu_i, \mu_j) = 0 \quad (i \neq j)$$

(3)无多重共线性假定,即解释变量之间不存在线性关系。

(4)随机扰动项与解释变量互不相关,即

$$\mathrm{cov}(\mu_i, x_{ji}) = 0 \quad (i = 1, 2, \cdots, n; \ j = 1, 2, \cdots, k)$$

(5)正态性假定,随机扰动项 μ_i 服从正态分布,即 $\mu_i \sim N(0, \sigma^2)$。

二、多元线性回归模型的参数估计

关于多元线性回归模型 $y_i = \beta_0 + \beta_1 x_{1i} + \beta_2 x_{2i} + \cdots + \beta_k x_{ki} + \mu_i$ 的参数估计,我们也是利用样本数据估计未知参数 $\beta_0, \beta_1, \beta_2, \cdots, \beta_k$,从而获得回归模型去推断总体。同一元回归分析模型的原理一样,按照最小二乘准则,采用使残差平方和最小的原则去确定样本回归函数。即使得

$$Q = \sum_{i=1}^{n} e_i^2 = \sum_{i=1}^{n} (y_i - \hat{y}_i)^2 = 最小 \tag{5-11}$$

为使得残差平方和最小,其必要条件为

$$\frac{\partial \left(\sum e_i^2 \right)}{\partial \beta_j} = 0 \quad (j = 0, 1, \cdots, k) \tag{5-12}$$

从而得出 $\beta_j (j = 0, 1, \cdots, k)$ 的估计值 $\hat{\beta}_j (j = 0, 1, \cdots, k)$。

三、多元线性回归模型的检验

（一）拟合优度检验

对于多元线性回归模型的拟合优度检验常采用多重可决系数,记为 R^2。它表示总离差平方和中线性回归解释的部分所占的比例,即

$$R^2 = \frac{\text{ESS}}{\text{TSS}} = 1 - \frac{\text{RSS}}{\text{TSS}} \tag{5-13}$$

显然,R^2 越接近于 1,线性回归模型的解释力越强。

当利用 R^2 来度量不同多元线性回归模型的拟合优度时,存在一个严重的缺点,R^2 的值随着解释变量的增多而增大,即便引入一个无关紧要的解释变量,也会使得 R^2 变大。为了克服这个缺点,我们采用调整后的 R^2 来测度多元线性回归模型的解释能力,这个调整后的 R^2 称为修正的可决系数,记为 $\bar{R}^2$,它的表达式为

$$\bar{R}^2 = 1 - \frac{\text{RSS}/(n-k-1)}{\text{TSS}/(n-1)} = 1 - \left(\frac{n-1}{n-k-1}\right)(1-R^2) \tag{5-14}$$

式中,n 为样本容量;k 为解释变量的个数;$\bar{R}^2$ 与 R^2 不同的是:随着解释变量的增多,$\bar{R}^2$ 的值可能变小,甚至可能为负值。

（二）F 检验

多元线性回归模型的 F 检验,又称为回归方程的显著性检验或回归模型的整体性检验,反映的是多元线性回归模型中被解释变量与所有解释变量之间线性关系在总体上是否显著。

其检验步骤如下。

第一步,提出假设。设原假设 $H_0：\beta_1 = \beta_2 = \cdots = \beta_k = 0$,备择假设 $H_1：\beta_j (j=1,2,\cdots,k)$ 不全为零。

第二步,构造 F 统计量。

$$F = \frac{\text{ESS}/k}{\text{RSS}/(n-k-1)} \sim F(k, n-k-1)$$

即 F 统计量服从分子自由度为 k、分母自由度为 $n-k-1$ 的 F 分布。

第三步,给定显著水平 α,查分子自由度为 k,分母自由度为 $n-k-1$ 的 F 分布表,得临界值 $F_\alpha(k, n-k-1)$。

第四步,根据决策准则,如果 $F > F_\alpha(k, n-k-1)$,则拒绝 $H_0：\beta_1 = \beta_2 = \cdots = \beta_k = 0$ 的原假设,接受备择假设 $H_1：\beta_j (j=1,2,\cdots,k)$ 不全为零,表明回归方程线性关系显著;若 $F < F_\alpha(k, n-k-1)$,则不拒绝 $H_0：\beta_1 = \beta_2 = \cdots = \beta_k = 0$ 的原假设,表明回归方程线性关系不显著,即列入模型的各个解释变量联合起来对被解释变量的影响不显著。

（三）t 检验

同一元线性回归分析中的 t 检验相同,多元线性回归模型的 t 检验有如下 4 个步骤。

第一步,提出假设。设原假设 $H_0：\beta_j = 0(j=1,2,\cdots,k)$,备择假设 $H_1：\beta_j \neq 0(j=$

$1,2,\cdots,k$）。

第二步，构造 t 统计量。

$$t = \frac{\hat{\beta}}{Se(\hat{\beta})} \sim t(n-k-1)$$

即服从自由度为 $n-k-1$ 的 t 分布。

第三步，给定显著水平 α，查自由度为 $n-k-1$ 的 t 分布表，得临界值 $t_{\alpha/2}(n-k-1)$。

第四步，根据决策准则，如果 $|t| > t_{\alpha/2}(n-k-1)$，则拒绝 $H_0: \beta_j = 0 (j = 1,2,\cdots,k)$ 的原假设，接受备择假设 $H_1: \beta_j \neq 0 (j = 1,2,\cdots,k)$，表明在其他解释变量不变的情况下，解释变量 x_j 对被解释变量 y 的影响显著；若 $|t| < t_{\alpha/2}(n-k-1)$，则不能拒绝 $H_0:$ $\beta_j = 0 (j = 1,2,\cdots,k)$ 的原假设，表明在其他解释变量不变的情况下，解释变量 x_j 对被解释变量 y 的影响不显著。

四、案例分析

（一）分析目的

为分析纽约原油价格（WTI）、黄金 ETF 持有量（吨）和美国标准普尔 500 指数对黄金价格的影响，收集了 2004 年 11 月 21 日至 2013 年 11 月 24 日每周末的周度数据（数据来源于 Wind 数据库），样本容量为 471，试对其进行多元线性回归分析。

（二）模型设定

取黄金期货价格为因变量，纽约原油价格（美元/桶）、黄金 ETF 持有量（吨）、美国标准普尔 500 指数为自变量。首先对变量取对数，建立多元线性回归模型为

$$\ln\hat{\text{GOLD}}_t = \beta_0 + \beta_1 \ln\_\text{WTI}_t + \beta_2 \ln\_\text{ETF}_t + \beta_3 \ln\_\text{SP500}_t + \mu_t \tag{5-15}$$

式中，变量依次分别为黄金期货价格（GOLD）（美元/盎司）、纽约原油价格（WTI）、黄金 ETF 持有量（吨）和美国标准普尔 500 指数各自取对数；β_0、β_1、β_2 和 β_3 为待估计的参数；μ_t 为随机扰动项，包含在因变量中但不能被 3 个自变量的线性关系所解释的变异性。

（三）模型的估计

同一元线性回归分析中的 SPSS 操作步骤一样，首先将变量"ln_GOLD、ln_WTI、ln_ETF、ln_SP500"数据导入 SPSS 中，采用普通最小二乘法，最终得到如表 5-5～表 5-7 所示的输出结果。

表 5-5　模型汇总（2）

模型	R	R^2	$\bar{R}^2$	标准估计的误差
1	0.948a	0.898	0.897	0.062 07

注：a. 预测变量：（常量），ln_SP500，ln_ETF，ln_WTI。

表 5-6　Anovaa(2)

模型		平方和	df	均方	F	Sig.
1	回归	15.807	3	5.269	1 367.743	0.000b
	残差	1.799	467	0.004		
	总计	17.606	470			

注：a. 因变量：ln_GOLD。

　　b. 预测变量：(常量)，ln_SP500，ln_ETF，ln_WTI。

表 5-7　系数 a(2)

模型		非标准化系数		标准系数	t	Sig.
		B	标准误差	试用版		
1	(常量)	0.018	0.142		0.125	0.900
	Ln_WTI	0.193	0.040	0.116	4.803	0.000
	Ln_ETF	0.555	0.013	0.866	42.458	0.000
	Ln_SP500	0.329	0.054	0.122	6.096	0.000

注：a. 因变量：ln_GOLD。

本例中的参数估计结果为

$$\ln\_\hat{GOLD}_t = 0.018 + 0.193\ln\_WTI_t + 0.555\ln\_ETF_t + 0.329\ln\_SP500_t$$
$$S_e = (0.142) \quad (0.040) \quad (0.013) \quad (0.054)$$
$$t = (0.125) \quad (4.803) \quad (42.458) \quad (6.096)$$
$$R^2 = 0.898; \bar{R}^2 = 0.897; F = 1 367.743$$

(四)模型的检验

1. 拟合优度检验

由表 5-5 可知，可决系数 $R^2 = 0.898$，修正的可决系数 $\bar{R}^2 = 0.897$，这说明模型对样本的拟合效果较好。

2. F 检验

针对 $H_0 : \beta_1 = \beta_2 = \beta_3 = 0$，表 5-6 中的 F 值所对应的 Sig. 值等于 $0 < 0.05$，表明在 5% 的显著性水平下拒绝原假设。说明回归方程线性关系显著，表明"纽约原油价格""黄金 ETF 持有量"和"美国标准普尔 500 指数"联合起来对"黄金期货价格"产生显著的影响。

3. t 检验

分别针对 $H_0 : \beta_j = 0 (j = 1, 2, 3)$，给定显著性水平 $\alpha = 0.05$，从表 5-7 可以看出，$\hat{\beta}_1$、$\hat{\beta}_2$ 和 $\hat{\beta}_3$ 的 t 统计量值所对应的 Sig. 值均为 $0.000 < 0.05$，表明在 5% 的显著性水平下拒绝原假设，各回归系数均通过显著性检验，也就是说，在其他解释变量保持不变的情况下，解释变量"纽约原油价格""黄金 ETF 持有量"和"美国标准普尔 500 指数"分别对被解释变量"黄金期货价格"有显著的影响。

（五）模型的应用

1. 回归系数的含义

从模型估计结果可以得出，在假定其他条件保持不变的情况下，纽约原油价格每提高 1%时，黄金价格平均提高 0.193%；在假定其他条件保持不变的情况下，黄金 ETF 持有量每增加 1%时，黄金价格平均提高 0.555%；在假定其他条件保持不变的情况下，美国标准普尔 500 指数每提高 1%时，黄金价格平均提高 0.329%。

2. 模型的预测

利用以上回归模型对黄金价格作出预测。对于各自变量给出预测假设：原油价格为 50 美元/桶，黄金 ETF 持有量为 700 吨，美国标准普尔 500 指数为 1 800，将其代入模型，得到纽约黄金价格的预测值约为 990.832 美元/盎司。

五、回归模型常见问题及处理

在经济和金融实务中，常常出现数据不能满足线性模型的系列假定，比如随机扰动项不能满足同方差的假定，或产生自相关现象等。为此，需要对模型遇到的该类问题做技术处理，以下我们分别一一介绍。

（一）多重共线性

1. 多重共线性概念与产生原因

在经典多元线性回归模型 $y_i = \beta_0 + \beta_1 x_{1i} + \beta_2 x_{2i} + \cdots + \beta_k x_{ki} + \mu_i$（或用矩阵表示：$\boldsymbol{Y} = \boldsymbol{\beta X} + \boldsymbol{U}$）中，其基本假设之一是解释变量之间不存在线性关系。如果解释变量之间存在严格或者近似的线性关系，这就产生了多重共线性问题。

产生多重共线性的原因复杂，一般常见原因有：①经济变量之间有相同或者相反的变化趋势；②模型中包含滞后变量；③从总体中取样受到限制等。

2. 多重共线性后果

多重共线性产生的后果主要有：①多重共线性使得参数估计值不稳定，并对样本非常敏感；②使得参数估计值的方差增大；③参数估计值的方差增大，会导致参数估计置信区间增大，从而降低预测精度；④严重的多重共线性发生时，模型的检验容易作出错误的判断。例如，参数估计方差增大，导致对参数进行显著性 t 检验时，会增大不拒绝原假设的可能性。

3. 多重共线性检验

1）简单相关系数检验法

通过求出解释变量之间的简单相关系数 r 作出判断，通常情况下，$|r|$ 越接近 1，则可以认为多重共线性的程度越高。

2）综合统计检验法

采用最小二乘原理进行参数估计时，当出现可决系数 R^2 较大，模型参数的联合检验（F 检验）显著性明显，但单个参数的 t 检验可能不显著，甚至可能得出估计的回归系数与实际的符号相反的结论时，可以认为模型存在多重共线性问题。

3）方差膨胀因子检验法

方差膨胀因子计算公式如下：

$$VIF_j = \frac{1}{1 - R_j^2}$$

式中，VIF_j 为方差膨胀因子；R_j^2 为第 j 个解释变量 x_j 对其余解释变量做辅助线性回归得到的多重可决系数。VIF_j 的大小可以用来度量多重共线性的严重程度，经验表明，当 $VIF_j \geqslant 10$，说明第 j 个解释变量 x_j 与其余解释变量之间存在严重的多重共线性。

4. 消除多重共线性影响的方法

为消除多重共线性的影响，常采用以下方法。

1）逐步回归法

以 Y 为被解释变量，逐个引入解释变量，构成回归模型，进行模型估计。根据拟合优度的变化以及结合 F 检验和 t 检验的显著性决定是否保留新引入的变量。如果新引入变量后 F 检验和 t 检验均显著，并且增加了拟合优度，则说明新引入的变量是一个独立解释变量，可考虑在模型中保留该变量；如果新引入的变量未能明显改进拟合优度值，或者 F 检验和 t 检验出现了不显著现象，则说明新引入的变量与其他变量之间存在共线性。

使用逐步回归法找出引起多重共线性的解释变量，将其剔除。最后保留在模型中的解释变量对被解释变量具有较好的解释作用。需要注意的是，逐步回归法有可能会剔除掉重要的解释变量从而导致模型产生设定偏误。

2）变换模型的形式

通过将原模型做适当的变换，可能会消除或减弱原模型中的解释变量之间的相关性，例如，可以将原模型

$$y_i = \beta_0 + \beta_1 x_{1i} + \beta_2 x_{2i} + \cdots + \beta_k x_{ki} + \mu_i$$

变化为差分模型

$$\Delta y_i = \beta_1 \Delta x_{1i} + \beta_2 \Delta x_{2i} + \cdots + \beta_k \Delta x_{ki} + \Delta \mu_i$$

这样可以有效地消除原模型中存在的多重共线性。

3）增加样本容量

多重共线性的主要后果是参数估计量具有较大的方差，所以采取适当方法减小参数估计量的方差，虽然没有消除模型中的多重共线性，但能消除多重共线性造成的后果。

增加样本容量，可使参数估计量的方差和标准误差减少，因此，尽可能增加样本容量，使样本容量远大于解释变量的个数，从而改进模型参数的估计。

4）岭回归法

使用岭回归技术可以减少参数估计的方差，具体方法是：引入正常数对角化矩阵 $\eta \boldsymbol{I}$（$k > 0$，$\boldsymbol{I}$ 为单位矩阵），使参数估计量变为

$$\hat{\beta}(\eta) = (X'X + \eta \boldsymbol{I})^{-1} X'Y$$

其中，$\hat{\beta}(\eta)$ 为参数的岭回归估计量；η 为岭回归参数。从上述参数估计量可以看出，η 越大，$\hat{\beta}(\eta)$ 的偏倚越大，方差会越小。这表明若要得到较小方差的效应，就要以牺牲参数估计的无偏性为代价。因此，在实际应用中，要兼顾最小方差和偏倚的最小均方误差 MSE（$MSE(\hat{\beta}) =$

$E(\hat{\beta}-\beta)^2$ 去分析岭回归的效果。

（二）异方差

1. 异方差的概念

对于线性回归模型：$y_i = \beta_0 + \beta_1 x_{1i} + \cdots + \beta_k x_{ki} + \mu_i$，如果出现 $\text{var}(\mu_i) = \sigma_i^2$ 不为固定常数，即对于不同的样本点，随机误差项的方差不恒为固定常数，而是互不相同，这就产生了异方差性。图 5-3 所示的散点图中显示了不同类型的异方差与同方差之间的差异。

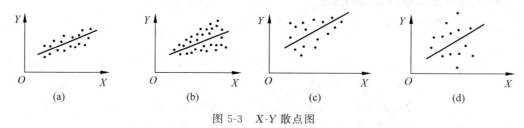

图 5-3　X-Y 散点图

（a）同方差；（b）递增方差；（c）递减方差；（d）复杂型

2. 异方差产生的原因

产生异方差的主要原因有：①模型的设定问题。在模型的设定过程中，省略了重要解释变量，或者由于变量之间本为非线性关系而设定为线性关系从而导致异方差的产生。②测量误差。由于观测解释变量和被解释变量出现了偏误而产生了异方差。③横截面数据中各单位的差异。由于同一时点不同对象的差异通常会大于同一对象不同时间上的差异，因此横截面数据比时间序列数据更容易产生异方差。

3. 异方差的后果

计量经济学模型一旦出现异方差性，如果仍采用 OLS 估计模型参数，会产生下列不良后果：①OLS 估计量仍然具有无偏性，但 OLS 估计的方差不再是最小的。②显著性检验失去意义。比如，在回归系数的显著性检验中，构造的 t 统计量建立在正确地估计参数式子的基础上，由于异方差性的存在，通常会低估存在异方差时的真实方差，从而导致 t 检验失去意义。其他检验也是如此。③模型的预测失效。当模型出现异方差性时，参数 OLS 估计值的变异程度增大，从而造成对被解释变量 y 的预测误差变大，降低预测精度，预测功能失效。

4. 异方差的检验方法

1）图示判断法

异方差的检验方法很多，可以通过图 5-3 所示的散点图作出直观判断，还可以利用图 5-4 X-e^2 残差图判断异方差性，看是否形成一斜率为零的直线，作为判断基础。

2）统计检验方法

检验异方差的方法很多，常用的方法有帕克（Park）检验与戈里瑟（Gleiser）检验、戈德菲尔德-匡特（Goldfeld-Quandt）检验（G-Q 检验）、怀特检验、ARCH 检验等。

这里我们以二元线性回归为例，简单介绍常用的怀特检验方法。设二元线性回归模型为：$y_t = \alpha_0 + \alpha_1 x_{1t} + \alpha_2 x_{2t} + u_t$，其 White 检验步骤如下。

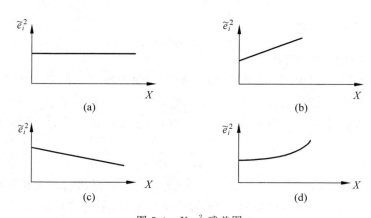

图 5-4 $X\text{-}e^2$ 残差图

(a) 同方差；(b) 递增异方差；(c) 递减异方差；(d) 复杂型异方差

第一步，用 OLS 估计上述二元线性回归模型，得到残差项 e_t，并求出残差的平方项 e_t^2。

第二步，用残差的平方项 e_t^2 对解释变量 x_{1t}、x_{2t}、x_{1t}^2、x_{2t}^2 或引入 $x_{1t}x_{2t}$ 交叉项做辅助回归，即下列两者情况。

无交叉项：$\hat{e}_t^2 = \hat{\beta}_0 + \hat{\beta}_1 x_{1t} + \hat{\beta}_2 x_{2t} + \hat{\beta}_3 x_{1t}^2 + \hat{\beta}_4 x_{2t}^2$

有交叉项：$\hat{e}_t^2 = \hat{\beta}_0 + \hat{\beta}_1 x_{1t} + \hat{\beta}_2 x_{2t} + \hat{\beta}_3 x_{1t}^2 + \hat{\beta}_4 x_{2t}^2 + \hat{\beta}_5 x_{1t} x_{2t}$

第三步，计算统计量 nR^2，其中，n 为样本容量，R^2 为上述辅助回归方程（无交叉项或有交叉项）中的可决系数。

第四步，构建原假设 $H_0: \beta_1 = \beta_2 = \beta_3 = \beta_4 = 0$（无交叉项）或 $H_0: \beta_1 = \beta_2 = \beta_3 = \beta_4 = \beta_5 = 0$（有交叉项）。$nR^2$ 渐进地服从自由度为 $p[p=4$（无交叉项）或 $p=5$（有交叉项）]的卡方分布，给定显著性水平 α，若 $nR^2 > \chi_\alpha^2(p)$，则拒绝原假设，表明模型中存在异方差。

5. 异方差问题的处理

当模型检验出存在异方差性时，常用加权最小二乘法（WLS）进行估计。其基本思想为：加权最小二乘法是对原模型加权，使之变成一个新的不存在异方差性的模型，然后采用 OLS 估计其参数，现在常用的统计或者数学计算软件均支持该算法，这里我们对加权最小二乘法中的权重做简要介绍。

设模型为：$Y = \beta X + U$，其中，随机误差项存在异方差。存在权重 D^{-1} 左乘，得到一个新的模型：

$$Y^* = X^* \beta + \varepsilon$$

其中，$Y^* = D^{-1}Y$，$X^* = D^{-1}X$，$\varepsilon = D^{-1}U$，该模型的随机误差项具有同方差性，即 $E(\varepsilon\varepsilon') = \sigma^2 I$，使用 OLS 估计上述新的同方差模型，获得参数估计量为

$$\hat{\beta}^* = (X'W^{-1}X)^{-1}X'W^{-1}Y,$$

其中，$W = DD'$，这是原模型 $Y = X\beta + U$ 的加权最小二乘估计量，是无偏、有效的估计量。

除此之外，还可以对模型进行对数变换，即将解释变量和被解释变量分别取对数后，再做 OLS 估计，这样通常可以降低异方差性的影响。

（三）序列相关性问题

1. 序列相关性概念及后果

对于回归模型 $Y = X\beta + \mu$，基本假设之一是随机误差项互不相关，如果对于不同的样本点，随机误差项之间存在某种相关性，则出现序列相关性（serial correlation）。其他条件不变时，序列相关性表示 $\text{cov}(\mu_i, \mu_j) \neq 0 (i \neq j)$。常见的自相关为一阶自相关，其表示形式为

$$\mu_i = \rho\mu_{i-1} + \upsilon_i$$

式中，ρ 为自相关系数，通常 $-1 < \rho < 1$；υ_i 满足标准（正态）随机扰动项的假定。

若模型出现序列相关性，仍采用 OLS 估计模型参数，则会产生下列不良后果：①参数估计量的线性和无偏性虽不受影响，但是参数估计量失去有效性；②模型的显著性检验失去意义；③模型的预测失效。

2. 序列相关性的检验

序列相关性检验方法有多种，但基本思路相同：首先采用 OLS 对模型做估计，获得随机误差项的估计量。再通过分析这些估计量之间的相关性，以判断随机误差项是否具有序列相关性。

常用的序列相关性检验的方法有图示检验法、回归检验法、杜宾-瓦森（Durbin-Watson）检验法、拉格朗日乘数（Lagrange multiplier）检验等，其中图示检验法简单，回归检验法可以满足任何类型序列相关性检验，拉格朗日乘数检验适用于高阶序列相关以及模型中存在滞后被解释变量的情形。但是使用较多的是杜宾-瓦森检验（DW 检验）。

1）图示检验法

图示检验法是一种直观的判断方法，它通过 OLS 估计出的参数，得到残差项 $\tilde{e}_t$，再通过观察 $\tilde{e}_t$ 的图 5-5 所示的散点图来判断随机误差项的序列相关性。

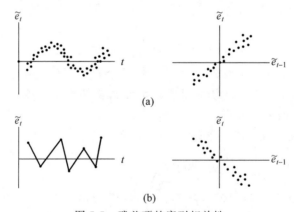

图 5-5　残差项的序列相关性

（a）正序列相关（正自相关）；（b）负序列相关（负自相关）

2）DW 检验

该检验假设条件为解释变量 X 为非随机变量，随机扰动项满足下述一阶自回归形式：

$$\mu_i = \rho\mu_{i-1} + \upsilon_i,$$

并且回归模型中不应含有滞后因变量作为解释变量,回归模型含有不为零的截距项。

针对原假设:H_0:$\rho=0$,检验统计量如下:

$$DW = \frac{\sum_{i=2}^{n}(\tilde{e}_i - \tilde{e}_{i-1})^2}{\sum_{i=1}^{n}\tilde{e}_i^2} \approx 2(1-\hat{\rho}) \left(\hat{\rho} \approx \frac{\sum_{i=2}^{n}\tilde{e}_i\tilde{e}_{i-1}}{\sum_{i=1}^{n}\tilde{e}_i^2}\right)$$

式中,$\tilde{e}_i$ 为随机误差项使用 OLS 获得的残差项。因此,DW 的值与 $\hat{\rho}$ 的对应关系如表 5-8 所示。

表 5-8　DW 的值与 $\hat{\rho}$ 的对应关系

$\hat{\rho}$	DW
-1	4
$(-1,0)$	$(2,4)$
0	2
$(0,1)$	$(0,2)$
1	0

从上述讨论可知,DW 的取值范围为 $0 \leqslant DW \leqslant 4$。

DW 检验具体步骤如下:第一步,计算 DW 值;第二步,给定显著性水平 α,由样本容量 n 和解释变量的个数 k(不包含常数项)的值查 DW 分布表,得临界值下限 d_L 和上限 d_U;第三步,根据图 5-6 判断是否存在自相关性。从图 5-6 可知,当 DW 值在 2 附近时,模型不存在一阶自相关。

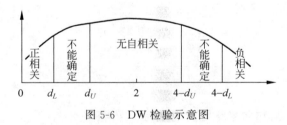

图 5-6　DW 检验示意图

3. 消除自相关影响方法

若模型经检验证明存在序列相关性,则常采用广义差分法、一阶差分法、科克伦-奥克特迭代法和德宾两步法等方法估计模型。

第三节　时间序列分析

根据某个变量的过去值来预测未来值,就需要用到时间序列方法。本节我们介绍两类常用的时间序列:平稳性时间序列和非平稳性时间序列,以及时间序列分析中常用的单位根检验、格兰杰(Granger)因果检验、协整检验和误差修正模型(error correction model)。

一、基本概念

1. 随机过程

随机变量按照时间的先后顺序排列的集合叫随机过程。设 Y 为一个随机变量,若 Y 为连续型的随机变量,记为 $Y(t)$;若是离散型的随机变量,记为 Yt。

若一个随机过程的均值和方差不随时间的改变而改变,且在任何两期之间的协方差值仅依赖于两期的距离或滞后的长度,而不依赖于时间,这样的随机过程称为平稳性随机过程。反之,称为非平稳性随机过程。

2. 白噪声过程

若一个随机过程的均值为 0,方差为不变的常数,而且序列不存在相关性,这样的随机过程称为白噪声过程。例如,在线性回归分析中的误差项 ε_t 服从均值为 0,方差为不变常数,即为一个白噪声过程。

3. 自相关函数与偏自相关函数

时间序列 Yt 的自相关函数定义为

$$\rho_k = \frac{\text{cov}(y_t, y_{t+k})}{\sqrt{\text{var}(y_t)\text{var}(y_{t+k})}} \tag{5-16}$$

若时间序列为平稳性时间序列,则有 $\text{var}(y_t) = \text{var}(y_{t+k}) = \gamma_0$,因此平稳性时间序列的自相关函数为

$$\rho_k = \frac{\gamma_k}{\gamma_0} [\gamma_k = \text{cov}(y_t, y_{t+k})] \tag{5-17}$$

偏自相关函数是指在其他变量给定的条件下,y_t 和 y_{t+k} 的条件相关系数,即偏相关函数为条件相关系数。记为 φ_{kk},其计算公式如下:

(1) 当 $k=1$ 时,$\varphi_{kk} = \rho_1$;

(2) 当 $k>1$ 时,$\varphi_{kk} = \dfrac{\rho_k - \sum\limits_{j=1}^{k-1} \varphi_{k-1,j}\rho_{k-j}}{1 - \sum\limits_{j=1}^{k-1} \varphi_{k-1,j}\rho_{k-j}}$

4. 平稳性时间序列和非平稳性时间序列

时间序列的统计特征不会随着时间的变化而变化,即反映统计特征的均值、方差和协方差等均不随时间的改变而改变,称为平稳性时间序列;反之,则称为非平稳性时间序列。

5. 单整

如果非平稳序列 $\{y_t\}$ 通过 d 次差分成为一个平稳序列,而这个序列的 $d-1$ 次差分序列是不平稳的,那么称序列 $\{y_t\}$ 为 d 阶单整序列,记为 $y_t : I(d)$。例如,当 $d=1$ 时,$y_t : I(1)$ 表示经过一次差分就可变成平稳序列。特别地,如果序列 $\{y_t\}$ 本身是平稳的,则称为零阶单整序列,记为 $y_t : I(0)$。

6. 非平稳性时间序列转化为平稳性时间序列

通常有两种方法将一个非平稳性时间序列转化为平稳性时间序列:①差分平稳过

程。若一个时间序列满足 1 阶单整,即原序列非平稳,通过 1 阶差分即可变为平稳序列。②趋势平稳过程。有些时间序列在其趋势线上是平稳的,因此,将该时间序列对时间做回归,回归后的残差项将是平稳的。即

$$y_t = \beta_0 + \beta_1 t + \mu_t$$

通过普通最小二乘估计方法,得出残差项的估计值为:$\hat{\mu}_t = y_t - \hat{\beta}_0 - \hat{\beta}_1 t$,该 $\hat{\mu}_t$ 将是平稳性时间序列。

二、非平稳序列的单位根检验

检验时间序列的平稳性通常采用单位根检验方法,常用的单位根检验方法有 DF 检验(Dickey-Fuller test)和 ADF 检验(augment Dickey-Fuller test)。

1. DF 检验

为说明 DF 检验,首先考虑下列三种线性回归模型。

(1) 无漂移项,无趋势项:$y_t = \gamma y_{t-1} + \mu_t$

(2) 有漂移项,无趋势项:$y_t = \alpha + \gamma y_{t-1} + \mu_t$

(3) 有漂移项,有趋势项:$y_t = \alpha + \beta t + \gamma y_{t-1} + \mu_t$

其中,$t = 1, 2, \cdots, T$;$\mu_t \sim i.i.d. N(0, \sigma^2)$。在上述三种情况中,如果 $\gamma = 1$,即存在单位根,所检验的序列为非平稳序列。

DF 检验的原假设为 $H_0: \gamma = 1$,若拒绝原假设,则所检验序列不存在单位根,为平稳性时间序列;若不拒绝原假设,则所检验序列存在单位根,为非平稳性时间序列。

将上述方程两边同时减去 y_{t-1} 得

$$\Delta y_t = \lambda y_{t-1} + \mu_t$$

$$\Delta y_t = \alpha + \lambda y_{t-1} + \mu_t$$

$$\Delta y_t = \alpha + \beta t + \lambda y_{t-1} + \mu_t$$

其中,$\lambda = \gamma - 1$,因此,原假设 $H_0: \gamma = 1$ 变为 $H_0: \lambda = 0$。通过最小二乘法得到 λ 的估计值 $\hat{\lambda}$,进而构造出 $\hat{\lambda}$ 的 t 统计量($t = \hat{\lambda}/\mathrm{Se}(\hat{\lambda})$),该统计量与一般线性回归中的参数 t 统计量不同,它不再服从标准的 t 分布,而是服从 Dickey-Fuller(DF)分布。在给定 1%、5% 和 10% 的显著性水平下,通过比较检验 t 统计量和 DF 分布的临界值决定是否拒绝原假设。

2. ADF 检验

上述 DF 检验存在一个问题:当序列存在 1 阶滞后相关时才有效,但大多数时间序列存在高阶滞后相关,直接使用 DF 检验法会出现偏误。在这种情况下,人们将原 DF 检验方法进行了拓展,拓展为增广的 DF 检验,简称 ADF 检验,该方法可以用来检验含有高阶序列相关的序列是否平稳问题。

ADF 检验的三种模型形式:

$$\Delta y_t = \lambda y_{t-1} + \sum_{i=1}^{p} \varphi_i y_{t-i} + \mu_t$$

$$\Delta y_t = \alpha + \lambda y_{t-1} + \sum_{i=1}^{p} \varphi_i y_{t-i} + \mu_t$$

$$\Delta y_t = \alpha + \beta t + \lambda y_{t-1} + \sum_{i=1}^{p} \varphi_i y_{t-i} + \mu_t$$

其检验的原假设仍为 $H_0 : \lambda = 0$，即当拒绝原假设，表明序列不存在单位根，为平稳性时间序列；不拒绝原假设，表明序列存在单位根，为非平稳性时间序列。

三、格兰杰因果关系检验

对于两个变量 x、y，格兰杰因果关系检验主要有如下两个方程：

$$y_t = c_1 + \sum_{i=1}^{k} \alpha_i x_{t-i} + \sum_{j=1}^{k} \beta_j y_{t-j} + \varepsilon_t \qquad (5\text{-}18)$$

$$x_t = c_2 + \sum_{i=1}^{k} \gamma_i y_{t-i} + \sum_{j=1}^{k} \eta_i x_{t-j} + \mu_t \qquad (5\text{-}19)$$

若式(5-18)中 α_i 显著不为零，则表示 x 格兰杰引起 y；同理，当式(5-19)中 γ_i 显著不为零，则表示 y 格兰杰引起 x；若 α_i、γ_i 均显著不为零，则表示 x 与 y 互为格兰杰因果关系。

关于格兰杰因果关系检验主要是通过受约束的 F 检验来完成的，如针对式(5-18)做格兰杰因果关系检验的步骤如下。

第一步，构建原假设为 $\alpha_1 = \alpha_2 = \cdots = \alpha_k = 0$（$x$ 不是格兰杰 y 的原因）。

第二步，构造 F 统计量：

$$F = \frac{(\text{RSS}_R - \text{RSS}_U)/k}{\text{RSS}_U/(n - 2k - 1)} \sim F_\alpha(n, n - 2k - 1) \qquad (5\text{-}20)$$

式中，RSS_U 和 RSS_R 分别为做包含和不包含 x 滞后项回归后的残差平方和；k 为无约束模型待估计参数的个数；$n - 2k - 1$ 为 RSS_U 的自由度。

第三步，给定显著性水平 α，若 $F > F_\alpha(k, n - 2k - 1)$，则原假设为：$\alpha_1 = \alpha_2 = \cdots = \alpha_k = 0$。认为 x 是 y 的格兰杰原因，否则，x 不是 y 的格兰杰原因。

四、协整分析和误差修正模型

1. 协整

协整指的是多个非平稳性时间序列的某种线性组合是平稳的。某些时间序列是非平稳性时间序列，但它们之间却往往存在长期的均衡关系，具体来讲，时间序列 $\{x_t\}$ 和 $\{y_t\}$ 均为一阶单整序列，即 $x_t \sim I(1)$，$y_t \sim I(1)$，若存在一组非零常数 α_0 和 α_1，使得 $\alpha_1 x_t + \alpha_2 y_t \sim I(0)$，则称 x_t 和 y_t 之间存在协整关系。

2. 误差修正模型

传统的经济模型通常表述的是变量之间的一种"长期均衡"关系，而实际经济数据却是由"非均衡过程"生成的。因此，建模时需要用数据的动态非均衡过程来逼近经济理论的长期均衡过程，于是产生了误差修正模型。

误差修正模型基本思想是，若变量间存在协整关系，则表明这些变量间存在着长期均衡关系，而这种长期均衡关系是在短期波动过程中的不断调整下得以实现的。

由于大多数金融时间序列的一阶差分是平稳序列，受长期均衡关系的支配，这些变量的某些线性组合也可能是平稳的,即所研究变量中的各长期分量相互抵消,产生了一个平稳性时间序列,这是由于一种调节机制——所谓的误差修正机制在起作用,它防止了长期均衡关系出现较大的偏差。因此,任何一组相互协整的时间序列变量都存在误差修正机制,通过短期调节行为,达到变量间长期均衡关系的存在。

3. 协整检验

协整检验通常采用的是 E-G 两步法,其基本原理为:设 x_t,y_t 满足 $x_t \sim I(1)$,$y_t \sim I(1)$,协整模型如下:

$$y_t = \alpha_0 + \alpha_1 x_t + u_t$$

通过普通最小二乘法估计,得到 α_0 和 α_1 的估计量 $\hat{\alpha}_0$、$\hat{\alpha}_1$ 及残差序列 $\{\hat{u}_t\}$:

$$\hat{u}_t = y_t - \hat{\alpha}_0 - \hat{\alpha}_1 x_t$$

若残差序列 $\{\hat{u}_t\}$ 是平稳的,则表明该两组时间序列 $\{x_t\}$ 和 $\{y_t\}$ 之间存在协整关系。

五、案例分析

1. 分析目的

根据某地区 1950 年至 1990 年的人均食物年支出和人均年生活费收入月度数据(数据来源:《期货投资分析》(第三版),中国期货业协会,中国财政经济出版社,2013 年 1 月),判断该两组时间序列的平稳性,检验食物支出和生活费收入之间的 Grange 因果关系,从长期看,两者是否存在协整关系?从短期看,是否存在误差修正机制?

2. 操作步骤

第一步,将人均食物年支出和人均年生活费收入消除物价变动的影响,得到实际人均年食物年支出(Y)和实际人均年生活费收入(X),再对 Y 和 X 分别取对数,记 $y = \ln Y$,$x = \ln X$。

第二步,分别将变量 x、y 序列导入 Eviews 3.0 中,打开"Series:x(或 Series:y)"对话框,单击"View—Unit Root Test"按钮,弹出"Unit Root Test"对话框(图 5-7),在"Test Type"下面选择采用默认的"Augmented Dickey-Fuller";通过观察 x、y 的序列图得出两者均呈现明显的上升趋势,所以在"Include in test equation"下面选择"Trend and intercept";在"Test for unit root in"下面选择"Level";在"Lagged differences"下面将数值改为"2",再单击 OK 按钮,最后弹出单位根检验结果(表 5-9 和表 5-10)。

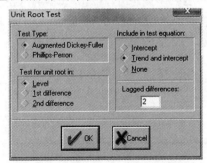

图 5-7 单位根检验回归方程设定(水平变量)

表 5-9　*x* 变量单位根输出结果

ADF Test Statistic	−1.421 608	1%	Critical Value*	−4.216 5
		5%	Critical Value	−3.531 2
		10%	Critical Value	−3.196 8

* MacKinnon critical values for rejection of hypothesis of a unit root.

表 5-10　*y* 变量单位根输出结果

ADF Test Statistic	−0.892 779	1%	Critical Value*	−4.216 5
		5%	Critical Value	−3.531 2
		10%	Critical Value	−3.196 8

* MacKinnon critical values for rejection of hypothesis of a unit root.

从表 5-9 和表 5-10 可以看出，x 和 y 序列的 ADF 检验统计量值均大于在 1%、5% 和 10% 显著性水平下的临界值，表明 x 和 y 序列均为非平稳性时间序列。

第三步，分别对 x 和 y 序列做 1 阶差分得 Δx 和 Δy 序列，对其进行平稳性检验，检验结果见表 5-11 和表 5-12。

表 5-11　Δx 变量单位根输出结果

ADF Test Statistic	−3.558 640	1%	Critical Value*	−3.617 1
		5%	Critical Value	−2.942 2
		10%	Critical Value	−2.609 2

* MacKinnon critical values for rejection of hypothesis of a unit root.

表 5-12　Δy 变量单位根输出结果

ADF Test Statistic	−2.707 987	1%	Critical Value*	−3.617 1
		5%	Critical Value	−2.942 2
		10%	Critical Value	−2.609 2

* MacKinnon critical values for rejection of hypothesis of a unit root.

从表 5-11 和表 5-12 可以看出，Δx 和 Δy 序列的单位根检验统计量值分别约为 −3.558 6 和 −2.708 0，均大于 1% 显著性水平下的临界值 −3.617 1，小于 10% 显著性水平下的临界值 −2.609 2，表明 1 阶差分后的 x 和 y 序列在 10% 的显著性水平均为平稳性时间序列，即 x 和 y 序列均为 1 阶单整序列。

第四步，在弹出的 Δx 和 Δy 序列框中，单击"View—Granger Causality"按钮，在弹出的"Lag Specification"对话框下的"Lags to include"分别输入"1""2""3"和"4"，分别得出表 5-13～表 5-16 所示的 Granger 因果关系检验输出结果。

表 5-13　1 阶滞后（lags：1）Granger 因果检验输出结果

Null Hypothesis：	Obs	F-Statistic	Probability
Δy does not Granger Cause Δx	39	0.288 34	0.594 59
Δx does not Granger Cause Δy		6.315 33	0.016 59

表 5-14 2 阶滞后（lags：2）Granger 因果检验输出结果

Null Hypothesis：	Obs	F-Statistic	Probability
Δy does not Granger Cause Δx	38	0.080 54	0.922 80
Δx does not Granger Cause Δy		5.402 40	0.009 34

表 5-15 3 阶滞后（lags：3）Granger 因果检验输出结果

Null Hypothesis：	Obs	F-Statistic	Probability
Δy does not Granger Cause Δx	37	0.237 76	0.869 31
Δx does not Granger Cause Δy		3.177 32	0.038 25

表 5-16 4 阶滞后（lags：4）Granger 因果检验输出结果

Null Hypothesis：	Obs	F-Statistic	Probability
Δy does not Granger Cause Δx	36	0.353 23	0.839 48
Δx does not Granger Cause Δy		2.442 95	0.070 88

从表 5-13～表 5-16 可以看出，对于原假设"Δy 不是 Δx 格兰杰原因"对应的 p 值分别约为 0.595、0.923、0.869 和 0.839，明显大于 α 为 0.05 的显著性水平，表明均不能拒绝"Δy 不是 Δx 格兰杰原因"，即"食物支出"不是"生活费收入"格兰杰的原因；关于原假设"Δx 不是 Δy 格兰杰原因"对应的 p 值分别约为 0.017、0.009、0.038 和 0.071，在 10% 的显著性水平下均拒绝原假设。表明"Δx 是 Δy 格兰杰原因"，即"生活费收入"是"食物支出"格兰杰的原因。

第五步，将取对数后的人均食物支出（y）作为被解释变量，对数化后的人均年生活费收入（x）作为解释变量，用普通最小二乘法估计回归模型，得到表 5-17 所示的输出结果。

表 5-17 y 对 x 的 OLS 估计输出结果

Variable	Coefficient	Std. Error	t-Statistic	Prob.
C	$-0.076\,777$	0.066 610	$-1.152\,631$	0.256 1
x	0.912 074	0.012 061	75.622 62	0.000 0
R-squared	0.993 227	Mean dependent var	4.943 595	
Adjusted R-squared	0.993 053	S. D. dependent var	0.418 569	
S. E. of regression	0.034 888	Akaike info criterion	$-3.825\,825$	
Sum squared resid	0.047 468	Schwarz criterion	$-3.742\,236$	
Log likelihood	80.429 41	F-statistic	5 718.780	
Durbin-Watson stat	1.177 675	Prob(F-statistic)	0.000 000	

估计模型为

$$y_t = -0.076\,8 + 0.912\,1x_t + e_t$$

第六步，在 Eviews 命令窗口中，输入"Genr et＝resid"，将上述 OLS 回归得到的残差序列命名为新序列 e_t，然后双击 e_t 序列，对 e_t 进行单位根检验，其检验输出结果如表 5-18 所示。

表 5-18　残差序列 e_t 单位根检验输出结果

ADF Test Statistic	−4.034 469	1%	Critical Value*	−2.621 1
		5%	Critical Value	−1.949 2
		10%	Critical Value	−1.620 1

* MacKinnon critical values for rejection of hypothesis of a unit root.

从表 5-18 可以看出,残差序列 e_t 的 ADF 检验统计量值约为 −4.034 5,均小于 1%、5% 和 10% 显著性水平下的临界值,拒绝存在单位根检验的原假设,表明残差序列是一个平稳性时间序列,说明对数化后的实际人均年食物支出 y 和实际人均年生活费收入 x 之间存在协整关系。

第七步,用 Δy 作为被解释变量,Δx 和 ecm_{t-1}(为 e_t 序列的滞后项)作为解释变量,做 OLS 线性回归,得到表 5-19 所示的输出结果。

表 5-19　OLS 估计回归模型输出结果

Variable	Coefficient	Std. Error	t-Statistic	Prob.
C	0.006 467	0.005 807	1.113 711	0.272 6
Δx	0.717 243	0.091 805	7.812 676	0.000 0
ecm_{t-1}	−0.658 239	0.146 495	−4.493 253	0.000 1
R-squared	0.726 855	Mean dependent var	0.031 940	
Adjusted R-squared	0.712 090	S. D. dependent var	0.057 450	
S. E. of regression	0.030 826	Akaike info criterion	−4.048 866	
Sum squared resid	0.035 159	Schwarz criterion	−3.922 200	
Log likelihood	83.977 32	F-statistic	49.229 51	
Durbin-Watson stat	1.983 065	Prob(F-statistic)	0.000 000	

从表 5-19 可得出,该误差修正模型的估计结果为

$$\Delta \hat{y} = 0.006\ 5 + 0.717\ 2\Delta x - 0.658\ 2\mathrm{ecm}_{t-1}$$

$$t = (1.113\ 7)(7.812\ 7)(-4.493\ 3)$$

$$R^2 = 0.726\ 9,\quad \mathrm{DW} = 1.983\ 1$$

上式估计结果表明,城镇居民月人均食物支出的变化不仅取决于人均年生活费收入的变化,还取决于上一期食物支出对均衡水平的偏离。误差系数 ecm_{t-1} 的估计值为 −0.658 2,体现了对偏离的修正,上一期偏离越远,本期修正的量就越大,即系统存在误差修正机制。

即测即练

第 六 章

期货投资策略

本章学习目标

本章内容分成三部分。第一部分介绍风险敞口分析、对冲策略以及对冲策略的应用、评价和管理；第二部分从期现套利和期货合约间套利两个方面介绍了套利策略以及套利策略的应用与评价；第三部分介绍期货投资策略，从商品期货和金融期货两方面展开，分别以基差交易和投资组合管理为例介绍了期货投资策略的应用。本章的难点在于投资策略的具体操作层面，包括实践中风险敞口分析、对冲策略的评价与管理、套利策略的实施与评价、期货投资策略的具体理解与应用等。本章重点是期货交易策略的理解与应用，偏重实践的结合。要求认真理解和灵活掌握。

无论是企业的经营活动中还是我们每个人的日常生活中，风险都无处不在。管理风险的能力以及风险承担与前瞻性选择的偏好，是驱动经济系统前进的关键因素。

面对特定类型的风险，投机者持有增加该风险敞口的头寸，以增加财富；而对冲者持有降低风险敞口的头寸，以对冲风险。同一个投资者可能在某一些风险敞口下是投机者，而在另一些风险敞口下是风险对冲者。

期货、期权等衍生品是风险管理的重要工具。面对现货价格及基差的波动，运用合理的对冲策略可更好地规避风险；面对期货价格的波动，运用合理的投机策略可更多地增加财富；面对价差的波动，运用合理的套利策略可更稳定地赚取价差收益。

第一节 对 冲 策 略

一、对冲概念及理论发展

本章中的"对冲"，英文为 hedge。国内通常将 hedge 译为"套期保值"，但 hedge 在词义上并没有"保值"的意思，在操作上也难以实现"保值"的效果。将 hedge 翻译为"套期保值"会有歧义，容易引发误解。因此，本章将之前常用的"套期保值"统称为"对冲"。

虽然对冲的实践很早就产生了，但理论上的系统解释是 20 世纪以后才有的。从演化过程看，对冲理论分为传统对冲理论、基差逐利型对冲理论和组合投资型对冲理论。

（一）传统对冲理论

传统对冲理论通常被认为来自凯恩斯（John Maynard Keynes）和希克斯（John Richard Hicks）的观点，他们把对冲看作规避风险的一种期货交易行为。根据传统对冲理论,对冲的动机在于转移现货交易中面临的价格风险,目标在于保证经营利润,操作的核心是在期货市场和现货市场同时建立数量相等、方向相反的头寸。人们通常说的"品种相同、数量相等、方向相反、时间相近"被公认为传统对冲理论的四项基本原则。

传统对冲理论易于理解,实务上便于操作。但若按照该理论严格执行,由于期货价格与现货的升贴水问题、价格趋势波动的问题、现货定价模式多样性的问题等,现货市场的风险可能无法得到很好的对冲。

(二)基差逐利型对冲理论

基差逐利型对冲理论由沃金(Holbrook Working)提出。沃金指出,对冲的主要动机并不在于寻求规避风险,而在于实现基差有利变动预期下的获利。

基差逐利型对冲理论是在认识到基差风险后发展起来的。按照传统对冲理论操作,虽然期货头寸一定程度上对冲了现货上的风险,但却无法回避期现货价格之差(即基差)的波动风险。基差的变化对对冲的效果会产生直接的影响,因此,基差逐利型对冲理论主张对基差实施管理以控制对冲的效果。当然,相对于产品的价格风险,基差风险要小得多。按照基差逐利型对冲理论操作,对冲的结果并不一定将风险全部转移出去,对冲者为了避免现货价格大幅波动的风险,而选择了相对较小的基差风险。对冲者需要做的是寻求有利于自己的基差变化以谋取收益。由此可见,基差逐利型对冲与期现套利很难区分,也是一定程度的投机交易。

(三)组合投资型对冲理论

同样是对期现货价格非平行变化的反应,但组合投资型对冲理论不像基差逐利型对冲理论那样押注基差变化以获取收益,而是将期现货头寸作为投资组合,寻求组合的"风险-收益"的平衡。在组合投资型对冲理论中,对冲比率因人、因时而异,期货头寸和现货头寸之间很可能不再维持1:1。

组合投资型对冲理论由詹森(Leland L. Johnson)、斯特恩(Jerome L. Stern)、埃德林顿(Louis H. Ederington)等人较早提出。他们通过采用马科维茨(Markowitz)的投资组合理论来解释对冲概念,即将现货头寸和期货头寸作为资产组合来看待,按照预期效用最大化的原则确定最优对冲比率(hedge ratio)。他们提出的基于对冲组合方差最小化的对冲,后来成为应用最为广泛的对冲技术,据此计算的对冲比率即为我们熟知的最小方差(minimum variance,MV)对冲比率。目前大部分对对冲策略的研究中普遍采用的是最小方差对冲比率。

由于风险度量方法和效用函数选择不尽一致,对期货市场最优对冲比率的计算可分为两大类方法:一类是从组合收益风险最小化的角度,研究最小风险对冲比率,其中最具代表性的就是MV方法;另一类是统筹考虑组合收益及其方差,从效用最大化的角度研究对冲比率,比如基于增广的基尼系数的增广均值-基尼(extended mean-Gini,EMG)方法等。

对冲理论经历的三个阶段呈现出如下特点(表6-1):第一阶段,同品种、同数量、方向相反,解决了系统性风险问题;第二阶段,品种相关、同数量、方向相反,解决升贴水问题;

第三阶段,品种不尽相同、数量不等、方向相反,解决价格趋势问题。

表 6-1 对冲理论发展变化对比

发展阶段		交易特点				拟解决的问题
		品种	数量	方向	操作时机	
第一阶段	传统对冲理论	相同	相等	相反	同时	系统性风险问题
第二阶段	基差逐利型对冲理论	相关	相等	相反	相机抉择	升贴水问题
第三阶段	组合投资型对冲理论	不尽相同	不等	相反	同时	价格趋势问题

虽然从理论发展上来看,组合投资型对冲理论是主流,但是从对冲的实际效果上来看,却很难说哪种对冲理论更具指导意义,因为不同的对冲理论适合不同类型的对冲者。总体而言,传统对冲理论简单直观、易于操作;基差逐利型对冲理论要求对冲者对基差波动趋势有良好的把握,且要具备一定的抗风险能力;组合型对冲理论对对冲者的要求最高,无论是知识、技术水平还是资金实力方面都要有良好的基础。对冲者应根据自己的基础条件及操作目的选择适合自己的对冲模式及相应的指导理论。

二、对冲策略

对冲策略的制定是企业开展整个对冲业务的核心环节之一。对冲策略的制定通常需要风险敞口分析、市场分析、对冲工具的选择、对冲比率的确定等几个步骤。对冲策略再加上策略的实施管理以及效果评价等内容就构成了一个完整的对冲方案。本小节重点介绍对冲策略中相对比较重要的风险敞口分析及对冲比率的确定这两项内容。

(一)风险敞口分析

1. 风险敞口的分类

对冲的目的是规避企业所面临的风险敞口,这里的风险主要针对价格风险。也就是说,对冲解决的是企业所面临的价格风险问题。因此,要进行对冲,首先应该确定企业的风险敞口。

风险敞口,是指暴露在外未加保护的,会对企业的经营产生消极影响的风险。有些人以为亏钱就是风险,挣钱就没有风险。实际上真正风险的概念并非如此。风险跟盈亏没关系,它是一种不确定性,即不知道盈和亏。风险的不确定性包括两个方面,一方面是不确定什么时候发生,另一方面是不确定影响程度有多大。

企业的风险敞口有两种类型:单向敞口与双向敞口。单向敞口是指企业的原材料或产品中,只有一方面临较大的价格变动风险,而另一方的价格较为确定。双向敞口则是指原材料和产品都面临较大的价格波动风险。单向敞口又可以根据是原材料价格风险较大还是产品价格风险较大分为上游敞口下游闭口(原材料价格风险较大,产品价格比较稳定)和上游闭口下游敞口(原材料价格比较稳定,产品价格波动较大)两种类型。

2. 风险敞口的识别

企业的风险敞口由企业的类型决定。站在整个产业链的角度,企业可以分为生产型、贸易型、加工型、消费型四种基本形式。下面我们来看一下具体每种类型企业的风险敞口。

生产型企业一般拥有生产所需的原料,在整个产业链中,负责原材料的生产,上游风险较小,主要风险点在于产品跌价,属于单向敞口中的上游闭口、下游敞口型。例如,矿山是比较典型的生产型企业,铜矿企业担心铜跌价,铁矿企业担心铁矿石跌价。农产品也是同理,大豆、玉米、小麦的种植方都担心农作物上市的时候价格下降、收益减少。

贸易型企业既担心涨价,又担心跌价。采购货物时担心价格上涨,导致采购成本上升;出售货物时又担心价格下降,导致销售利润减少。然而,采购货物时,货物持续跌价,企业也不敢买,担心买了之后价格继续下跌。因此,贸易型企业上下游都有风险,属于双向敞口的类型。

加工型企业同贸易型企业类似,也属于双向敞口。例如油脂加工企业,购买进口大豆,生产豆油和豆粕,需要规避大豆采购价格上涨以及豆油、豆粕销售价格下跌的风险。

消费型企业一般情况下风险是在上游控制采购成本方面,因此属于下游闭口、上游敞口的类型。例如食品饮料生产企业,其终端零售价格一般较为稳定,但食糖等原材料价格波动幅度巨大,控制原料采购成本就成为企业扩大经营利润、增强市场竞争力的关键制胜点。

对于大型企业,其业务可能覆盖上、中、下游的两个或三个领域,使用单一目标的分析方式难以梳理清楚,因此应采取"先拆分,再整合"的方式,分别梳理每个业务部分的风险点以后,再联合起来看某些风险点是否可以相互覆盖。例如中粮集团,有很多不同的业务板块。

中粮粮油是贸易型企业,有小麦、玉米等;中国粮油是加工型企业,有油脂加工、玉米加工、啤酒麦芽加工、面粉和大米加工等;中国食品属于消费型企业,品牌食品有金帝巧克力、五谷道场、长城酒等。从每个企业来看,有自己的上游或下游的风险敞口。从集团来看,现在实行的是全产业链模式,意味着上游、中游、下游都能覆盖,单个业务可能都是有风险的,但是整合成一条产业链以后风险就变小了。所以从风险管理的角度讲,全产业链的模式不仅解决了食品安全问题,同时也是大型企业管理风险的一种方法。

确定了企业类型以及风险敞口后,我们就可以知道企业应该采取的对冲方式了。对于上游闭口、下游敞口的企业,应采取卖出对冲的操作方式;对于上游敞口、下游闭口的企业,应进行买入对冲;而双向敞口的企业,则应针对不同的时间窗口采取不同的方式,因此这种企业既需要买入对冲也需要卖出对冲。

3. 风险敞口的度量

通过对企业经营过程中风险点的分析,可以明确企业的风险敞口,也就是风险敞口的定性分析,并得以借此确定基本的对冲方向。接下来,需要对风险敞口进行量化,即定量分析。只有通过定量分析,才能够衡量企业的风险承受能力,如果对经营和预算影响不大,则定义为可以承受的风险,不一定需要规避;如果可能导致企业严重亏损甚至危及生死存亡,则是无法承受的风险,应该寻求合适的风险规避途径。

例如,企业的经营毛利润为10%,原材料对利润影响的占比为1%,企业对风险进行量化之后,认为原材料价格影响不大,可以不进行对冲操作。需要注意的是,量化后的风险对企业经营的影响程度要视每个企业的状况而定,不能生搬硬套。而且,不同的时期内,对同一个企业的影响程度也会不同,需要及时调整。

量化风险的手段和工具有很多,从风险管理概念开始为企业所熟知以后,使用过的量化工具包括 VaR(风险价值模型)法、敏感性分析法、情景分析法、压力测试、波动率分析法等。

需要注意的是,很多工具和手段都可以用于对冲风险,而且各有特点及其适用的条件。在明确企业所面临的风险敞口以后,就需要根据特定的风险点寻找与之匹配的风险对冲工具以及相应的对冲方向。之后,至关重要的一项内容就是对冲比率的确定。本节主要以期货作为对冲工具进行相应介绍。

(二) 对冲比率的确定

对冲比率是指持有期货合约的头寸大小与资产风险暴露数量大小的比率。传统对冲理论中,对冲比率为 1。但其重要前提之一是期货的标的资产与被对冲资产要完全一样,否则对冲的效果可能会不太理想。

在绝大多数情况下,恰当的对冲比率并非自然而然地等于 1。在对冲策略的制定中,对冲比率的确定是非常重要的内容。

1. 最小方差对冲比率

最小方差对冲比率取决于即期价格的变化与期货价格变化之间的关系。我们将采用以下符号:

ΔS——在对冲期限内,即期价格 S 的变化;

ΔF——在对冲期限内,期货价格 F 的变化。

用 h^* 表示最小方差对冲比率,可以证明 h^* 是 ΔS 对 ΔF 进行线性回归时所产生的最优拟合直线的斜率。这个结果在直观上很合理,我们希望是当 F 变化时,S 平均变化的比例。

h^* 的公式如下:

$$h^* = \rho \frac{\sigma_{\Delta S}}{\sigma_{\Delta F}} \tag{6-1}$$

式中,$\sigma_{\Delta S}$ 为 ΔS 的标准差;$\sigma_{\Delta F}$ 为 ΔF 的标准差;ρ 为两者之间的相关系数。

式(6-1)显示最佳对冲比率等于 ΔS 与 ΔF 之间的相关系数乘以 ΔS 的标准差与 ΔF 的标准差之间的比例。

如果 $\rho = 1$ 和 $\sigma_{\Delta F} = \sigma_{\Delta S}$,最佳对冲比率 h^* 为 1.0。因为这时期货价格正好等于即期价格,这一结果正是我们所预期的。如果 $\rho = 1$ 和 $\sigma_{\Delta F} = 2\sigma_{\Delta S}$,最佳对冲比率 h^* 为 0.5。因为这时期货价格的变化幅度是即期价格变化幅度的 2 倍,因此这一结果正好是我们所预期的。

式(6-1)中的参数 ρ、$\sigma_{\Delta F}$ 和 $\sigma_{\Delta S}$ 通常是通过 ΔS 和 ΔF 的历史数据来估计(这里所隐含的假设是在某种意义上,未来与历史相同),在计算中要选择一定数量的长度相等而且不重叠的时间区间,然后在每个区间上观测 ΔS 和 ΔF 的值。理想的做法是等时区间选定与对冲的期限相同。在实际中,这一做法有时会严重地限制可以利用的观察值数量,因此一般会选用较小的时间段。

为了计算对冲所采用的合约数量,定义:

Q_A——被对冲头寸的大小(单位数量);

Q_F——合约的规模(单位数量);

N^*——用于对冲的最优期货合约数量。

应采用的期货合约的面值为 $h^* Q_A$,因此所需的期货数量为

$$N^* = \frac{h^* Q_A}{Q_F} \qquad (6-2)$$

当采用期货来对冲时,由于期货合约每天结算的特征,需要进行一种被称为跟踪式对冲(tailing the hedge)的调整。在实际中,这意味着式(6-2)变为

$$N^* = \frac{h^* V_A}{V_F} \qquad (6-3)$$

式中,V_A 为被对冲头寸的实际货币价值;V_F 为一个期货合约的货币价值(期货价格乘以 Q_F)。

跟踪式对冲的实际效果是将式(6-2)中的对冲比率与即期价格和期货价格的比率相乘。理论上,对冲期货头寸应随着 V_A 和 V_F 的变化而作出调整,但实际情况并不是那么可行。如果对冲中使用的是远期合约而不是期货合约,就没有每天结算的问题,对冲的期货合约数量应当由式(6-2)确定。

2. 价格敏感性对冲比率

假定持有某个与利率有关的资产组合。例如,债券组合或货币市场证券。我们在这里考虑如何利用利率期货来对这个资产组合进行对冲。定义:

V_F——利率期货合约的价格;

D_F——期货标的资产在期货到期日的久期值;

P——被对冲的债券组合在对冲到期日的远期价值,实际中,通常假定该价格等于债券组合的当前价格;

D_P——被对冲的证券组合在对冲到期日时的久期值。

如果我们假定对于所有期限,收益率的变动均为 Δy,即利率曲线的变动为平行移动,那么下式近似成立:

$$\Delta P = -P D_P \Delta y$$

下式也近似成立:

$$\Delta V_F = -V_F D_F \Delta y$$

因此用于对冲 Δy 变动所需的合约的数量为

$$N^* = \frac{P D_P}{V_F D_F} \qquad (6-4)$$

式(6-4)被称为基于久期的对冲比率(duration based hedge ratio),也被称为价格敏感性对冲比率(price sensitivity hedge ratio)。利用这一关系式,可以使得整体证券头寸的久期变为 0。

当采用国债期货来对冲时,对冲者必须在假设某一特定债券将被交割的前提下计算 D_F。这意味着对冲者在实施对冲时,必须首先估计哪一个债券可能是最便宜的可交割债

券。如果利率环境发生变化，以至于其他债券变为最便宜的可交割债券，对冲者必须调节对冲头寸进行调节，因此对冲效果也许比预期的要差。

利用利率期货来对冲时，对冲者应注意利率与期货价格呈反方向变动。当利率上升时，利率期货价格下降；当利率下降时，利率期货价格上升。因此，在利率下降时会遭遇损失的公司应建立期货的多头头寸。类似地，在利率上升时会遭遇损失的公司应建立期货的空头头寸。

对冲者应选择期货合约以使得标的资产的久期尽量接近被对冲资产的久期。欧洲美元期货常常用于对短期利率头寸进行对冲，而长期国债和中期国债期货常常用于对长期利率头寸进行对冲。

【例 6-1】 价格敏感性对冲比率的计算

假定 8 月 2 日，一名基金经理负责管理价值为 1 000 万美元的政府债券组合，基金经理十分担心今后 3 个月内利率会剧烈变化，决定采用 12 月份的国债期货来对冲债券组合的价格变动。12 月份国债期货的报价为 93-02，或 93.062 5。由于每份合约要交割面值为 10 万美元的国债，因此合约的价值为 93 062.50 美元。

假设债券组合在 3 个月后的久期为 6.80。国债中最便宜的可交割债券预计为 20 年期、券息率为 12% 的债券。这一债券当前收益率为每年 8.8%，在期货到期时，其久期为 9.20。

基金经理需要建立国债期货的空头头寸来对冲其证券组合的价格变动。如果利率上升，期货空头头寸会带来收益，同时债券组合会产生损失；如果利率下降，期货空头头寸会带来损失，但债券组合会产生收益。基金经理需要卖出国债期货空头头寸的数量可由式(6-4)求得，其数量为

$$\frac{10\ 000\ 000 \times 6.80}{93\ 062.50 \times 9.20} = 79.42$$

将以上数字取整，基金经理需要卖出 79 份合约。

3. 不同风险敞口下对冲比率的计算

1）价格风险的对冲

使价格风险最小化的对冲比率可以按照最小方差对冲比率的计算公式(6-1)计算：

$$h^* = \rho \frac{\sigma_{\Delta S}}{\sigma_{\Delta F}}$$

除了根据公式计算外，对冲比率还可以通过回归分析进行估计。估计最小方差对冲比率的一个方便、直接的办法，就是普通最小二乘回归。

需要特别注意的是在进行计算或回归分析时，应关注价格的变化而不是价格本身。

为了更好地理解价格风险最小化的对冲比率的估计，我们将以航空公司该如何最小化在时刻 T 购买航空燃油的价格风险为例进行说明。

【例 6-2】 运用普通最小二乘法估计冲比率

假设航空公司考虑最小化在时刻 T 需要按市场价格购买的燃油的价格风险。由于并不存在飞机燃油期货合约，鉴于取暖油和航空燃油是非常接近的替代品，因此可用取暖油期货进行交叉保值。

只要有必需的时间序列价格数据$(t=1,\cdots,T)$，就可通过普通最小二乘法进行如下回归：

$$\Delta S_t = \alpha_0 + \alpha_1 \Delta F_t + \varepsilon_t \qquad (6\text{-}5)$$

OLS 回归结果中的回归系数 α_1 定义如下：

$$\alpha_1 = \frac{\text{cov}(\Delta S, \Delta F)}{\text{var}(\Delta S)} \qquad (6\text{-}6)$$

式(6-5)与式(6-6)等价。因此，价格风险最小化的对冲比率等于斜率估计系数 $\hat{\alpha}_1$。

如果通过样本数据回归得出如表 6-2 所示的结果。

表 6-2　样本数据回归的结果

指　　标	$\hat{\alpha}_0$	$s(\hat{\alpha}_0)$	$\hat{\alpha}_1$	$s(\hat{\alpha}_1)$	$\bar{R}^2$
价格风险最小化	0.001 7	0.002 1	1.099 7	0.059 3	0.868 6

由此可知，航空公司的对冲比率为 1.009 7。这就意味着航空公司要进行价格风险最小化的对冲，必须按照每加仑航空燃油对应 1.099 7 加仑的取暖油的比例买入取暖油期货。$\bar{R}^2$ 的值说明通过取暖油期货对冲掉了航空燃油的价格风险的 86.86%。

当资产为有形资产或诸如谷物之类的商品时，我们假设价格变化是独立同分布的，这是因为市场的供求平衡会使大多数商品价格向均值回复。但是，金融资产的价格则不同。以普通股为例，公司从事某特定业务，并用产生的现金流扩展业务，扩展的业务可带来更多的现金。对于这样的资产，假设价格将按照固定比率增长并且方差比率固定更为合理，要对此特征建模，经常假设资产价格自然对数的差分或者连续收益（即 $\ln S_t - \ln S_{t-1} = \ln(S_t/S_{t-1}) = R_t$）是独立同分布的。

2）收益风险的对冲

不管我们管理的是成本风险还是收入风险，价格风险的管理工具与此无关。例如，某玉米农场主想对其在秋季收成的售价进行对冲，为了确定风险最小化的对冲比率，他可以以其耕种玉米每蒲式耳的价格为被解释变量，以玉米期货合约每蒲式耳的价格为解释变量，进行回归，然后将斜率系数的估计值以收成总量，再除以期货合约的面额（即 5 000 蒲式耳），从而得到要卖出的合约份数。

但上面的分析过于简化了农场主的问题，他春节播种时，秋季收获时的玉米价格 S_T 以及每英亩产量 n_T 都是未知的。农场主更关心如何降低收入的风险（即产品价格和产量），而不单是价格风险。

$$\text{var}(R_T) = \text{var}(n_T S_T + h F_T) \qquad (6\text{-}7)$$

价格和产量之间的关系在一定程度上就是一种自然的对冲，若收成减少，每蒲式耳的玉米价格可能升高；反之亦然。假设其他因素不变，价格和数量间的负向关系有助于降低收入风险。

要找出收入风险最小化的对冲，我们只需替换回归式(6-7)中的被解释变量，我们将用每英亩收入的变换替换玉米价格的变化。

【例 6-3】　价格风险的对冲和收益风险的对冲

假设某农场主打算种植 1 万英亩（1 英亩≈4 046.86 平方米）小麦，如果他决定最小化收益风险而不是价格风险，应卖出多数份期货合约？已有过去 30 年的历史数据。假设农场主预计每英亩产量为 60 蒲式耳。

先汇总数据,计算每英亩收益。有关指标列于表 6-3,过去 30 年收获时小麦的平均价格为每蒲式耳 3 美元,每英亩平均产量为 60 蒲式耳。标题为"每英亩收入"、子标题为"不变收入"的列就是现货价格乘以每英亩 60 蒲式耳(例如,2.469×60＝148.15 英亩),标题为"每英亩收入"、子标题为"变动收入"的列就是现货价格乘以当年每英亩产量(如 2.469×68.39＝168.86 英亩)。

表 6-3　农场种植相关数据指标

时间	现货价格	期货价格	产量	每英亩收入		每英亩收入的变化		期货价格变化
				不变收入	变动收入	不变收入	变动收入	
1	2.469	2.448	68.39	148.15	168.86			
2	2.664	2.638	64.76	159.82	172.50	11.67	3.64	0.191
3	2.176	2.123	70.32	130.56	153.02	−29.26	−19.48	−0.515
4	2.481	2.501	69.08	148.88	171.41	18.32	18.40	0.378
5	2.737	2.686	65.20	164.24	178.47	15.36	7.06	0.185
…	…	…	…	…	…	…	…	…
26	3.493	3.667	57.66	209.61	201.42	0.93	41.24	−0.260
27	3.700	3.620	50.52	222.00	186.91	12.40	−14.51	−0.047
28	4.065	4.054	45.29	243.88	184.11	21.88	−2.80	0.434
29	3.833	4.054	50.68	230.00	194.26	−13.88	10.15	0.000
30	3.298	3.722	53.68	197.88	177.02	−32.12	−17.70	−0.332
均值	3.000	3.017	60.00	180.00	176.01	1.71	0.28	
标准差	0.480	0.557	7.887	28.77	11.00	17.70	15.20	

要找出价格风险最小化的保值,我们将"每英亩收入的变化——不变收入"列为被解释变量,将"期货价格变化"列为解释变量,进行回归;要找出收益风险最小化的保值,我们将"每英亩收入的变化——变动收入"列为被解释变量,将"期货价格变化"列为解释变量。回归结果中,斜率系数的估计值 $\hat{\alpha}_1$ 就是利用期货合约保值需要卖出的小麦数量。回归结果如表 6-4 所示。

表 6-4　不同风险管理目标的回归结果

指　标	$\hat{\alpha}_0$	$s(\hat{\alpha}_0)$	$\hat{\alpha}_1$	$s(\hat{\alpha}_1)$	$\bar{R}^2$
价格风险最小化	−0.276 5	1.711 0	45.332 1	5.126 4	0.743 3
收入风险最小化	0.124 2	2.890 9	3.580 6	8.661 6	0.006 3

回归结果显示,两个保值存在相当大的差异。如果农场主选择最小化价格风险,每英亩小麦需要卖出 45.332 1 蒲式耳,1 万英亩就要卖出 453 321 蒲式耳。芝加哥期货交易所交易的小麦期货合约面额为 5 000 蒲式耳,因此应卖出 90.664 份合约。如果农村主选择最小化收益风险,每英亩小麦只需要卖出 3.580 6 蒲式耳或 7.161 份期货合约。因为价格和每英亩产量是反向相关的,该负向关系影响风险暴露,因此此收益风险最小化保值所需的期货合约份数更少。表 6-4 中,每英亩固定产量(即价格风险)为 60 蒲式耳时,收益

变化的标准差是 17.70，而产量变动（即收益风险）时收益变化的标准差为 15.20。因为价格和数量是反向相关的，需要管理的风险就少了。

3）利润风险的对冲

制造者或生产者面对的另一种类型的风险就是毛利润风险。毛利润风险指的是生产总收益和生产总成本之间的差额，即

$$M_T = n_0 S_{0,T} - n_I S_{I,T} - 固定成本 \tag{6-8}$$

式中，$n_0 S_{0,T}$ 是产出价格为每单位 $S_{0,T}$ 时、时刻 T 的需求量；n_I 是生产所需要素投入的单位数量；$S_{I,T}$ 是每单位要素投入的成本。以炼油商为例，在正常的生产过程中，他需要买入原油、提炼，然后出售热油和无铅汽油。如果该炼油商要安排时刻 T 的生产，他面临着收益风险和价格风险。因为该炼油商既不知道时刻 T 每加仑产品（即无铅汽油）的市场价格，也不知道其需求量，因此面临收益风险；因为时刻 T 每桶原油的价格取决于当时的供需状况，所以炼油商面临价格风险。因此，炼油商的风险管理问题就是最小化其利润风险的方差，即

$$\text{var}(n_0 S_{0,T} - n_I S_{I,T} + n_F F_T) \tag{6-9}$$

与前面的例子一样，我们也可用总利润变化对期货价格变化进行回归，回归结果中斜率系数的估计值就是风险最小化的期货数量。但有一点需要注意，与收益对冲一样，利润对冲也隐含考虑了投入成本和产出价格可能显著相关的事实，这种自然的对冲减少了所需期货合约的份数。

【例 6-4】 *利润风险的对冲*

以某金表制造企业为例。在过去 67 个月，该企业每月平均生产和销售 6 274 块金表，平均销售价格为 3 727 美元。每块表主要的要素投入是黄金，金价随时间变化。该企业仅知道要制造一块表需要 4 金衡盎司的黄金。每月固定成本是 500 万美元。计算能够最小化企业月末利润方差的最优期货合约份数，以及最低收益风险的保值和最低成本风险的保值。黄金期货合约的面额为 100 金衡盎司。

过去 67 个月的历史数据如表 6-5 所示。

表 6-5　金表制造企业生产相关历史数据　　　　　　美元

时间	黄金价格	金表生产					变化			
		价格	数量	收益	黄金成本	利润	收益	黄金成本	利润	期货
1999/1/1	287.75	3 444.45	6 534	22 504 718	−7 520 201	9 984 517				
1999/2/1	287.65	3 467.84	6 511	22 578 920	−7 491 500	10 087 419	74 202	28 701	102 903	−2.21
1999/3/1	285.85	3 455.90	6 546	22 623 962	−7 485 246	10 138 716	45 042	6 255	51 297	−3.45
1999/4/1	280.45	3 381.07	6 600	22 316 724	−7 404 423	9 912 301	−307 238	80 823	−226 416	−4.93
…	…	…	…	…	…	…	…	…	…	…

其中，收益等于金表的价格乘以销售量，黄金成本是每盎司黄金的即期价格乘以 4 盎司再乘以金表产量，利润等于收益减去可变成本再减去 500 万美元的固定成本，最后四列是每个变量的月度变化。基于表 6-5 中所给信息，将收益变化对期货价格变化进行回归；将成本变化对期货价格变化进行回归；将利润变化对期货价格变化进行回归。其结果汇

总于表 6-6。斜率系数的估计值 $\hat{\alpha}_1$ 就是为了抵消金价波动的影响应该卖出的期货合约中的黄金数量。因为黄金期货合约的面额为 100 金衡盎司,所以这些数值需要再除以 100。

表 6-6　不同风险管理目标的回归结果

指　标	$\hat{\alpha}_0$	$s(\hat{\alpha}_0)$	$\hat{\alpha}_1$	$s(\hat{\alpha}_1)$	$\bar{R}^2$
最小价格风险	19 314	28 729	24 462	2 028	0.694 4
最小收入风险	−5 705	9 484	−8 617	670	0.721 3
最小利润风险	13 609	22 173	15 845	1 565	0.615 5

为了最大幅度地降低金价波动的不确定性对收益的影响,该企业应卖出 244.62 份黄金期货合约;为了最大幅度地降低金价波动的不确定性对要素投入成本的影响,该企业应买入 86.17 份合约;最后,为了最大幅度地降低金价波动的不确定性对利润的影响,该企业应卖出 158.45 份黄金期货。

注意,收益风险的保值量减去价格风险的保值量等于利润保值量,24 462−8 617＝15 845。很明显,该企业能够通过改变金表价格来转移一些黄金投入成本的变化。

4) 资产组合价值的对冲

下面我们将把关注的重点转向金融资产的风险管理。例如,假设我们持有的资产组合中包含国债,并且知道央行下周将公布一项重大决议。对于即将公布的消息,我们想对我们的长期利率风险暴露进行对冲。一种可行的办法就是变现我们的债券头寸,但该方法可能成本很高;另一种办法就是利用长期利率期货合约对资产组合的价值进行对冲。

首先,我们假设投资者的主要任务就是最小化某一期间所持资产组合价格的方差,资产组合价格风险的表达式为

$$\mathrm{var}(V_T + hF_T) \tag{6-10}$$

式中,V_T 为资产组合中所有证券在时刻 T 的市场价格总和;F_T 为最接近资产组合基础风险来源的期货合约价格。

我们说明风险最小化对冲的确定,与前文商品价格风险管理方法稍有不同,因为金融资产不同于商品,其价格随时间而增长。因此我们考虑组合价值的自然对数,而非组合价值本身。

同前面风险最小化的对冲问题一样,卖出期货合约的数量也可由 OLS 回归得到。待对冲的资产组合价值和期货价格之间存在如下关系:

$$\ln V_T = \alpha_0 + \alpha_1 \ln F_T + \varepsilon_T \tag{6-11}$$

式中,斜率系数 α_1 是价格弹性,表示对于期货价格百分之一的变化,资产组合价格变化的百分比。

为了估计 α_1,我们将式(6-11)差分,得回归方程

$$R_{V,t} = \alpha'_0 + \alpha_1 R_{F,t} + \varepsilon'_t \tag{6-12}$$

式中,$R_{V,t} = \ln(V_t/V_{t-1})$,$R_{F,t} = \ln(F_t/F_{t-1})$。式(6-11)中的截距项与式(6-12)中的斜率系数(也就是对冲比例)是相同的。

【例 6-5】　价值对冲

某人寿保险公司持有 AAA 级公司债券的资产组合,该组合从 2020 年 1 月 1 日到

2021 年 2 月 16 日每日价格数据如表 6-7 所示。根据这些数据,可以计算资产组合价格和收益率的自然对数值。表中还列出了芝加哥期货交易所国债期货合约连续复利的收益率,当前(2021/2/16)财政部国债期货价格是每一美元债券面值 1.152 5,国债期货合约面值 10 万美元。找出债券资产组合风险最小化的对冲方法。

表 6-7 资产组合每日数据(2020/1/1—2021/2/16)

日期	AAA 组合价值	价值的自然对数	组合收益率	期货收益率
2020/1/1	29 004 133	17.183		
2020/1/2	28 677 998	17.172	−0.011 3	−0.012 95
2020/1/5	28 679 125	17.172	0.000 0	−0.000 29
2020/1/6	28 931 665	17.180	0.008 8	0.010 66
2020/1/7	29 006 580	17.183	0.002 6	0.003 43
...	...	...	...	...
2021/2/10	32 828 283	17.308	−0.011 6	−0.010 18
2021/2/11	32 802 473	17.306	−0.001 7	−0.001 89
2021/2/14	32 955 513	17.311	0.004 7	0.003 50
2021/2/15	32 821 210	17.307	−0.004 1	−0.003 23
2021/2/16	32 671 455	17.302	−0.004 6	−0.005 14

基于数据,我们用资产组合收益率对期货收益率进行回归,结果如表 6-8 所示。

表 6-8 资产组合收益率对期货收益率回归结果

指 标	$\hat{\alpha}_0$	$s(\hat{\alpha}_0)$	$\hat{\alpha}_1$	$s(\hat{\alpha}_1)$	$\overline{R}^2$
最小价格风险	0.000 1	0.000 0	0.893 5	0.007 5	0.979 7

斜率系数的估计值为 0.893 5 表明,对于期货价格变化 1%,资产组合价格会变化 0.893 5%。为了找出能够最小化资产组合价值变化的对冲,我们必须考虑资产组合当前的价格及期货价格。如前所述,当资产组合价值为 32 671 455 美元,当前期货价格为面值 10 万美元乘以 1.152 5。因此,风险最小化的对冲就是卖出 253.30 份期货合约。

$$h^* = -0.893\ 5 \times \left(\frac{32\ 671\ 455}{1.152\ 5 \times 100\ 000} \right) = -253.30$$

调整后的 R^2 接近 98%,因此有理由相信该对冲非常有效。

5) 多种风险源的对冲

采用回归方法设定风险最小化保值,不仅具有方便的优点,而且还可用于处理价值受多种风险因素影响的资产组合的保值。假设我们管理的基金主要投资于石油冶炼行业的股票,由于资产组合集中于石油股票,没有充分多元化,所以其价值不仅易受未预期股票市场波动的影响,也会受未预期石油价格变化的影响。给定伊拉克政局稳定,假设我们认为原油价格未来会飞涨,这将使我们面临两难,原油价格上升很可能会引发股票市场下跌,但却会对我们资产组合中的石油股票价格有正面影响。因此,卖出股票并买入无风险债券并不是一个合适的策略,因为该策略把股票市场和原油价格风险暴露都抵消了,我们的目标是仅抵消资产组合的股票市场风险,而保留原油价格风险。

处理该风险问题的一个直接方法就是利用多元回归模型,即

$$R_V = \alpha_0 + \alpha_1 R_{F,1} + \alpha_2 R_{F,2} + \cdots + \alpha_n R_{F,n} + \tilde{\varepsilon} \qquad (6\text{-}13)$$

其中,用于保值的期货合约的选择原则是其收益率会影响我们资产组合的价值。为了说明方便,我们仅考虑两种风险因素:一是股票市场风险,用 S&P500 期货合约表示;二是石油价格风险,用石油期货合约来表示。只要估计出回归结果,我们就可利用斜率系数的估计值对任何类型的风险暴露进行对冲。

【例 6-6】　两风险因素的对冲

假设你管理的基金主要投资于炼油业股票,因此你面临着石油价格和股票市场变动的双重风险。当前股票市场不平稳,你发现自己陷入两难境地,一方面你认为未来几周由于原油价格的上涨股票市场很可能下跌,但另一方面你所持的石油股票组合却会因原油价格上涨而相对于股票市场升值。因此,你想对市场风险而非石油价格风险暴露进行保值。利用 hedge.xls 表格中的收益率数据计算股票市场风险最小化的保值。芝加哥商品交易所交易的 S&P500 期货合约可代表股票风险因素,而纽约商品交易所交易的原油期货合约可代表石油风险因素。S&P500 期货合约的面值为指数的 250 倍,而原油期货合约的面值为 1 000 桶。

多风险保值分析中,很重要的第一步就是掌握收益率序列间的相关性。两风险对冲案例相关原始数据如表 6-9 所示。

表 6-9　两风险对冲案例相关原始数据

日期	石油股票组合价值	2005 年 3 月 S&P500 期货价格	2005 年 3 月原油期货价格	石油股票组合收益	2005 年 3 月 S&P500 期货收益率	2005 年 3 月原油期货收益率
20×4/7/1	44 590 000	1 128.50	37.00			
20×4/7/2	44 720 000	1 127.30	36.64	0.002 91	−0.001 06	−0.009 78
20×4/7/6	45 100 000	1 116.70	37.63	0.008 46	−0.009 45	0.026 66
20×4/7/7	45 370 000	1 119.70	37.11	0.005 97	0.002 68	−0.013 92
...	...	...	...	...	...	...
20×5/2/16	58 480 000	1 210.50	48.33	0.027 04	−0.000 17	0.022 39
20×5/2/17	58 130 000	1 201.00	47.54	−0.006 00	−0.007 88	−0.016 48
20×5/2/18	59 410 000	1 202.30	48.35	0.021 78	0.001 08	0.016 89
20×5/2/22	58 250 000	1 184.70	51.15	−0.019 72	−0.014 75	0.056 30

要对所持资产组合的短期市场风险保值,为了顾及适合的保值水平,你需要将资产组合收益率对所有已知的风险因素收益率进行回归,本例中的风险因素就是 S&P500 收益率和原油收益率。估计结果如表 6-10、表 6-11 所示。

表 6-10　估计结果（一）

回归统计量	
多元 R	0.598 2
R^2	0.357 9
调整后的 R^2	0.349 8
标准误	0.008 0
观测值	162

表 6-11　估计结果（二）

	系数	标准误	t 统计量
截距	0.001 0	0.000 6	1.648 3
S&P500	0.825 2	0.098 6	8.369 7
原油	0.179 2	0.030 2	5.939 5

实际上回归结果证明，你所持资产组合的价值会随股票市场和原油价格上升。S&P500 估计系数为 0.825 2，这意味着 S&P500 期货合约价格变化 1%，资产组合价值上升 0.825 2%，前提是原油价格的影响保持不变。要卖出的 S&P500 期货合约的份数就由斜率估计系数、资产组合的市场价值和期货的市场价格以及期货合约面值决定，如下所示：

$$h^* = -0.825\ 2 \times \left(\frac{58\ 250\ 000}{1\ 184.70 \times 250} \right) = -162.30$$

最后，为了说明的完整性，我们先用资产组合收益率对股票指数期货收益率进行一元回归，再利用回归结果中的斜率系数估计值设定股票市场风险最小化的保值。回归结果如表 6-12、表 6-13 所示。

表 6-12　回归结果（一）

回归统计量	
多元 R	0.464 1
R^2	0.215 4
调整后的 R^2	0.210 5
标准误	0.008 8
观测值	162

表 6-13　回归结果（二）

	系数	标准误	t 统计量
截距	0.001 4	0.000 7	2.072 2
S&P500	0.704 6	0.106 3	6.627 2

斜率系数的估计值为 0.704 6，因此需要卖出的 S&P500 期货合约的份数为

$$n_F = -0.704\ 6 \times \left(\frac{58\ 250\ 000}{1\ 184.70 \times 250} \right) = -138.57$$

该风险最小化的期货合约卖出份数是错误的,因为我们没有考虑原油收益率与 S&P500 收益率负向相关的关系,所以由此计算的卖出份数是下偏的。回归式中缺少了原油收益率,S&P500 收益率的估计系数实际包含了股票市场和原油两个因素的影响,因为原油和股票市场是负向相关,这意味着一元回归式中 S&P500 收益率的系数是下偏的。如果油和股票市场是正向相关,一元回归式中的斜率系数就是上偏的。

最后,在多种风险源下,测量保值的效果稍微复杂一些,第一个回归式中,R^2 为 0.357 9,表明石油股票组合收益率变动的 35.79% 可由 S&P500 期货收益率和原油期货收益率得到解释。但是当用 S&P500 期货保值后,该风险还剩多少呢?

要回答此问题,我们需要计算未保值资产组合收益率的标准差 $\sigma(\widetilde{R}_p)$ 以及保值后组合收益率的标准差 $\sigma(R_V - 0.825\,2 \times R_{S\&P500})$,它们分别是 0.009 93 和 0.005 40。因此,保值后,未能保值的资产组合收益率方差的比例为

$$\frac{0.008\,83^2}{0.009\,93^2} = 79.07\%$$

三、对冲策略的评价与管理

(一) 对冲策略的评价

1. 从企业战略的高度认识对冲的作用

作为风险管理的重要手段,对冲可以提高企业的持续经营能力。企业可以通过对冲对冲掉错综复杂的因素引发的风险,从而专注于自己擅长的经营领域,实现持续、稳定的发展。因此,必须从企业发展战略的高度充分认识对冲的作用。

很多国际知名公司的成功就是很好的例子。比如在国际农产品市场最有名的 ABCD(A 是 ADM,B 是邦吉,C 是嘉吉,D 是路易达孚)等这些百年老店就是依靠有效的对冲交易实现稳定增长、不断进行全球扩张的。国际互换和衍生品协会(ISDA)的调查数据显示,在世界 500 强企业中有 90% 以上的企业使用了金融衍生品来管理商业和经济风险。

企业对冲事关我国产业乃至经济的安全。以中国的大豆产业为例,目前外资已经基本控制了中国大豆产业链,以 ABCD 为代表的四大粮商及其他国际资本在中国大豆市场有着强势的话语权。据统计,国内 70% 以上的榨油企业被跨国粮商或控股或参股。这种情况的形成源于 2004 年的大豆危机,2003—2004 年,芝加哥期货交易所大豆价格猛涨,从 2003 年 8 月的 540 美分上涨到 2004 年 4 月的 1 060 美分,创下近 30 年来新高。企业在这种恐慌压力下纷纷加大采购力度,以 4 300 元每吨的高价抢购了 800 多万吨大豆,而由于缺少风险意识,绝大部分企业并未进行对冲。但随后,国际大豆价格快速回落 50%,导致全行业集体亏损,外资趁机而入。当年只有少数企业在大连商品交易所做了对冲交易,有效地规避了危机和风险,而其他很多压榨油厂则损失惨重。

大豆产业的实例说明了中国企业和国外优秀企业的差距不在于经营管理,而在于风险管理的理念和风险管理金融工具的运用。在风险管理能力方面,国外企业能够利用期货市场进行对冲,很好地规避经济周期或单纯价格波动的风险,而国内企业也有这种需求,但缺乏相应的理念和技术。如今的竞争已经从实体领域转向金融领域,因此企业一定

要学会如何利用金融工具来规避价格波动的风险。

必须正确地运用对冲。不对冲是傻子,乱对冲则是疯子。期货交易是把双刃剑,盲目地进行对冲无异于自残和自杀。虽然基差逐利型对冲理论也从基差投机的角度来认识对冲,但在目前这种氛围中还是应特别强调对冲的主要目的是减少风险而不是增加预期盈利。

2. 在现实约束下实现合理对冲

对冲作为现代经济和企业风险管理的重要策略与路径,对中国企业来说是一个崭新的实践和挑战。企业进行对冲交易,必须正视面临的种种现实约束。

我国期货市场为控制风险,设有限仓措施、提高保证金的措施、涨跌停板措施等,也有严格的对冲申请和审批制度。这些规章制度对企业的对冲行为形成了客观的约束,企业进行对冲前,必须充分研读相关规则,避免由于违规引发对冲的失误和失败。

当然,随着国内衍生品市场的发展、相关规章制度的完善、社会上对冲文化氛围的加强,企业对冲的环境正在不断优化。

3. 对冲效果的评价

多年来,对冲巨额亏损的案例不时见诸媒体报端,如东航、国航对冲巨亏事件,中国远洋对冲巨亏事件,中信泰富对冲巨亏事件等,频频发生的对冲亏损案例引发了对对冲效果的负面评价。

实际上,这些企业进行的并非对冲交易而是投机交易。当然,由于种种原因,对冲也会失败。但无论是对冲头寸的单方面亏损还是短时期内对冲组合表现得不理想都不能作为对冲失败的判断依据,对对冲效果的评价须有更科学的判断依据。

对冲策略有效性,是指通过对冲工具抵销被对冲项目公允价值或现金流变动的程度。只有达到一定程度有效性的对冲行为,才能认定对冲关系成立。要确认对冲关系成立,需确定对冲在整个报告期内均有效,且在对冲期间,应对对冲关系做持续的对冲有效性评价。

实际操作中,常见的对冲有效性评价方法主要有主要条款比较法、比率分析法和回归分析法等。

(1) 主要条款比较法。主要条款比较法是通过比较对冲工具和被对冲项目的主要条款,以确定对冲是否有效的方法。如果对冲工具和被对冲项目的所有主要条款均能准确地匹配,可认定因被对冲风险引起的对冲工具和被对冲项目公允价值或现金流量变动可以相互抵消。对冲工具和被对冲项目的主要条款包括名义金额或本金、到期期限、内含变量、定价日期、商品数量、货币单位等。

主要条款比较法的优点是评估方式直接明了、操作简便,主要观察对冲四大原则是否符合,但缺点是评估以定性分析为主,定量检测不够,同时忽略基差风险的存在。

(2) 比率分析法。比率分析法是通过比较被对冲风险引起的对冲工具和被对冲项目公允价值或现金流量变动比率,以确定对冲是否有效的方法。运用比率分析法时,企业可以根据自身风险管理政策的特点选择以累积变动数(即自对冲开始以来的累积变动数)为基础比较,或以单个基期变动数为基础比较。如果上述比率在80%～125%范围内,可以认定对冲是高度有效的。

比率分析法的计算方式仍然较为简单明了,将基差的变化也纳入考虑,但在整个对冲期间对对冲操作的过程缺乏监测和实时的效果评估,仅考虑了对冲期初和期末的盈亏变化。

(3)回归分析法。回归分析法是在掌握一定数量观察数据基础上,利用数理统计方法建立自变量和因变量之间回归关系函数的方法。将此方法运用到对冲有效性评价中,需要分析对冲工具和被对冲项目价值变动之间是否具有高度相关性,进而判断对冲是否有效。运用回归分析法,自变量反映被对冲项目公允价值变动或预计未来现金流量现值变动,因变量反映对冲工具公允价值变动。常用的评价指标是回归方程的 R^2 统计量。

(二)对冲策略的管理

一个完善和严谨的操作管理体系能保障对冲方案中每一个步骤的严格实施和贯彻,为有效执行对冲过程提供分析、组织、操作和系统的支持。具体来说,操作管理体系至少应包括参与对冲交易的组织结构、风险控制机制和财务管理制度。组织结构一般包括决策部门、期货交易运作部门和风险控制部门,且三者应适度分离;风险控制一般包括交易计划监督、交易过程监督和交易结果监督;财务管理一般包括控制公司期货交易的资金规模、建立风险准备金制度和对企业利用期货市场控制风险进行财务评价。

1. 组织结构设计

企业设置专门的部门和人员进行市场分析、交易策略设计和期货市场操作。组织结构设计的原则是决策机构和执行机构分离。由于市场分析和期货交易主要由企业自己运作,因此企业对期货市场、现货市场以及整个行业和经济发展会有比较深的了解,同时也更加便于企业结合自身的生产销售情况进行对冲。但是由于企业需要设置专门的部门和人员,因此这种方式的运作成本大,对企业的管理水平也有比较高的要求。这种方式适合企业规模和对冲需求比较大、管理规范、资金实力雄厚的企业。图6-1为企业参与对冲交易的组织结构设置实例。

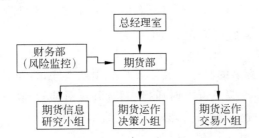

图 6-1 企业参与对冲交易的组织结构设置实例

总经理室:公司最高管理层人员组成的决策机构,成员包括总经理、分管采购和销售的副总、财务总监,并由分管采购和销售的副总来分管期货。职责是:制定指导性年度保值策略;提出年度保值总量和方向;审批期货部提交的年度、阶段性期货保值交易方案;定期召开市场分析会,根据市场情况调整保值策略。

财务部:协助期货部制订期货保值交易方案;提供资金支持;不定期抽查期货保值交易方案执行情况;财务监控。

期货信息研究小组：负责期货和现货相关信息的收集、整理、总结；分析生产经营数据。

期货运作决策小组：拟订年度、阶段性、每日的保值交易方案；对期货运作交易小组下达交易指令；跟踪行情走势，检查交易执行情况；定期总结与反馈每日和阶段性的行情、交易情况以及保值方案执行情况。

期货运作交易小组：严格执行交易指令；整理、保存交易记录，及时反馈交易结果。

2. 风险控制机制

企业参与期货交易，应该始终把控制风险放在重要的位置。

（1）建立严密的风险控制机制。如表 6-14 所示，其特点是：第一，层次清晰。由总经理室领导的期货监督委员会、财务部以及期货交易部三个层次组成的监督体系，从不同角度对公司的期货业务风险进行控制。第二，结构完整。单独由某个环节出现的风险事故可以被其他机构及早发现，避免决策制定的独断性，保证资金风险控制的严密性。

表 6-14　企业期货交易风险控制的组成及特点

第一层风险管理	第二层风险管理	第三层风险管理
公司总经理室	财务部	期货交易部
成立期货监督委员会	从财务方面监督控制风险	自身控制风险
制定公司期货交易管理条例	每天检查期货交易记录	期货行情分析小组定期分析
制定公司期货交易人员管理条例	对交易及持仓情况进行财务监控	期货头寸风险、运作策略以及交易小组实施情况

（2）从业务流程来控制风险。

第一步，交易计划监督。由于企业所处的环境不同，其生产、经营和利润的目标也不尽相同，如何制订适合本企业经营发展目标的交易计划，对参与期市的企业来说是非常重要的。企业应成立以部门经理（采购/销售）为核心，财务、经营人员为主的期货交易管理小组，共同制订和监督交易计划，以求目标利润最大化和经营风险最小化，严格控制企业参与期市的资金总量和交易中的总持仓量。

第二步，交易过程监督。对冲交易是一个动态的交易过程，每时每刻行情都会发生变化。这就要求从事保值交易的操作人员能灵活运用期货知识，及时调整交易手段，建立每日定期报告制度，将每日交易状况及时通报主管部门，对冲管理小组及相关业务部门也应不定期检查对冲交易情况，了解保值计划执行情况。

第三步，交易结果监督。针对套保业务的特点，企业主管部门应在一定时段内对企业的所有交易过程和内部财务处理进行全面的复核，以便及时发现问题、堵塞漏洞。事后监督应覆盖交易过程的各个领域，同时，建立必要的稽核系统，保证套保交易活动的真实性、完整性、准确性和有效性，防止差错、虚假、违法等现象发生，对违法违规的具体责任人进行调查、核实，根据国家有关法律、法规进行严肃处理。

3. 财务管理

企业从财务管理方面对公司的期货业务进行风险监控，可以从以下几个方面来进行。

（1）控制公司参与期货交易的总资金和规模。公司参与期货交易的总资金，要保证其建立在采购、销售总量基础之上，单笔最大亏损额度和总亏损额度应该在公司财务承受范围之内。

（2）建立风险准备金制度。对于长期参与期货交易的企业，短期内的盈利和亏损都很正常，单个年份则可能出现比较大的亏损或者盈利。因此，建立风险准备金制度就显得很有必要。当出现较大的盈利时，可以将本年份的盈利存入风险准备金当中，而在出现较大的亏损时，则可以从风险准备金中划出一定的资金来弥补，这样就可以保证公司财务的稳定性。

（3）对企业参与期货交易进行财务评价。期货交易的财务评价主要应该遵循这样三个原则：①风险控制应该在限定的范围之内；②期货交易和现货交易应该合并评价；③应该从相对较长的时期来判断，一般在一年以上。

第二节　套利策略

投机和套利是期货交易中除了对冲之外另外两种主要交易形式，两者又都属于广义的投机范畴。鉴于纯粹投机交易中常用的一些分析方法已经在基本面分析、技术分析等章节有所介绍，本节重点介绍套利交易。

期货套利交易是一种风险相对低、收益较为稳定的投资方式，比较适合追求稳定收益的投资者。随着国内市场品种的逐渐增加和投资者水平的不断提高，套利交易作为一种重要的交易方式，已经受到越来越多的投资者关注。

一、期现套利

期现套利是指利用期货市场与现货市场之间的不合理价差，通过在两个市场上进行反向交易，待价差趋于合理而获利的交易，即利用现货交割及持仓成本与期货的差价进行套利交易。其理论依据来源于持有成本理论。理论上期货价格应该高于现货价格，但因为有持仓成本这个上限，期货价格不可能无限制地高出现货价格。当期货价格与现货价格的价差高于持仓成本，就会有人买进现货、卖出期货，最终会促进价差重新回归到正常区间水平。

当期现价差位于持仓成本上下边界之间时，无法进行期现套利，因而将这个上下边界之间称为"无套利区间"。在期现套利中，确定了"无套利区间"，便可以据此监控期现价差，寻找套利机会（图6-2）。

（一）正向期现套利

当期货价格对现货价格的升水大于持有成本时，套利者可以实施正向期现套利，即在买入（持有）现货的同时卖出同等数量的期货，等待期现价差收敛时平掉套利头寸或通过交割结束套利。

一般来说，正向期现套利比较适合商品的生产厂家和贸易中间商。因为正向期现套利如果进入现货交割阶段，需要投资者卖出现货，生产厂家和贸易中间商的经营目的就是卖出商品，两者的交易流程是同方向的。

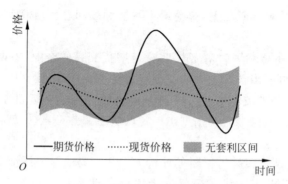

图 6-2   期现套利无套利区间

因为是期现套利,所以持有成本以持有现货到期交割为基础。每个地方的具体情况不同,各项费用往往各异。一般会发生如下费用。

(1)交易和交割手续费。

(2)运输费用。

(3)检验费。注册仓单时,实物必须首先经过检验。检验费由卖方承担,买方无须支付检验费用。

(4)入库费。火车、轮船、汽车的入库费用各异,而不同交割仓库的出入库费用也各不相同。

(5)仓租费。各个商品的仓储成本要按照各交易所的规定。

(6)增值税。商品期货进行实物交割时,卖方还需要缴纳增值税。

(7)资金利息。其指购买现货的资金和期货的保证金的利息。

(8)仓单升贴水。交易所对不同的交割仓库、不同品质的品种规定了详细的升贴水情况,具体参考交易所。

综合以上分析,我们可以得到正向期现套利的持有成本计算公式:

正向期现套利持有成本=交易手续费+交割手续费+运输费+入库费+检验费+仓单升贴水+仓储费+增值税+资金占用费用

【例 6-7】   正向期现套利

9 月 14 日,上海天然橡胶期货 12 月合约价格为 18 790 元/吨,当日天胶现货成交均价为 17 505 元/吨,可知基差为 1 285 元/吨。此时基差为负值,且绝对值偏高,出现了实物交割的期现套利机会。因此可以进行买入天然橡胶现货,并相应抛售在 1001 期货合约,以赚取中间的基差空间。

简要计算一下此次期现套利的成本,主要包括买入现货的费用(包括运费)、交易手续费、交割手续费、仓储费、增值税和资金占用利息。具体如下。

(1)交易手续费:期货 3 元/吨,点胶费 10 元/吨,计 13 元/吨。

(2)交割手续费:4 元/吨。

(3)过户费:10 元/吨。

(4)入库费:15 元/吨。

(5)取样检验费:6 元/吨。

（6）仓储费：90×0.8(0.8 元/天·吨)=72 元/吨(仓储时间以 90 天计算)。

（7）增值税：1 285/(1+13%)×13%=148 元/吨(实际上不一定是 1 285 元/吨)。

（8）异地交割仓库与基准地上海仓库的运价贴水标准：280 元/吨。

（9）期货保证金利息：18 790×12%×5.31%÷4≈30 元/吨(设定期货保证金为 12%)。

（10）现货资金利息：17 505×5.31%÷4≈232 元/吨(设定年利率为 5.31%)。

因此，套利成本共计 810 元/吨，本次交易的利润＝期现基差－套利成本＝475 元/吨。

（二）反向期现套利

反向套利是构建现货空头和期货多头的套利行为(在期现套利中就是做空基差)。由于现货市场上不存在做空机制，反向套利的实施会受到极大的限制。

在现实中，通常是拥有现货库存的企业为了降低库存成本才会考虑实施反向期现套利。这是因为在现货市场上卖出现货，企业不仅能够获得短期融资，而且可以省下仓储成本。当期货相对于现货的升水过低甚至是贴水的时候，企业就可以考虑反向套利以降低其库存成本。

（三）期现套利的注意事项

1. 商品必须符合期货交割要求

商品的质量标准是期现套利的重中之重。因为交割是实现期现正向套利的基础，一旦这个基础被破坏，那么期货市场将面临巨大的敞口风险。

2. 要保证运输和仓储

注册仓单的时间点对于套利的效果起到很重要的作用。过早地把货物运到交割仓库，就会多交仓储费，利润会大打折扣；过晚则容易导致交割不成功。所以对投资者的运输条件和仓库的发货装车能力要求非常高。这需要投资者以及期货公司与仓储部门有长期的良好合作关系，要做到计划周密，使得交割商品能够装得上、运得出。

3. 有严密的财务预算

要保证套利交易成功，就要对所有环节所发生的费用有一个严密的预算，特别是对仓单成本要计算周密。另外，财务安排上要为期货保证金的追加做充分预留。

4. 注意增值税风险

对于进行正向期现套利的投资者，最后进行现货交割时，需要买方提供增值税发票。因为商品的最终成交价格是按照最后一个月的结算价格计价，此结算价在套利方案开始时是无法预估的，因此增值税是正向套利持有成本中唯一的变量。如果套利期间商品价格大幅上涨，将大大提高商品的结算价，使得套利投资者需要支付更多的增值税额，造成利润缩水。

理论增值税暂时是按建仓价位与交割结算价的差额×13%计算(13%税率视品种而定)。实际增值税计算公式如下：

实际增值税＝［按建仓价位与交割结算价的差额／(1＋0.13)］×0.13

二、跨期套利

跨期套利,是指在同一市场(即同一交易所)买入(或卖出)某一交割月份期货合约的同时,卖出(或买入)另一交割月份的同种商品期货合约,以期在两个不同月份的期货合约价差出现有利变化时对冲平仓获利。

跨期套利的理论基础如下。

(1) 随着交割日的临近,基差逐渐趋向于零。

(2) 同一商品不同月份合约之间的最大月间价差由持有成本来决定。

理论期货价格＝现货价格＋运输费用＋持有成本

远期合约期货价格≤近期合约期货价格＋持有成本

持有成本＝交易费用＋增值税＋仓储费＋存货资金占用成本＋其他费用

理论上不同月份合约间的正常价差应该小于或者等于持有成本,否则就会出现套利机会。

(一)事件冲击型套利

由于某一事件的发生对近月和远月的价格波动影响不同,从而出现月间价差变化,依据事件的发生建立买近卖远或买远卖近的跨期套利交易就是事件冲击型套利。事件冲击型套利可以细分为以下几种。

1. 挤仓

发生挤仓的合约一般情况下为近期合约,包括多头挤仓和空头挤仓两种情况。多头挤仓一般情况下产生资金性溢价,空头挤仓一般情况下产生仓单压力贴水。某个月份的空头或者多头受较大的资金推动或者仓单压力的影响,会导致这个月份的期货合约相对其他月份的期货合约价格产生资金性溢价或者仓单压力的贴水,这是一种跨期套利机会。

对于投资者来说,当辨识出潜在的挤仓行为时,可以买进或者卖出挤仓合约并在其他合约上进行对冲。如果是多头挤仓,可以进行买近期卖远期的正向套利,如果是空头挤仓,可以进行卖近期买远期的反向套利。

2. 库存变化

库存的变化对于近远期合约的价差变化影响比较明显。一般情况下库存紧张能够导致近期合约相对于远期合约的价格快速走强,而库存压力更多的是导致价差的逐步变化。关注库存因素对于市场的影响需要重点了解的是一个品种的正常库存波动区间,只有当库存超过了正常的库存波动区间的时候才能够影响合约的价差变化。

3. 进出口问题

进出口问题影响的是市场中短期的供求关系,与市场本身的库存变化也有密切的关系。对于国内商品期货系列来说,其包括豆类油脂进出口问题、金属进出口问题。

以大豆进口为例,近年来大豆进口量已经占国内大豆消费总量的80%以上,大豆进口量的变化对于国内大豆价格变化影响巨大。大豆出现进口受阻甚至中断的时候,将使国内后期的大豆供求关系发生明显的变化,从而导致对应月份期货合约价格的大幅度变化。尤其是当库存处于相对的低位区间,没有可以用来缓冲的库存时,大豆进口问题对于对应合约月份的价格影响将更为明显。

总体来说,库存和进出口问题反映的都是中短期供求关系的差异变化,会导致月间价差出现一定程度的变化。

【例 6-8】 事件冲击型套利

2009 年 9 月,因为塑料社会库存相对偏少,基差转向正值,同时塑料期货上的库存仅为 5 000 多吨,且 5 000 多吨仓单基本上已经掌握在多头手中。塑料期货仓单还有一个问题就是注册时间长,根据现货商的仓单注册经验,LLDPE 期货标准仓单的生成需要经过预报、验收、指定仓库签发和交易所注册等环节,到最后成功生成一般需要一个多月的时间。

多头主力根据社会库存少和期货仓单短期难以注册的情况,大举持有快要到期的近月塑料多头,形成近月合约强于远月合约格局。

从 9 月下旬开始,塑料期货的库存基本没有继续流入,随着交割日期临近,近月投机空头被迫砍仓,导致塑料 0911 和 1001 合约价差快速拉开,这种库存和持仓变化导致的月间价差变化,为投资者提供了很好的月间套利机会(图 6-3)。

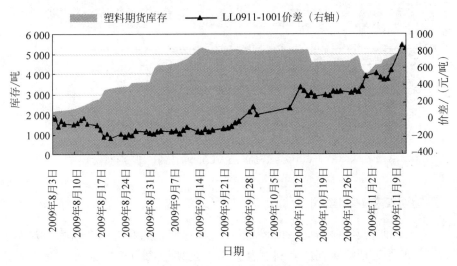

图 6-3 塑料期货库存与价差变化图

(二)结构型跨期套利

结构型跨期套利一部分反映的是供求关系的影响,但更多是反映市场中参与者,尤其是投机者的偏好对价差的影响。当市场处于一个明显的投机性看涨氛围,由于投机者一般都喜欢参与远期合约,因此容易在远期合约上面形成投机性溢价。

比较明显的一种情况是,当国际市场大幅度上涨的时候,国内市场受其影响会形成比较浓厚的看涨氛围,但国内市场的基本面很多情况下有其独特性,这样就容易导致国内近期合约和远期合约的差异。近期合约受国内现实供求关系的影响表现疲弱,而远期合约却受整体看涨氛围的影响,投机性多头大量参与,从而有利于反向跨期套利。

【例6-9】 结构型跨期套利

PVC期货合约价差变化。2009年7月,国内外商品市场在强烈的通胀预期推动下,价格出现了较大幅度上涨,PVC亦成为资金追捧的对象。但是PVC消费并不非常强劲,库存持续高位。在现货疲弱,但市场看涨气氛又很浓厚的环境下,远月合约往往会成为资金追捧的对象。从7月17日开始至7月28日,资金不断流入0911合约,PVC0911合约价格从7025元/吨价格涨至7270元/吨,0911合约上涨幅度为245元/吨。而同期的PVC0909月合约价格从7000元/吨涨至7065元/吨,上涨幅度仅为65元/吨,若是进行买0911合约抛0909合约的套利交易,则可收益180元/吨(图6-4)。

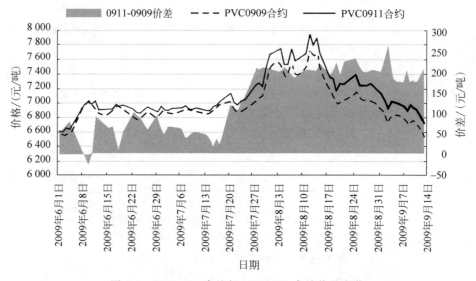

图6-4 PVC0911合约与PVC0909合约价差变化

(三)正向可交割跨期套利

正向可交割跨期套利,是指同一期货品种,当其远期合约和近期合约的价差大于其持有成本时,出现的买近期抛远期的套利机会。由于远期合约与近期合约的价差不可能偏离持有成本太远,正向可交割跨期套利交易的风险相对较小。进行交割的正向跨期套利也是一种期现套利,如到期把注册仓单进行交割,从而获取价差收益。

进行正向可交割跨期套利的核心在于持有成本的计算。当某一期货品种月间价差大于持有成本时,就可以考虑进行正向可交割跨期套利交易。

在进行正向可交割跨期套利中,亦可能面临其他风险。

(1)财务风险。在交割套利中,仓单要持有到交割日,随着交割日的临近,保证金比率将大幅提高,交易保证金将要占用大量资金。

(2)交割规则风险。注销仓单不能交割到下一月份。例如螺纹钢期货仓单的有效期为3个月,过了有效期,仓单就要注销;PVC仓单注销时间为每年的3月份。

（3）增值税风险。期货交割由交割卖方向对应的买方开具增值税专用发票。增值税专用发票由双方会员转交、领取并协助核实。由于交割价格是不能提前确定的，在开始建立头寸之前增值税是无法准确计量的，交割价格的变动带来了增值税变动的风险。

【例6-10】 正向可交割跨期套利

9月22日，郑州商品交易所棉花01月合约（13 185元/吨）和03月合约（13 470元/吨）价差达285元/吨，通过计算棉花两个月的套利成本在203.08元/吨（表6-15），这时存在着很好的跨期套利机会，即买入棉花0901合约，卖出棉花0903合约。

（1）如果3-1月的价差不缩小，那么以实物交割的方式操作。

计入资金成本，2个月收益率＝（285－203.08）/13 185＝0.62％。

（2）如果3-1月合约价差缩小，可以直接平仓获利，不必进行实物交割。其盈利率主要与价差缩小幅度有关。

表6-15　9月棉花跨期套利成本估算

套利成本＝仓储费＋资金利息＋交易、交割手续费＋增值税	
1. 仓储费	内地仓库：0.60元/吨·天；新疆仓库：0.50元/吨·天
2. 交割手续费	4元/吨（单方）
3. 交易手续费	9.6元/吨（两次交易，手续费按实际收取为准，这里按交易所两倍收取）
4. 年贷款利率	5.31％
5. 增值税	增值税暂时按建仓价位与交割结算价差÷1.13×13％计算，按285元计算则为32.79元/吨
6. 资金利息	交割结算价×5.31％×1÷12（按近月合约的13 185元/吨计算，为58.34元/吨，假设跨期套利收取单边保证金）

一个月套利成本				
仓储费	资金利息	交易交割费用	增值税	合计
0.6×30	13 185×5.31％×1/12	9.6＋4＋4	285÷1.13×13％	
18	58.34	17.6	32.79	126.73
两个月套利成本				
仓储费	资金利息	交易交割费用	增值税	合计
0.6×60	13 185×5.31％×2/12	9.6＋4＋4	285÷1.13×13％	
36	116.69	17.6	32.79	203.08

三、跨商品套利和跨市套利

（一）跨商品套利

跨商品套利是指利用两种或两种以上相互关联商品的期货合约的价格差异进行套利交易，即买入某一商品的期货合约，同时卖出另一相同交割月份、相互关联的商品期货合约，以期在有利时机同时将这两种合约对冲平仓获利。跨商品套利分为两种：一种是相关商品之间的套利，如上海期货交易所的螺纹钢与线材套利、郑州商品交易所的菜油与大连商品交易所的豆油或棕榈油套利；一种是原料和原料下游品种之间的套利，如大连商品交易所的大豆和豆粕、豆油之间的套利。

1. 跨商品套利的基本条件

跨商品套利的理论基础与其他的套利交易相同。跨商品套利的主导思想是促使价格从非正常区域回到正常区域内。追逐商品价格之间的价差利润要具备一定的条件(以两种商品为例)。

(1)高度相关和同方向运动。进行跨商品套利的两种商品必须具备套利的基本条件,即高度相关和同方向运行。这样一次跨商品套利包含两项类似于对冲性质的反向操作,风险得到相当程度的屏蔽。

(2)波动程度相当。真正意义上的跨商品套利不仅需要两种商品走势方向一致,还需要它们长期波动程度相当。

(3)投资回收需要一定的时间周期。价格从非正常区域回到正常区域需要一定的时间,相应地,回收投资也需要一定的时间。

(4)有资金规模的要求。表面上看,跨商品套利是在两种商品之间进行操作,一次跨商品套利包含了两项反向操作,对于保证金的要求也应该两倍于普通的投机操作。

2. 跨商品套利的特征

跨商品套利不是对一种商品的操作,而是对两种或者两种以上商品的操作,是套利交易中混合套利之外最为复杂的类型。随着价格影响因素的增多,收益的风险性和操作的复杂性增加。其主要特征体现在以下两点。

(1)出现套利机会的概率较大。由于跨商品套利是在不同商品之间进行的,尽管品之间存在一定相关性,但是,相对于跨期和跨市套利来说,导致不同商品价格之间出现套利机会的因素更多,获利空间也将维持更长久时间。从这个角度出发,跨商品套利应该是套利类型当中最为灵活多变的类型。

(2)相应风险较大。收益来源同时也是风险所在,跨商品套利也因此而添加了更多的投机色彩。其风险主要来源于不同商品具有不同的个体特征,它们的相关程度和同种商品相比相对较低,波动性也不一致,从而使得相对于跨期和跨市套利,跨商品套利中商品价差的变化区间并非一成不变,并且波动程度也更为剧烈。

【例 6-11】 买 9 月豆粕、9 月豆油及卖 9 月大豆套利

1. 压榨利润分析

3 月底,期货盘面价格:9 月大豆价格 3 190 元/吨,豆粕价格 2 630 元/吨,豆油价格 6 570 元/吨。

$$大豆压榨利润 = 2\,630 \times 0.8 + 6\,570 \times 0.165 - 100$$
$$= 3\,088.05\ 元/吨(油厂加工费以 100 元/吨计)$$

按期货盘面价格计算,压榨亏损为 102 元/吨(3 088.05 - 3 190),说明大豆价格偏高,已经进入可以操作的区间。

2. 风险分析

(1)时间价值风险。时间价值风险是指价差可能在高位维持比较长时间,导致持有成本增加,这个主要考虑价差波动的节奏问题。从消费的季节性因素来看,3 月底一般是豆粕消费淡季,油厂豆粕库存压力十分明显,压榨利润处于亏损边缘,后期随着时间的推移,豆粕消费将逐渐转旺,压榨利润将有所好转。另外,整个压榨行业洗牌格局完成后,油

厂的压榨利润波动将趋缓,这样将缩小压榨利润的波动区间。因此,时间价值风险不大。

(2) 9月份的大豆的季节性溢价风险。从目前国产大豆的消费格局来看,国产大豆消耗十分缓慢,后期的仓单压力不可小视。另外,9月份大豆价格和进口大豆成本接近,根据国产大豆和进口大豆产出价值差,国产大豆价格相对偏高。

3. 收益分析

收益预期可以分为两部分,第一部分是压榨利润回归收益,如果压榨利润回归到零,则有 100 点左右利润;第二部分是 9 月合约受仓单压力导致的溢价消失,这一部分一般要在 6—7 月才开始体现,预期利润也在 100 点左右。

4. 操作方式

根据压榨套利模式,卖出 10 手大豆,对应买入 8 手豆粕、2 手豆油。

套利收益回顾:压榨利润 100 点以上建仓,20 点附近平仓,每手压榨套利头寸获利 80 点左右。

(二) 跨市套利

跨市套利是指在某个市场买入(或者卖出)某一交割月份的某种商品合约的同时,在另一个市场卖出(或者买入)同种商品相应的合约,以期利用两个市场的价差变动获利。

1. 跨市套利的三个前提

(1) 期货交割标的物的品质相同或相近。

(2) 期货品种在两个期货市场的价格走势具有很强的相关性。

(3) 进出口政策宽松,商品可以在两国自由流通。

2. 跨市套利的分类

从贸易流向和套利方向一致性的角度出发,跨市套利一般可以划分为正向套利和反向套利两种:如果贸易方向和套利方向一致则称为正向跨市套利;反之,则称为反向跨市套利。例如,国内铜以进口为主,在 LME 做多的同时,在上海期货交易所做空,这样的交易称为正向套利。相应的了结方式有实物交割平仓和对冲平仓两种。一般来说,正向套利是较常采用的一种跨市套利,而反向套利因具有一定的风险性,不建议经常采用。

总的来说,跨市套利交易风险相对较小,利润也相对稳定,是适合具有一定资金规模的机构投资者和追求稳健收益的投资者的一种期货投资方式。

3. 跨市套利风险分析

虽然跨市套利是一种较为稳健的保值和投资方式,但依旧存在一定的风险因素。

(1) 比价稳定性。比价关系只在一定时间和空间内具备相对的稳定性,这种稳定性是建立一定现实条件下的。一旦这种条件被打破,如税率、汇率、贸易配额、远洋运输费用、生产工艺水平等外部因素的变化,将有可能导致比价偏离均值后缺乏"回归性"。

(2) 市场风险。市场风险主要是指在特定的市场环境下或时间范围内,套利合约价格的异常波动,处在这种市场情形之下的套利交易者如果不能及时采取应对措施,在交易所落实化解市场风险的措施过程中,可能会有获利头寸被强行平仓,留下亏损的单向头寸,从而导致整个套利交易失败。

(3) 信用风险。由于中国内地禁止未经允许的境外期货交易,目前大多数企业只能采用各种变通形式通过注册地在中国香港或新加坡的小规模代理机构进行外盘操作,这种途径存在一定的信用风险。

(4) 时间敞口风险。由于内外盘交易时间存在一定差异,因此很难实现同时下单的操作,不可避免地存在着时间敞口问题,加大了跨市套利的操作性风险。

(5) 政策性风险。政策性风险或称系统性风险,指国家对有关商品进出口政策的调整、关税及其他税收政策的大幅变动等,这些都可能导致跨市套利的条件发生重大改变,进而影响套利的最终效果。

【例 6-12】 跨市套利

国内黄金期货市场受资金因素影响较大,因此当国内资金大量进入黄金期货市场,就会引起黄金期货价格剧烈波动,从而导致国内黄金期货价格与国际黄金价差拉开。一旦国内黄金期货价格与国际黄金价格的价差拉开 1% 以上,跨市套利资金就会进场操作。

4 月 1 日,国内黄金期货价格在下午盘出现大幅下跌,期金 12 合约一度跌至 198.11 元/克,而此时 COMEX 黄金 6 月价格折算人民币报价为 204 元/克左右,国外与国内价差最大拉开至 6 元/克左右。

以当时价格 198.11 元/克计算,加上两者之间的手续费大致在 0.24 元/克。国内外黄金合理价差大致在 ±2 元/克之间。根据两者之间的合理价差,一旦出现国内期货价格低于国外价格 2 元/克以下,就可以买入国内黄金期货,卖出国外黄金。相反,出现期货价格高于国外黄金价格 2 元/克以上,可卖出国内黄金期货合约,买入国外黄金。

当了解国内外黄金合理价差之后,套利资金大量进场,尾盘时段国内黄金期货价格大幅拉升至 203.22 元/克,COMEX 黄金 6 月价格折算人民币报价降至 203.65 元/克,价差缩小至 0.43 元/克。若是在 6 元/克价差左右进行买国内黄金期货抛国外黄金的套利,当天平仓即可获得 2.6% 的收益率。

四、套利策略的实施与评价

(一) 套利效果的影响因素

一个相对有效的市场中,在多种市场因素的影响下,相关的期货品种之间和同一品种不同的期货合约之间有合理的价差关系,有时市场受某些因素冲击,会出现价差关系偏离正常水平。如果投资者预期在一段时间后价差关系会回归到正常水平,就可以进行套利交易,获取套利收益。因此,分析价差的扭曲和回归是套利交易关注的核心。下面对影响各种价差关系的主要因素进行分析。

1. 季节因素

商品的产出和需求在一定时间(如 1 年)内具有相对固定的波动规律(这种波动规律与市场长期走势的叠加构成了市场运动的具体形态),从而使不同季节期货合约的价格表现有强有弱。一般来说,需求旺季的合约价格相对较高,生产供应季节的合约价格相对较低。

2. 持仓费用

期货品种的仓储费用、交割费用和资金成本等费用相对稳定,在匡算好费用总和的基础上,如发现某一商品不同月份合约价差与总费用的价差不合理,就可以找到套利的机会。

3．进出口费用

当某一国际化程度较高的商品在不同国家的市场价差超过其进出口费用时,可以进行跨市场的套利操作。进出口费用一般包括关税、增值税、报关检疫检验费用、信用证开证费、运输费用、港杂费等。完成交易的方式可以是对冲平仓,也可以是进口货物交割。

4．价差关系

利用期货市场和现货市场价格的偏离,可以寻找到低风险的套利机会。在商品产地现货价格确定的情况下,匡算好运输费用、仓储费用、交割费用、资金成本等费用,可以进行购入现货(或者预定现货)同时卖出相应的期货合约的套利操作,赚取期现价差超出运输、仓储、交割成本的差额利润。

5．库存关系

库存的变化对于近远期合约的价差变化影响比较明显。一般情况下库存紧张能够导致近期合约相对于远期合约的价格快速走强;而库存压力更多的是导致价差的逐步变化,并呈现远强近弱的格局。

6．利润关系

原料与原料的下游产品之间有着生产利润关系,利润的高低往往影响到商品产量的变化,从而影响到原料与原料下游产品间的价格变化。例如原油与成品油之间就有一定的炼油毛利关系,国内大豆与豆粕、豆油存在着压榨利润关系。理论上,如果以 DCE 市场上的大豆、豆粕、豆油期货价格计算出来的压榨利润值过高或过低,即可进行大豆、豆粕和豆油三者之间的套利操作。

7．相关性关系

在一定时期内,某些商品间由于在使用上可以相互替代,因此通常存在相对固定的比价关系。比如,玉米与大豆在饲料用途上可以替代,当玉米比大豆的相对价格过高时,种植者将选择多种玉米,消费者将多选择大豆,使玉米的供给相对增加需求相对减少,从而提高大豆对玉米的比价,反之亦然。

以上这些因素是形成期货相关合约价差关系的基础,在了解了这些因素以后,我们可以对各种期货合约之间具体的价差关系进行分析。

总的来说,期货套利交易有收益稳定、低风险的特点,比较适合风险偏好低的稳健投资者采用,同时也十分适合机构大资金的运作。

(二)套利策略的制定步骤

我们以跨市套利策略为例,介绍套利策略制定的一般步骤。

1．机会识别

从成本的角度来讲,一般先对实物进出口费用进行比较,之后确定是否存在跨市套利机会。而从市场角度来讲,可对近 3 个月国内外各品种的价格走势、成交量、持仓量等数据进行分析,从中识别出可能存在的套利机会。在对比分析历史数据表现(如 1 年)及近期数据的基础上,挖掘出具有内外套利机会的品种。

2. 历史确认

这一步主要是要确认上述选中的国内外套利品种的比值或者价差(一般选取比值),是否在某一区间内进行波动,也就是要观察假如进行相关套利操作,风险是否可控。在可能的情况下,应统计出比值波动的界限,也就是风险的上界和下界。

3. 概率分布及相关性确认

相关性度量一般可采用等指标协方差、相关系数、跟踪误差等测度方法。一般来说,相关性越高,套利效果也越好。如果采用相关系数度量指标,则要求以高于0.7的水平为宜。确认比价或价差的概率空间分布,目的有两个:一是便于概率度量(即当前状态的概率值),也即要进行概率计算;二是对影响环境系统的特质进行识别。通常来说,一个典型的统计分布是由其所处的某种或某些典型环境因素所导致,同时也是揭示系统性环境影响力的一种方式。例如,正态分布一般由三个主要因素决定:一是大量的影响因子;二是各因子的影响力度基本相当;三是影响因子的发生概率具有随机性的特征。一般而言,尽管其内在的原因或许并不为人所知,但跨市套利的品种比值有回归均值的趋势和动力。

4. 置信区间及状态确认

应对相应数据进行置信区间的分析及状态的确认。一般可选取置信区间为90%和95%进行观察。当最新值超出90%的置信区间,则一般视为建仓时机;当该值跨越的置信区间变大时,可以适当加仓。

5. 基本面因素分析

上述的套利机会识别都是从数据计算和分析的角度展开的。但基本面也是不可忽视的决定性因素,如国际原糖和国内白糖的走势及原因和进出口贸易等因素。因此,在数据分析的基础上,应注意结合基本面,以便为跨市套利机会的捕捉和选择提供更好的依据和支持。

6. 基金持仓验证

由于跨市套利中涉及国外品种,但外盘基本面的分析难度较大,在此,可以借助CFTC与外盘品种价格趋势的关系来判断相关国外品种的价格走势。由于国外期货市场较为成熟,投资者结构也较为合理(机构投资者为主),因此基金持仓具有一定的参考价值。此外,跨市套利关注的重点是商品关系的变化状态和趋势,而商品间的关系趋势又往往是由其构成的单品种趋势所决定。

7. 补救措施

当实际操作中出现不利的行情变动时,可采取对相关品种加仓、止损或蝶式套利的方法进行补救和头寸保护。具体所采取的补救措施及使用前提和状态为:当亏损超过止损位时,可执行止损策略;当亏损未到止损位,且行情处于区间震荡状态时,可视为上有顶、下有底的区间波动,可通过加仓摊平成本的方式来降低损失;当跨市套利两个品种中的某一品种亏损过大时,可在投资配比中反方向持有与该亏损品种相关性较大的品种,从而对冲掉一定风险,防止亏损的进一步扩大,此时构成蝶式套利。

第三节 投资策略应用

随着期货市场发展的不断深入,期货在风险管理、投资管理中的作用越来越大。本节重点介绍期货投资策略在风险管理、投资管理几个方面中的应用。

一、商品期货在基差交易中的运用

基差交易俗称点价交易,是指在期货价格水平上议定现货升贴水,最终用买卖双方结束对冲时的期货平仓价格加上议定升贴水确定现货交收价格的交易方式。由此可见,基差交易实际上是运用期货进行对冲的一种具体交易方式。

ABCD 这些国外的百年老店坚持对冲理念,广泛运用基差交易,保证了生产经营的持续性和稳定性。进入 21 世纪之后,我国油脂行业、饲料行业引入基差交易,很好地规避了对敞口风险,在国际贸易中获得了应有的话语权。鉴于基差交易的成功经验及其在企业对冲交易中的重要性,本节单独进行介绍。

(一)基差交易流程与策略

1. 基差交易流程解析

基差交易中进口采购商在与出口供应商谈判时,可以暂时不确定固定价格,而是按交易所的期货价格暂定一个基差升贴水作为到岸价格的定价条款,货船到港前 10 个交易日左右再由进口商指定期货价格,在该期货价格上加上原先预定的基差升贴水,作为最终到岸价格。以中国采购商向国外供应商进口商品进行贸易为例,基差交易的完整流程主要可分为如图 6-5 所示六个步骤。

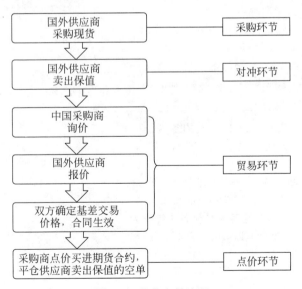

图 6-5 基差交易流程

（1）国外供应商向商品生产商采购商品现货。

（2）为防止现货价格下跌，国外供应商在期货市场进行卖出保值。

（3）中国采购商确定采购意图，向国外供应商进行询价。

（4）国外供应商根据运输成本和预期利润给出基差交易报价。

（5）经协商后，买卖双方确定基差交易价格，合同生效。

（6）确定提单数量，中国采购商选择相应期货合约买进（点价），对冲平仓国外供应商卖出保值的空单，获取实物所有权。

采用基差交易的方式对采购商来说可以用时刻波动的期货价格延期定价，减少价格波动的不确定性，可以自主选择决定最终贸易价格的期货合约，具有随"点"随定的主动定价权。而对于供应商来说，这种点价的方法看似给予采购商很大的优惠，但事实上国外供应商只要通过谈判争取到一个有利的基差，就可以在交易开始的时候即锁定利润。

2. 基差交易实例描述

下面我们通过一个实例进一步加深对基差交易流程的理解。

我们以国外供应商采购货物后与中国采购商进行贸易的实例来分析基差交易的过程。假设国外大豆供应商买入大豆现货后进行卖出保值，继而与中国油脂企业通过基差交易方式进行大豆贸易，在各个时点供应商和采购商相应的操作流程列于表 6-16 中。

表 6-16　中国油脂企业与国外大豆供应商进行基差交易流程表

情景：假设国外供应商 10 月从农民手上以 520 美分/蒲式耳（bu）的成本购买了 5.5 万吨大豆，并卖出 11 月份期货合约进行保值，而中国采购商计划于 12 月购进大豆 5.5 万吨，双方采用基差交易的方式进行贸易定价。

时间	国外供应商	中国采购商
T0	从农场收购大豆 5.5 万吨，价格 520 美分/bu。担心价格下跌，决定卖期对冲。 将货物从农场运至美湾港口的内运费用＋预期利润：100＋10＝110 美分/bu 将货物运往大洋运费 F：62 美元/吨/0.367 433（美豆转换系数：1 吨大豆＝36.743 3 蒲式耳）约 169 美分/bu	生产计划 12 月购进大豆原料 5.5 万吨 估计 12 月豆粕 2 300￥/T、豆油 5 800￥/T 进口大豆保本价＝2 300×0.78（豆粕盈利率）＋5 800×0.18（豆油盈利率）－压榨成本 100＝2 738￥/T 约合 284.1/0.367 433＝773.20 美分/bu
T1	为防止现货价格下跌，卖出 11 月份期货 SX 合约（S 表示 Soybean 大豆，X 是 11 月份合约代码）404 手，成交价 560 美分/bu 对冲基差 B1：520－560＝－40，即期货价格 560 美分/蒲式耳中已包含 40 美分锁定的利润。 能覆盖全部费用成本并达到预期利润的售价为：100＋169＋10－40＝239，即最终综合基差（贴水）为 239 美分/bu	

续表

时间	国外供应商	中国采购商
T2	与中国油厂洽商现货销售合同,当日 CBOT SX 收盘 526 报价:① 点价方式:11 月 1—10 日船期,239+SX ② 一口价方式:11 月 1—10 日船期,CIF 281.1 \$/T,该价格是综合基差加上当时的期货价格计算所得:(239+526)×0.367 433=281.1 美分/bu	采用点价方式,选购贴水 239,合同生效。 大豆保本价 = 773.20−239=534.20 美分/bu, 盘面价格 526 美分/bu 已经有利,但是看空后市
T3	11 月初,租船进港,通知中方船名,办理保险;提单日后 5~10 天结价	认为见底,买进 SX 期货合约保值,成交价 510 美分/bu,多头 404 手
T4	中方点价买进,CBOT 成交价 510 美分/bu,实际上原先建立的卖期保值空头被平仓 最终合同价(510+239)×0.367 433=275.2 \$/T 结束保值,事务所有权转移到中国采购商手中	提单日后 5 个工作日在供货商点价或者从期货账户转头寸 EEP(期转现)404 手多头到供货商账户,对冲其保值的空头头寸。 510EEP,买方 404 手多头对冲卖方 404 手空头。 最终合同价(510 + 239)× 0.367 433 = 275.2 \$/T 结束保值,完全承担现货风险

分析:对于供应商来说,其现货成本为 520+110+169=799 美分/bu,现货销售收入为 510+239=749 美分/bu;现货市场亏损:749−799=−50 美分/bu=−50×0.367 433=−18.37 \$/T;期货市场盈利:(560−510)×0.367 433=18.37 \$/T。因此,供应商盈亏相抵,实现完全保值,获得预期利润。对于采购商来说,采用一口价交易方式采购成本为 281.1 \$/T,采用点价交易方式采购成本 275.2 \$/T,可节约采购成本 5.9 \$/T。

上面的基差交易是在供应商做了卖期保值的前提下,由双方确定到期日的基差,以哪一天的期货价为现货买卖基准价由采购方决定,故属于基差交易中的买方叫价交易,它一般与卖期保值配合使用,即供应商已经为其将要出售的商品做了卖期保值,已确定买进时的基差,事后无论价格怎么变化该卖期保值都可稳定地实现盈利性保值。

相反,如果采购方为了防止日后价格上涨,事先做了买期保值,确定了买进期货时的基差,同时积极在现货市场上寻找货源,由双方协商以买方买进的对冲的交割月某一天的期货结算价为基准上下浮动一定的价格,确定了平仓时基差,然后卖方决定以哪一天的结算价为现货买卖的基准价即为卖方叫价交易。这样,不论价格如何变化,该买入期货保值者均可以实现盈利性保值。卖方叫价交易的基本方式跟买方叫价交易相似。

3. 基差交易的角色和策略

在基差交易中,供应商的卖价即采购商的买价由期货价格和升贴水两部分构成。通常情况下,如果现货成交价格变化不大,期货价格和升贴水负相关:期货涨了,升贴水报价会下降;期货跌了,升贴水报价会上升。例如,供求相对稳定时期的现货到港价格是281 美元/吨,此时,期货价格小幅波动中,收盘价格反弹了,当天的升贴水报价就会回落,因为二者相加再乘以转换系数得出的现货价值应该仍为 281 美元/吨左右。同理,如果期货价格收盘下跌,则基差升贴水报价会上涨,因为二者相加再乘以系数后仍为 281 美元/吨左右。所以,市场价格波动不大时,期货价格与升贴水报价之间是一个此消彼长的关系。

贸易商选择基差交易时,首先需要明确自己的角色是基差的卖方还是卖方,其次要结合行情的判断,确定什么时候买基差,什么时候卖基差。

1) 采购商

如果在贸易中处于采购商的位置,一旦签订升贴水合同支付了签约保证金,就确定了自己处于基差买方的部位。基差的买方最担心的是期货价格上涨,此时,相当于接过了供应商对冲的空单,期货价格下跌,则利润归自己,用于降低最终现货价格;期货上涨,则要追加保证金弥补期货头寸的亏损和现货成本的提高。所以,贴水的买方担心期货价格上涨,应该做买期对冲,在期货账户上要做多单。

基差的买方在没有签约买进基差之前担心基差上涨。因为基差交易的升贴水只是一个标的,今天报价 239,明天报价 260,买进成本自然增加了。升贴水上涨后,在不考虑期货因素或者期货行情波动不大的前提下,期货价格+升贴水合成的现货成本也提高。

因此,如果买进了升贴水处于基差交易的多头部位,则担心期货价格上涨,应该逢期货回调低位时买期货对冲;没有买进升贴水之前处于基差交易的空头部位,则会担心期货价格和升贴水报价一起涨,应该逢期货反弹高位时买进升贴水,逢期货回调低位时买进期货对冲。基差交易的买卖角色和多空部位确定之前,对冲的思路是不一样的。没有买升贴水之前希望升贴水更便宜,买进升贴水之后希望升贴水更贵而期货价格更低。

2) 供应商

在贸易中处于供应商的位置,有现货在手的时候,没有完成卖期对冲、没有形成基差升贴水之前,处于基差多头(long basis)部位,最担心期货价格下跌、现货贬值,所以必须进行卖期对冲。卖期对冲完成后算出了贸易升贴水而未及签约卖出升贴水,此时处于基差空头(short basis)部位,最担心期货价格上涨而现货升贴水报价走低,现货升贴水卖不出好价钱而期货的对冲空头忍受被套浮亏和追加保证金风险。与下游买家签约卖出了升贴水后,供应商处于相对安定状态,仅需面对相对较小的基差变动风险及其对对冲效果的有限影响。最后,下游买家点价时买进期货、平仓供应商的卖期对冲空头,结束现货贸易定价过程。所以,long basis 和 short basis 的角色转换不同,思考角度也不同。

(二) 基差交易核心与要领

1. 基差交易中的基差构成

作为卖方的供应商,希望卖期对冲后,要么期现货价格变动平行,实现对冲时基差中锁定的预期利润;要么基差变化大于零($\Delta B > 0$),基差变窄,则还可获得额外收益。

对冲平仓、接下现货的时候,期现货的价格和基差的关系式如下。

$$B_2 = C_2 - F_2 \tag{6-14}$$

式中,B_2 为平仓基差;C_2 为接货时的现货价格;F_2 为期货对冲平仓时的价格。

$$\Delta B = B_2 - B_1 \tag{6-15}$$

式中,ΔB 为基差变动;B_2 为建仓基差。

将式(6-14)代入式(6-15)得

$$\Delta B = B_2 - B_1 = (C_2 - F_2) - B_1$$

移项后得

$$C_2 = (\Delta B + B_1) + F_2 \qquad (6\text{-}16)$$

式(6-16)说明,最终履行现货合同。买家接下实物时,只要已知期货平仓价 F_2,就可以得出现货成交价 C_2,因为括号中的各项对于卖方来说都是已知数。

B_1 是一个卖家知道、买家不知道的固定数。ΔB 是一个大于等于零的常数,ΔB 等于零则实现了基差中锁定的预期利润;如果大于零,不仅挣到了想要的预期利润,还能额外地对冲获利。

此时,现货升贴水 BASIS 生成了:

$$\text{BASIS} = (B_1 + \Delta B) + 利润\,\text{PT}$$

利润 PT 的多少取决于双方的谈判结果,可以决定建仓基差的宽度和初始值,从而使得供应商能够从贸易业务的一开始就处于绝对有利的地位。

因此,基差点价交易的核心公式就是

$$C_2 = \text{BASIS} + F_2$$

若能控制 BASIS,就可以利用期货价格决定现货价格的基差交易方式做贸易。一般来说,期货价格是以现货价格为基础的,现货价格加上持有成本等于期货价格。但有了基差交易以后,可以反其道而行之,用期货价格来确定现货贸易的合同价,只需要做一个 BASIS 的笼子,让对方钻进来,就能使自己始终处于有利的地位。基差交易的核心就是在期货的价格上加上一个事先议定的 BASIS 等于交接现货的价格,而 BASIS 中的构成是自己可以控制的。

2. 基差交易的利润与风险

基差交易的利润和风险互相依存。如果基差不变,则交易利润就是基差建立时锁定的利润。如果基差变强,买入套保者获得的利润会大于在基差建立时预锁定的利润;卖出套保者获得的利润则小于基差建立时预锁定的利润,损失的这部分利润就是基差风险。如果基差变弱,卖出套保者获得的利润会大于在基差建立时预锁定的利润;买入套保者获得的利润则小于基差建立时预锁定的利润,损失的这部分利润就是基差风险。

尽管基差交易仍然存在一定风险性,但比起直接的价格变动风险,基差变动风险可控性更强。在利用期货对冲后,实物交易的风险和收益与实物价格的变动脱离了关系,完全取决于基差的变动;基差比价格更容易预测,因为基差波动的趋势性更为明显,波动率也明显低于价格;预测价格变动趋势非常困难,影响基差变动的因素却非常简单,它的变动绝大部分取决于本地市场供求状况。

（三）对冲头寸的转月展期

1. 转月展期操作

在基差交易中,如果货物装船一半,作为报价基准的期货合约到期退市摘牌了,该如何操作呢? 最终全船货物的价格如何确定呢? 这时候就需要转月展期操作,将原来 1 月份期货合约的计价基础转月展期到 3 月份的期货合约。

如果点价只确定了半船货物的期货价格,可以先把半船货物的到岸价格确定下来。剩下的一半货物,转月到 3 月份期货合约的基准上继续点价,尚未结价的剩下半船货物针对 3 月份期货合约的升贴水加上 3 月份的期货价格,再乘以单位换算系数,算出在 3 月份期货合约对应的半船货物的到岸价格。对 1 月合约结价的半船货物和 3 月合约结价的半船货物进行到岸价格的加权平均,就能得到整船货物的到岸价格。

2. 转月展期时机把握

转月展期的时机取决于前后期货合约之间的价差。计算前后两个期货合约之间的月均套期图利价差,比较月均套期图利价差与正常的月均持有成本,根据其偏离程度来决策转月展期的时机。

在基差交易中,对冲者也要有套利的概念和意识。转月展期升贴水,相当于通知供应商将其原先在近月期货合约上对冲的空头头寸转月展期到远月期货合约上,继续对冲。在期货市场上的具体操作细节是平仓近月期货合约的空头,同时在远月合约上开仓卖出,其实就是进行了一次牛市跨期套利(bull spread)的操作。所以,一笔现货贸易结束之前,货物所有权转移之前,现货升贴水并非一成不变,只要按照合约间的价差相应调整数值,升贴水可以在不同合约上挪来挪去。只要船期未到,结价期限未到,就可根据跨期套利原则将升贴水在前后月份的期货合约上向前转月或向后展期,以博取市场远近合约价格的偏离机会带来的额外收益。

二、股指期货在组合管理中的运用

(一) 实现目标贝塔值

贝塔值衡量的是持有的资产与市场的风险相关程度。某些情况下,投资者希望在不完全消除系统风险的基础上适当对其做些改变。如在市场波动性强的情况下适当降低贝塔值,而在市场状况良好的情况下适当增加贝塔值。进行该操作可以采用个股交易,但这成本高昂,而使用股指期货或期权就可以较小的成本做到这一点。

假设我们持有一个由价值为 S 的股票组合及 N_f 份股指期货构成的投资组合。投资组合的收益以 r_{Sf} 表示,即

$$r_{Sf} = \frac{\Delta S + N_f \Delta f}{S} \tag{6-17}$$

式中,分子的第一项 ΔS 为股票价格的变化值;第二项 $N_f \Delta f$ 为合约数量与期货合约价格变动的乘积;分母 S 为投资于股票的财富。投资组合的期望收益是

$$E(r_{Sf}) = \frac{E(\Delta S)}{S} + N_f \frac{E(\Delta f)}{S} = E(r_S) + \frac{N_f}{S} E(\Delta f) \tag{6-18}$$

将式(6-17)和式(6-18)与现代投资组合理论的资本资产定价模型(CAPM)结合代换后,最终可得

$$N_f = \left(\frac{\beta_T - \beta_S}{\beta_f} \right) \left(\frac{S}{f} \right) \tag{6-19}$$

式中,β_T 为目标贝塔值(target beta),即所要求的风险水平;β_f 为股指期货的贝塔值;

β_S 为股票组合的贝塔值；N_f 为为达到目标贝塔值所需买入或卖出的合约数量。如果投资者希望提高贝塔值，那么 β_T 会大于 β_S，从而 N_f 为正，意味着应该买入期货合约；若要降低贝塔值，β_T 会小于 β_S，从而 N_f 为负，意味着要卖出期货合约来降低风险。

【**例 6-13**】 实现目标贝塔值

某基金经理管理一个股票组合，该组合的构成与标准普尔 500 指数的构成相似。该经理希望消除股票组合的风险。目前，该股票组合的贝塔值 $\beta_S = 0.9$，目标贝塔值是 $\beta_T = 0$，标普 500 期货的贝塔值 $\beta_f = 0.95$。现在股票市值为 10 000 000 美元，每份期货的价格为 250 000 美元。要实现目标的贝塔值，应怎样进行操作？

按式(6-19)进行计算：

$$N_f = \left(\frac{\beta_T - \beta_S}{\beta_f} \right) \left(\frac{S}{f} \right) = \left(\frac{0 - 0.9}{0.95} \right) \left(\frac{10\,000\,000}{250\,000} \right) = -37.89$$

四舍五入，该基金经理需要卖出 38 份股指期货合约，从而使整个股票组合不受市场风险影响。

（二）捕获阿尔法

利用股指期货对分散化的投资组合进行对冲，可以规避系统风险。因为投资组合是高度分散化的，不存在非系统性风险从而投资组合风险很小。但有些情况下，投资者愿意规避系统风险却希望保留非系统性风险。

我们将研究怎样捕获阿尔法，即通过用股指期货消除收益中的系统因素，同时保留非系统因素收益（阿尔法）。从这个意义上讲，该策略以目标贝塔值等于零为基础。

我们将用到如下符号：

S——股票价格；

M——包含所有风险资产的市场组合的价值；

r_S——$\Delta S / S$，股票收益率；

r_M——$\Delta M / M$，市场收益率；

β_S——股票的贝塔系数。

股票收益包括其系统收益（$\beta_S r_M$）与其非系统收益（阿尔法，α），即

$$r_S = \beta_S r_M + \alpha$$

如果将方程两端同时乘以 S，则有

$$S r_S = S \beta_S r_M + S \alpha$$

即

$$\Delta S = S \beta_S (\Delta M / M) + S \alpha \tag{6-20}$$

这就是以货币表示的股票收益。交易的目标是捕获等于阿尔法收益 $S\alpha$。

由股票及 N_f 手股指期货构成的组合的收益是

$$\prod = \Delta S + N_f^* \Delta f$$

假设股指期货贝塔值 $\beta_f = 1$，其价格变化与市场组合 M 的指数价格变化一致，即 $\Delta M / M = \Delta f / f$。由式(6-19)可知使股票的目标贝塔值为 0 的对冲比率 $N_f^* = -\beta_S (S/f)$。以此

替换 N_f^* 得

$$\prod = \Delta S - \beta_S \left(\frac{S}{f} \right) \Delta f \tag{6-21}$$

将式(6-20)代入式(6-21),并且有 $\Delta M / M = \Delta f / f$,可得

$$\prod = S\alpha$$

因此,如果我们使用 N_f^* 份期货合约(其中 N_f^* 是股指期货对冲比率),就能够消除系统风险同时获得阿尔法收益。

(三) 合成资产头寸

在前面关于金融衍生产品的介绍中,我们已经推导出了远期/期货合约价值的定价公式,即 $V_t = S_t - \dfrac{F}{(1+r_f)^{T-t}}$,将此公式做适当的变化,可以得到如下等式:

$$S_t = V_t + \frac{F}{(1+r_f)^{T-t}} \tag{6-22}$$

将 S_t 理解为股票价格,V_t 为期货合约价值,等式右边最后一项理解为面值为 $\dfrac{F}{(1+r_f)^T}$ 的无风险债券,因此远期或者期货合约与它们的标的资产之间的关系可以表述为

股票多头＝期货合约多头＋无风险债券多头

如果买入无风险债券和期货合约,就可以复制出一个头寸,使它的损益状况等同于拥有股票。所以,如果投资者希望拥有一个股票指数组合,就可以通过买入债券和期货合约来实现;在需要现金时,也可以反向操作,将股票头寸转化为现金头寸。这样就不需要真正地在股票市场上进行交易,避免了较高的交易费用以及因大量抛售或买入而引起的股票价格波动。下面将进行具体的分析。

1. 合成指数基金

要构造一个指数基金的头寸,需要购买若干份股指期货合约和无风险债券。假设各变量表示如下。

V——总的投资金额;

f——期货合约中约定的交割价格;

T——期货到期时间;

δ——指数分红率;

r——无风险利率;

q——股指期货合约的乘数;

N_f——股指期货合约数量。

我们用图 6-6 来表示两种投资方式,目的是要使它们等价。

在期初,如果全部金额 V 都用于投资股票指数组合,而且股票分红全部用于再投资,则到 T 时刻,这一股票指数组合的价值为 $V(1+\delta)^T$。利用股指期货和无风险债券可以得到相同的结果。在期初,购买价格为 V 的无风险债券,同时购买股指期货 N_f 份。当

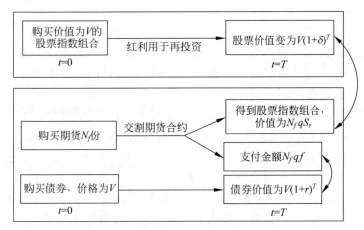

图 6-6　两种投资方式

$t=T$ 时,债券价值必须等于期货合约约定的支付额,即 $V(1+r)^T=N_f qf$,解得 $N_f^* = \dfrac{V(1+r)^T}{qf}$。由于期货合约必须为整数份,所以 N_f^* 是四舍五入后的值。由于四舍五入的关系,投资于债券的金额并不是真正的 V,而是根据 N_f^* 得到的 $V^* = \dfrac{N_f^* qf}{(1+r)^T}$。

另外,为了表明两种投资方式是等价的,在期货合约到期时,两种投资所得到的股指组合的价值必须是相等的,即 $V(1+\delta)^T=N_f^* q S_T$。把 $N_f^* q S_T$ 看成 $N_f^* q \times S_T$,即数量×价格,这意味着期末时拥有的股票数量为 $N_f^* q$。由于股票的红利都用于购买该股票组合,所以最初 $t=0$ 时购买的数量应该等于 $\dfrac{N_f^* q}{(1+\delta)^T}$。

【例 6-14】　合成指数基金

一位在英国的基金经理希望在美国股票市场上建立一个头寸,但是不能直接在美国投资,所以他准备利用美国的股指期货合约和债券合成一个指数基金,从而实现投资目标。他希望建立的股票头寸价值为 100 万美元,选用的股票指数为纳斯达克 100 指数,该指数的年红利率为 2%。目前一份纳斯达克指数期货合约的价格为 2 000 美元,合约乘数为 10,该合约将在 3 个月内到期。美国的年无风险利率为 5%。求建立股票头寸所需要的 N_f^*,以及相应的 V^* 和 $\dfrac{N_f^* q}{(1+\delta)^T}$。

解析:

(1) $N_f = \dfrac{V(1+r)^T}{qf} = \dfrac{10\,000\,000 \times (1+5\%)^{0.25}}{10 \times 2\,000} = 50.6$

四舍五入后,$N_f^* = 51$

(2) $V^* = \dfrac{N_f^* qf}{(1+r)^T} = \dfrac{51 \times 10 \times 2\,000}{(1+5\%)^{0.25}} = 1\,007\,634$ 美元

(3) $\dfrac{N_f^* q}{(1+\delta)^T} = \dfrac{51 \times 10}{(1+2\%)^{0.25}} = 507.48 \approx 508$

2. 现金证券化

上面介绍的这种方法还可以用于将现金证券化(equitizing cash)。当投资者手头持有一笔现金,希望将其投入股票市场却不被允许时,可以利用上述债券加期货的方法构造一个合成的股票头寸,既获得股票市场的收益,又保证足够的现金流动性。

3. 从证券创设现金

将"股票多头＝期货合约多头＋无风险债券多头"这一式子颠倒一下,就可以得到

无风险债券多头＝股票多头＋期货合约空头(或为:一期货合约多头)

也就是说,买入股票,同时卖出期货合约,就相当于购买了无风险债券。这种做法的意义在于,当投资者希望卖出股票组合时,他并不一定要在股票市场上抛售大量股票,而是通过卖出几份期货合约就可以虚拟地等同于卖出股票、得到现金,而且获得无风险收益。

假设股票的市值为 V,如果此时卖出股票,并把 V 投资于无风险债券,则在期末可以得到债券价值为 $V(1+r)^T$。如果不卖出股票而是持有到期末,由于股票红利用于再投资,在期末这些股票指数组合的价值为 $V(1+\delta)^T$。同时,卖出 N_f 份股指期货合约,在交割时,可以得到现金 $N_f q f$,并交割出价值为 $N_f q S_T$ 的股票指数组合(图 6-7)。如果两种投资方式相同,则期末的现金额应该相等,即 $V(1+r)^T = N_f q f$,可以解得 $N_f = \dfrac{V(1+r)^T}{qf}$。通常,我们用正负号来表示资产买卖的方向,由于这里是卖出期货合约,所以可以写成 $N_f^* = -\dfrac{V(1+r)^T}{qf}$,$N_f^*$ 是四舍五入后的值。由此也可以得到真正转化的股票价值为 $V^* = \dfrac{N_f^* q f}{(1+r)^T}$。

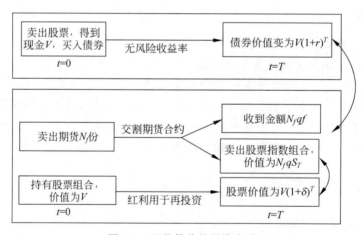

图 6-7 两种等价的投资方式

接下来还要计算出期初需要出售的股票数量,仍然采用从后往前推的方法。期末,股票组合价值为 $N_f^* q S_T$,也就是说股票数量为 $N_f^* q$。考虑到红利再投资的假设,则期初卖出的股票数量为 $\dfrac{N_f^* q}{(1+\delta)^T}$。

（四）调整组合中的股票（转移阿尔法策略）

如果投资者管理的是一个股票组合,也要根据市场状况调整不同类股票的比例。例如,近期市场中大盘股表现良好,则要将组合内大盘股的比例上调,将小盘股的比例下调(图 6-8)。这种资产配置的调整也可以利用不同的股指期货进行,只要能够找到两种或两种以上的股指期货合约,使它们的标的资产与需要调整的股票类别相似就可以。

图 6-8　调整股票组合

【例 6-15】　*转移阿尔法策略*

某基金现在持有较高比例的小盘股,由于现在市场投资热点转向大盘股,所以该基金经理决定将部分小盘股转化为大盘股。基金资金共有 1 000 万美元,其中 70% 为小盘股,30% 为大盘股。目标比例是两类股票各 50%。一些数据如下:大盘股的平均贝塔值为1.1,小盘股的平均贝塔值为 1.2,大盘股指期货的贝塔值为 0.95,小盘股指期货的贝塔值为 1.05。大盘股指期货的价格为 263 750 美元,小盘股指期货的价格为 216 500 美元(这里已经把乘数算在价格里面了)。整个投资期限为 1 个月。

解析:根据题意,将各变量定义为:N_{Lf} 为大盘股指期货合约数量,N_{Sf} 为小盘股指期货数量,f_L 为大盘股指期货价格,f_S 为小盘股指期货价格,β_L 为大盘股的贝塔值,β_S 为小盘股的贝塔值,β_{Lf} 为大盘股指期货的贝塔值,β_{Sf} 为小盘股指期货的贝塔值。

$f_L=263\ 750,f_S=216\ 500,\beta_L=1.1,\beta_S=1.2,\beta_{Lf}=0.95,\beta_{Sf}=1.05$,现金的贝塔值为 0。

(1) 计算需要卖出多少份小盘股指期货合约 N_{Sf} 才能将小盘股头寸转化为现金。

$$N_{Sf}=\left(\frac{\beta_T-\beta_S}{\beta_{Sf}}\right)\left(\frac{S}{f_S}\right)=\left(\frac{0-1.2}{1.05}\right)\left(\frac{2\ 000\ 000}{216\ 500}\right)=-10.56,所以\ N_{Sf}^*=-11$$

(2) 计算需要买入多少份大盘股指期货合约 N_{Lf} 才能将现金转化为大盘股头寸。

$$N_{Lf}=\left(\frac{\beta_L-\beta_C}{\beta_{Lf}}\right)\left(\frac{C}{f_L}\right)=\left(\frac{1.1-0}{0.95}\right)\left(\frac{2\ 000\ 000}{263\ 750}\right)=8.78,所以\ N_{Lf}^*=9。$$

三、国债期货在组合管理的运用

（一）实现目标久期

买入或卖出期货使得延长或缩短修正久期非常容易,最终达到进行目标久期策略的目的。

假设关于债券的一个投资组合的市场价值为 B,修正久期为 MD_B。期货合约的修正久期为 MD_f,价格为 f。市场预测者计划将现在的修正久期调整为 MD_T,即目标久期

(target duration)。达到此目的的方法之一是增加在修正久期长的债券上的投资比重,相应减少在修正久期短的债券上的投资比重,但是此操作会带来至少两种债券的买卖,从而使得交易成本增加。期货能够很简易地达到调整修正久期的目的,且期货交易比买卖现货债券能够在很大程度上节约交易成本。

此时的期货数量需要将修正久期调整为 MD_T,它等于

$$N_f = \left(\frac{MD_T - MD_B}{MD_f}\right)\left(\frac{B}{f}\right) \tag{6-23}$$

如果投资者预计利率会下降并且期望调高修正久期,那么 MD_T 会高于 MD_B,也即 N_f 为正,意味着投资者应该买入期货。这一结论是合理的,因为若在多头现货头寸上追加期货必然会增加风险。若投资者是看跌的,并且期望调低修正久期,那么 MD_T 会低于 MD_B,也即 N_f 为负,意味着投资者应该卖出期货。如此操作的原因是为了降低风险,自然需要一个现货相反的期货头寸。

【例 6-16】 实现目标久期

某基金经理专门进行债券投资。目前,他管理的 300 万美元债券投资的修正久期为 6.5。基于对未来市场的良好预期,他决定将债券组合的修正久期提高到 7.0。

整个投资期限为 3 个月。用于调整的国债期货的价格为 7 500 美元,其修正久期为 6.8。假设收益率贝塔值(yield beta)为 1.1,则需要买多少份国债期货才能达到他的目标?

解析:根据题意,可以得到 $MD_T = 7.0$,$MD_B = 6.5$,$MD_f = 6.8$。

需要买入的国债期货数量为 $N_f = \left(\frac{7.0 - 6.5}{6.8}\right)\left(\frac{3\,000\,000}{7\,500}\right) \times 1.1 \approx 33$ 手。

(二)调整组合中的债券

上述方法对债券组合也一样适用。债券组合中各种债券的久期不同,所以风险也不同。如果投资者希望增加流动性,则可以把部分债券调整为现金头寸,这相当于把久期调整到不到 1,可以通过卖出一些国债期货来实现。如果投资者希望将债券组合的久期调高,则可以通过买入一些国债期货来达到目的,如图 6-9 所示。

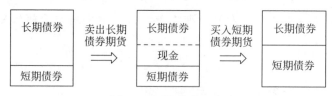

图 6-9 调整债券组合

【例 6-17】 调整债券组合

某基金经理专门进行债券投资,通过对未来市场利率的预测来调整资产组合内长期债券和短期债券之间的比例。目前,他管理的 30 万美元债券投资的修正久期为 6.5。现在他希望将其中的 10 万美元转化为现金,并将剩余的 20 万美元债券的修正久期调高到 7.2。整个投资期限为 3 个月。用于调整的国债期货的价格为 7 500 美元,其修正久期为

6.8。

解析:

(1) 计算将 10 万美元债券转化为现金所需要使用的债权期货合约数量。现金头寸的久期相当于 3 个月无风险债券的久期,等于 0.25,这是这里的目标久期。

$$N_f = \left(\frac{\text{MD}_T - \text{MD}_B}{\text{MD}_f}\right)\left(\frac{B}{f_B}\right) = \left(\frac{0.25 - 6.5}{6.8}\right)\left(\frac{100\,000}{7\,500}\right) = -12.25, \quad \text{所以 } N_f^* = -12。$$

(2) 计算将 20 万美元债券久期调高需要买入的国债期货数量。

$$N_f = \left(\frac{\text{MD}_T - \text{MD}_B}{\text{MD}_f}\right)\left(\frac{B}{f_B}\right) = \left(\frac{7.2 - 6.5}{6.8}\right)\left(\frac{200\,000}{7\,500}\right) = 2.75, \quad \text{所以 } N_f^* = 3。$$

由于这两步所用的债券合约是同一个,所以总共需要卖出 9 手国债期货。

其实,这一问题也可以这样考虑。调整后该组合的久期等于 $\frac{10}{30} \times 0.25 + \frac{20}{30} \times 7.2 = 4.88$,所以相当于要将组合的久期向下调整到 4.88。利用公式可得

$$N_f = \left(\frac{\text{MD}_T - \text{MD}_B}{\text{MD}_f}\right)\left(\frac{B}{f_B}\right) = \left(\frac{4.88 - 6.5}{6.8}\right)\left(\frac{300\,000}{7\,500}\right) = -9.52, \quad \text{所以 } N_f^* = -10。$$

这一答案与上面的结果稍有出入,这是因为四舍五入造成的,它们应该是相等的。

四、投资组合管理中的综合运用

(一)调整资产配置

典型的投资组合通常由对不同类别资产的投资构成。长期来看,投资组合对其中的每一个资产将会有一套固定的目标权重组合。这组权重一般被称为策略性资产分配。短期而言,投资组合经理可以偏离此权重组合,而将更多的资金投资于那些预期会表现更好的资产。这种与策略性资产分配短期偏离的行为称为战术性资产分配。

战术性资产分配策略的执行可以通过买卖不同类别的资产来实现。如果可选择的期货的标的资产与这些资产类别非常相似,则可以利用这些期货以一种更有效、更经济的方式来执行上述策略。

考虑一个仅含有两类资产即股票和债券的投资组合。股票类资产有一个确定的贝塔系数,债券类资产有一个确定的修正久期。如果某基金经理打算降低在股票上的投资比重并相应增加对债券的投资比重,他可以通过卖出股票同时买入债券来实现。另外,投资者亦可以通过卖出股票期货同时买入国债期货来达到目的。

假设他期望卖出某一确定数量的股票并买进相等数量的债券。利用我们先前得出的关于利用股指期货来达到目标贝塔值这一策略的公式,他会卖出相应数量的期货合约来调整该已知数量股票的贝塔值,使其从现有水平变为 0。这一交易可以起到卖出股票并将其转化为现金的作用。接下来他就打算将这一综合方法得到的现金投资到债券上。因此他买进国债期货以调整此现金的修正久期,使其从 0 变为需要的水平,也即构成投资组合中债券的修正久期。

我们注意到投资组合中的证券并没有改变,但是股票与债券之间的分配却因为股指期货空头及债券多头的加入而发生了整体性改变。现在假设投资者还希望改变股票类及

债券类资产上存在的风险性质,他可以通过买卖更多的股指期货来调整股票的贝塔系数,同时买卖更多的国债期货来调整债券的久期。

【例 6-18】 调整资产配置

一个价值 3 000 万美元的投资组合由价值为 2 000 万美元、贝塔系数为 1.15 的股票以及价值为 1 000 万美元、修正久期为 6.25、收益率为 7.15% 的债券构成。管理该组合的经理计划将投资分配改变为在股票和债券上各投资 1 500 万美元。另外,该经理还打算将股票的贝塔系数调整为 1.05,且将债券的修正久期调整为 7。股指期货合约单价为 225 000 美元,我们可以假设其贝塔值为 1.0。国债期货合约单价为 92 000 美元,其隐含的修正久期为 5.9,收益率为 5.56%。该经理会利用期货来合成卖出 500 万美元的股票以减少剩余股票的贝塔值,并合成买入 500 万美元债券以延长变化后债券的修正久期。投资期限为 3 个月。

解析:

(1) 合成卖出价值 500 万美元的股票。

此交易能够有效地将价值 500 万美元股票的贝塔系数降为 0,因此综合地将股票转换成了现金。股指期货的数量为

$$N_{Sf} = (0 - 1.15)\left(\frac{5\,000\,000}{225\,000}\right) = -25.56$$

将结果四舍五入,即得出应卖出 26 份合约。在完成此次交易后,投资组合恰好由价值 1 500 万美元且贝塔系数为 1.15 的股票、价值 1 000 万美元且修正久期为 6.25 的债券以及 500 万美元综合现金构成。当然,实际的投资组合是由价值 2 000 万美元且贝塔系数为 1.15 的股票、价值 1 000 万美元且修正久期为 6.25 的债券以及价值 500 万美元的股指期货空头头寸组成的。

(2) 合成购买 500 万美元债券。

这项交易有效地将 500 万美元修正久期相当于 0 的现金转换成 500 万美元修正久期为 6.25 的合成债券。国债期货的数量为

$$N_{Bf} = \left(\frac{6.25 - 0}{5.9}\right)\left(\frac{5\,000\,000}{92\,000}\right) = 57.6$$

大约需要购买 58 份合约。执行该交易后,投资组合由 1 500 万美元贝塔系数为 1.15 的股票和 1 500 万美元修正久期为 6.25 的债券构成。当然,实际的投资组合是由 2 000 万美元贝塔系数为 1.15 的股票、1 000 万美元修正久期为 6.25 的债券、500 万美元股指期货空头,以及 500 万美元国债期货多头构成。

(3) 将股票的贝塔系数从 1.15 降至 1.05。

现在经理想将 1 500 万美元股票的贝塔系数从 1.15 降为 1.05。这需要 $N_{Sf} = (1.05 - 1.15)\left(\frac{15\,000\,000}{225\,000}\right) = -6.67$ 份合约,约等于 7 份合约。因此,经理将卖出 7 份合约。总计,经理需要卖出 33 份股指期货合约。

(4) 将债券的修正久期从 6.25 提至 7。

现在经理想将 1 500 万美元债券的修正久期从 6.25 提升至 7,需要购买 $N_{Bf} =$

$$\left(\frac{7-6.25}{5.9}\right)\left(\frac{15\,000\,000}{92\,000}\right)=20.73\text{ 份合约}$$，约为 21 份合约。总计，经理需要购买 79 份国债期货合约。颠倒交易顺序对我们最终的结果并无影响。经理完全可以先降低 2 000 万美元股票的贝塔系数再购买 500 万美元的债券。随后，经理可提高 1 000 万美元债券的修正久期和购买 500 万美元的债券。

当然，交易带有投机的性质。减小股票的分配比例和降低股票的贝塔系数以及增大债券的分配比例和延长债券的修正久期对投资者来说是有利的，但也可能是不利的。然而，不论哪一种情况发生，衍生工具使得此类合成交易可在低成本的情况下发生。

（二）实现事前投资

现在我们考虑投资中可能存在的一种情况。有时候，投资者发现市场机会非常有利，但是却没有现金进行投资。可能的策略是利用期货合约，因为期货合约在建立时不需要支付现金，却可以增加风险暴露，这种做法被称为事前投资（pre-investing）。

【例 6-19】　实现事前投资

假设某基金经理将于 3 个月后收到一笔 100 万美元的现金，但是现在市场时机非常好，因此该经理考虑买入股指期货合约和国债期货来建立股票和债券头寸，两者比例为 60% 和 40%。股票组合的贝塔值为 1.1，债券组合的修正久期为 5.5。股指期货合约的价格为 25 000 美元，贝塔值为 0.95。国债期货合约的价格为 17 500 美元，修正久期为 6。

解析：

用 N_{Sf} 表示买入股指期货的数量，N_{Bf} 表示买入国债期货的数量。

首先计算股指期货的数量。由于 60% 的资金将被用于买股票，所以 $S=1\,000\,000\times60\%=600\,000$。又因为现在没有任何头寸，所以现在的贝塔值为 0。

$$N_{Sf}=\left(\frac{\beta_T-\beta_S}{\beta_{Sf}}\right)\left(\frac{S}{f_S}\right)=\left(\frac{1.1-0}{0.95}\right)\left(\frac{600\,000}{25\,000}\right)=27.79，\quad\text{所以 }N_{Sf}^*=28。$$

然后计算国债期货的数量。$S=1\,000\,000\times40\%=400\,000$，现在没有头寸，所以修正久期为 0。

$$N_{Bf}=\left(\frac{MD_T-MD_B}{MD_f}\right)\left(\frac{B}{f_B}\right)=\left(\frac{5.5-0}{6}\right)\left(\frac{400\,000}{17\,500}\right)=20.95，\quad\text{所以 }N_{Bf}^*=21。$$

所以该基金经理可以买入 28 份股指期货、21 份国债期货，在没有现金的情况下提前进行投资。3 个月后，当经理收到现金后，可以对这些期货头寸进行平仓，建立真正的股票和债券头寸。

为什么可以通过股指期货和国债期货建立股票与债券头寸呢？在前述内容中，我们曾提到"股票多头＝期货合约多头＋无风险债券多头"，由于这里没有现金购买无风险债券，我们可以将上式改写为"股票多头＋贷款＝期货合约多头"。所以，这实际上是利用期货合约的杠杆效应建立了股票多头，同时相当于借了一笔现金。这一杠杆效应意味着如果市场状况没有像预期的那样好，损失将是巨大的。

小贴士：投资策略的成功要素

任何成功的期货交易模式中，都必须考虑以下三个因素：价格预测、时机抉择和资金管理。

一、价格预测

价格预测指我们所预期的未来市场的趋势方向。在市场决策过程中,这是最关键的第一个步骤。通过预测,交易者决定到底是看涨,还是看跌,还是震荡,从而回答我们的基本问题:我们应该以多头一边入市,还是以空头一边入市,还是不入市。如果价格预测是错误的,那么以下的一切工作均不能奏效。

二、时机抉择

时机抉择或称为交易策略,是指确定具体的入市、出市点。在期货交易中,时机抉择也是极为关键的。因为这个行业具有高杠杆率的特点,所以,我们没有多大的回旋余地来挽回错误。尽管我们已经正确地判断出市场的方向,但是,如果把入市时机选择错了,那么依然可能蒙受损失。就其本质来看,时机抉择问题几乎完全是技术性的。因此,即使交易者是基础分析型的,在确定具体的入市、出市点这一问题上,他仍然必须借助技术工具。

三、资金管理

资金管理是指资金的配置问题。其中包括:投资组合的设计,多样化的安排,在各个市场上应分配多少资金去投资或冒险,止损指令的用法,报偿-风险比的权衡,在经历了成功阶段或挫折阶段之后分别采用何种措施,以及选择保守稳健的交易方式还是大胆积极的方式等。

总之,价格预测告诉交易者怎么做(买进、卖出或等待),时机抉择帮助他决定何时做,而资金管理则确定用多少钱做这笔交易。

1. 资金管理

关于如何进行资金管理,由于涉及多个投资品种的管理、不同时间段的管理、加仓、止损等因素,因此可以制定非常复杂的资金管理模式。资金管理策略方面需要考虑的因素主要有固定头寸、固定资金、凯利公式、固定风险、优化公式、获利风险、固定比例、保证金目标模式、最大连续亏损、满仓等。在此我们着重介绍两点。

(1)凯利公式。凯利公式也称为凯利方程式,是一个拥有正期望值之重复行为使长期增长率最大化的公式,可用以计算出每次投资中应投注的资金比例。凯利公式揭示了一个原则,它跟供求定价是完全一样的,这个公式的概念通俗讲,是它认为商品的价格,不单是商品的价格,任何一个价格,拐点比价值本身更重要。

(2)最大连续亏损。有时预见会非常不好,做一次交易亏了,再做一次交易又亏了,那么就要限制次数,亏三次就停下来。管理的策略比判断价格更重要。

2. 资金管理的方法

资金管理的方法有很多,其中常见的有:①固定金额管理法:比如资金总额为2 000万元,则根据个人的交易风格、交割规则,确定占用的保证金为1 000万元或其他;②固定比率管理法:比如在场的情况下,交易不超过20%、30%等;③变动比率管理法:在出现极端行情的时候,涨得非常高了做多,如果已经突破了历史的高位,还在疯狂上涨,多头还是可以做的,但是有的占用资金的比例可以略微下降一些,这个因人而异,没有统一的标准。

3. 资金管理和交易策略的要领

一些普遍性的资金管理和交易策略要领如下。

（1）总投资额必须限制在全部资本的 50％ 以内。在任何时候,交易者投入市场的资金都不应该超过其总资本的一半。剩下的一半是储备,用来保证在交易不顺手的时候或临时支用时有备无患。

（2）在任何单个市场上所投入的总资金必须限制在总资本的 15％ 以内。这一措施可以防止交易商在一个市场上注入过多的本金,从而避免在“一棵树上吊死”的危险。

（3）在任何单个市场上的最大总亏损金额必须限制在总资本的 5％ 以内。这个 5％ 是指交易商在交易失败的情况下,将承受的最大亏损。

（4）在任何一个市场群类上所投入的保证金额必须限制在总资本的 20％~25％。同一群类的市场,往往步调一致。例如,金市和银市是贵金属市场群类中的两个成员,它们通常处于一致的趋势下。如果我们把全部资金头寸注入同一群类的各个市场,就违背了多样化的风险分散原则。

（5）顺应中等趋势的方向交易。

（6）在上升趋势中,趁跌买入;在下降趋势中,逢涨卖出。

（7）让利润充分增长,把亏损限于小额。

（8）始终为头寸设置保护性止损指令,以限制亏损。

（9）不要心血来潮,打有计划之战。

（10）先制订好计划,然后贯彻到底。

（11）奉行资金管理的各项要领。

（12）分散投资,但须注意,“过犹不及”。

（13）报偿-风险比至少要达到 3 比 1,方可动作。

（14）当采取金字塔法增加头寸时,应遵循如下原则:①后来的每一层头寸必须小于前一层;②只能在盈利的头寸上加码;③不可以在亏损的头寸上再增加头寸。

（15）绝不要追加保证金,别把活钱扔进死头寸里面。

（16）在平回赢利头寸前,优先平仓了结亏损的头寸。

（17）除非是从事极短线的交易,否则,总应当在市场之外,最好是在市场闭市期间,做好决策。

（18）研究工作应由长期逐步过渡到短期。

（19）利用日内图找准入市、出市点。

（20）在从事当日交易之前,先掌握隔日交易的技巧。

（21）尽量别理会常识,不要对传播媒介的任何说法过于信以为真。

（22）学会踏踏实实地当少数派。如果你对市场的判断正确,那么,大多数人的意见会与你相左。

（23）技术分析这门技巧靠日积月累的学习和实践才能提高。永远保持谦逊的态度,不断地学习探索。

（24）力求简明。复杂的不一定是优越的。

四、交叉市场分析

1991 年,约翰·墨菲的著作《交叉市场技术分析》出版。该书提供了一个指南,帮助读者厘清不同金融市场之间相互关联的事件序列,揭示了这些事件之间的联系。交叉市场分析的基本前提是，所有金融市场都以某种方式相互联系着，包括国际金融市场，也包括国内金融市场。金融市场之间的联系间或可能发生转变，但是任何时候总是存在这样或那样的联系。

1. 债券市场与股票市场之间的联系

股票市场受到利率变化的影响。通过观察长期政府国债期货合约的行情，我们能够以分钟为单位密切跟踪利率（或收益率）的变化方向。长期债券价格变化的方向和利率或收益率变化的方向相反。因此，当债券价格上升时，债券收益率则下降。一般认为，这种情况对股票市场有利。相反，当债券价格下降时，债券收益率上升，一般认为，这种情况对股票市场不利。

2. 债券市场和商品市场之间的关联

长期政府债券的价格为通货膨胀预期所左右。一般认为，商品价格是通货膨胀趋势的先行指标。于是，商品价格趋势和债券价格趋势通常表现为相反的方向。

3. 商品价格和美元之间的关联

当美元价值处于上升状态时，通常对绝大多数商品价格具有抑制作用。换句话说，一般认为美元升值具有非通货膨胀性质。受美元币值影响最大的商品市场之一是黄金市场，二者的行情趋势通常表现为相反方向，通常可以利用美元市场充当其他商品市场的先行指标。

4. 股票市场板块和行业分群

股票市场可以划分为市场板块，板块内部又可以细分为行业群体。不同股票群体同样受到上述市场交叉关系的影响。举例来说，当债券市场走强、商品市场走弱时，对利率敏感的股票群体，诸如公用事业类、金融类和大宗消费品类，通常比其他群体表现更优。与此同时，对通货膨胀敏感的股票群体，如黄金类、能源类以及周期性股票类，通常比其他群体表现更差。当商品市场坚挺、债券市场疲软时，则形成相反的格局。任何时候，通过跟踪长期政府债券和商品价格的互动关系，都可以据此判断哪一个股票板块或行业群体即将有所表现，反之亦然。

对各类期货市场之间、各个股票市场板块和行业群体之间的相对表现进行比较，从而确定投资组合的结构，我们推荐如下两种图表分析方法。

1. 相对力度分析

相对力度分析是一种图形工具，极简便，但很有效。你只要把一个市场对象除以另一个市场对象就可以，换句话说，就是要绘制两类市场价格比值的图形。当比值曲线上升时，则除式中分子对应的市场行情强于分母对应的市场行情。当比值曲线下降时，则其分母对应的行情强于分子对应的行情。例如，图 6-10 所示为 CRB 期货价格指数与长期政府债券期货的价格的比值。当该比值曲线上升时，表明商品价格的表现超越了债券价格。在这种情况下，期货交易者应做多商品市场，同时做空债券市场。进一步地，股票交易者应买入对通货膨胀敏感的股票，卖出对利率敏感的股票。当该比值曲线下降时，做法正好相反。也就是说，他们会做空商品，同时做多债券。进一步地，股票投资者会卖出黄金类、原油类以及周期类股票，买进公用事业类、金融类和大宗消费品类股票。CRB 指数与长期政府债券的比值揭示了两者之中哪一个更坚挺。1994 年，商品占上风；1995 年，债券占上风。1997 年中,由于亚洲金融危机的影响和对通货紧缩的担忧,该比值急转直下。

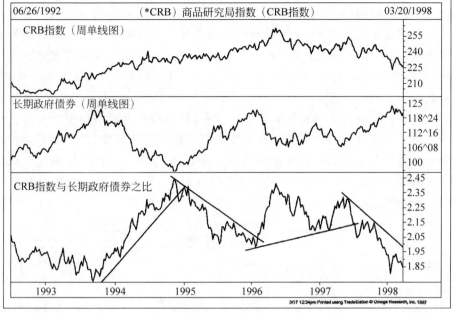

图 6-10　CRB 指数与长期政府债券相对力度分析

1997 年 10 月间,亚洲金融危机导致资金逃离周期类股票,涌入大宗消费品类股票,这种情况与图 6-10 中 CRB 与债券比值的急剧下降同时发生。

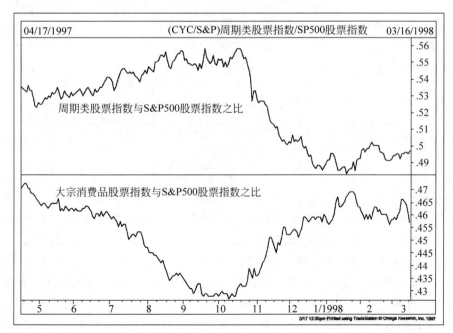

图 6-11　S&P500 股指与分类股指相对力度分析

目前,已经有不少交易所挂牌交易各类股票行业指数的期权。芝加哥期权交易所的股指期权门类最丰富,其中包括各行业指数。针对这些市场进行相对力度分析的最佳方法是,把它们的价格除以某个基准指数,如S&P500股票指数,从而可以判断哪一个板块和行业的表现超越了总体市场(其比值曲线处于上升状态),哪一个板块和行业的表现落后于总体市场(其比值曲线处于下降状态),如图6-11所示。借助某些简便的图表分析工具,如趋势线和移动平均线,对相对力度曲线(即比值曲线,简记为"RS曲线")进行研究,可以帮助我们察觉相对力度曲线重要的趋势转变。行业轮替的基本要领是,把资金从相对力度曲线刚开始掉头向下的投资品种中转出来,转入相对力度曲线刚开始掉头向上的投资品种之中。行业轮替的工作既可以直接交易指数期权来实现,也可以买卖与各类市场板块和行业群体相匹配的行业基金来实现。如图6-12所示,对PSE高科技股票指数和S&P500股票指数进行相对力度分析(比值分析)。简单的趋势线分析有助于揭示1997年10月间科技类股票的向下转折,以及年底的向上转折。

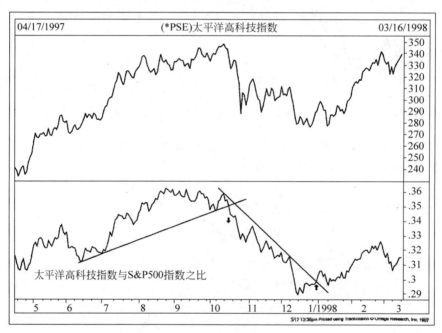

图 6-12　从上到下法选股图例

2. 从上到下法

通过相对力度分析法选定合适的行业指数之后,可以进一步在强势的股票群体中优选个股。这就是"从上到下法"投资模式。首先,从主要的市场指数入手,判定总体市场趋势;其次,根据相对力度分析选出表现最强的股票板块或者行业;最后,从相对表现最强的股票板块或行业中再选择相对力度最强的个股,即把行业指数的成份股除以行业指数。这样,你既可以买进当前比值曲线最强劲的股票,也可以买进比值曲线刚开始转头向上的相对便宜的股票。当然,要点是,一定要避开相对力度曲线仍然处于下降状态的股票。这一分析方法也适用于不同期货品种间的强弱走势比较。

即测即练

第七章

期权与期权投资策略

本章学习目标

　　本章内容分成两部分。第一部分在期权损益分析基础上,介绍了期权的平价关系与期权估值。第二部分重点介绍期权投资策略,包括期权套期保值运用、复合期权的投资策略和期货期权投资策略三部分内容。本章的难点是期权损益分析、期权评价关系、期权估值分析和复合期权投资策略的理解和运用等内容。重点是期权估值分析和复合期权投资策略的理解和运用,要求认真理解和灵活掌握。

第一节　看涨-看跌期权平价与期权估值

一、期权合约与期权损益图

　　在 17 世纪 30 年代的"郁金香事件"中,为了规避价格波动的风险,郁金香种植者以约定的价格向交易商出售郁金香球茎,并在阿姆斯特丹交易中心成立了郁金香期权交易市场。这是看跌期权的雏形,一种按照约定价格出售某项资产的合约。进入 19 世纪,随着股票的问世,早期的股票期权交易出现了。1973 年 4 月,美国芝加哥期权交易所推出了标准化期权合约,标志着场内期权交易的出现。场内期权一经推出,吸引了大量投资者和资金。随着期权市场的不断发展,目前在世界各地不同的交易所中都有期权交易,包括美国证券交易所、费城证券交易所、英国伦敦证券交易所、荷兰欧洲期权交易所等。同时,期权的标的资产也更加广泛,包括股票、债券、货币以及商品。期权也可以建立在远期或期货合约之上。如建立在股票指数期货之上的期权称为股票指数期权,建立在货币远期合约之上的期权称为外汇远期期权。

　　期权合约是交易双方在未来的某一时间以约定的价格(执行价格)来交换某种资产的权利的合约。不同于远期合约的是,期权赋予了其持有者购买或者出售该种基础资产的权利,但没有义务。因此,投资者签署远期合约或期货合约的成本为零,但是投资者购买期权合约必须支付期权费。期权合约中的价格被称为执行价格或敲定价格。合约中的日期称为到期日。每一份期权合约都有买卖双方,一方是期权多头头寸的投资者(即购买期权合约的一方),另一方是期权空头头寸的投资者(即出售期权合约的一方)。

　　期权合约按照购买或出售标的资产典型地分为看涨期权和看跌期权。看涨期权的持有者有权利在某一确定的时间以某一确定的价格购买标的资产。看跌期权的持有者有权利在某一确定的时间以某一确定的价格出售标的资产。期权合约根据执行期间又分为美式期权和欧式期权。美式期权可在期权的到期日前的任何一天执行,而欧式期权只能在期权的到期日执行。

在股票期权合约中,看涨期权的持有者是在股票价格上升时获利,而看跌期权的持有者是在股票价格下降时获利。例如,某投资者购买了 100 份 Exxon 股票的欧式看跌期权,执行价格为 70 美元。假定股票现在的价格为 66 美元,距到期日有 3 个月,期权的价格为 7 美元。如果到期日股票价格下降到 50 美元,那么投资者选择执行该期权,以每股 70 美元的价格卖出 100 股股票,同时以每股 50 美元的价格购买相同的股票,实现每股 20 美元的盈利,即实现 2 000 美元的总盈利。当考虑期权的初始支出时,投资者总的净利为 2 000－7×100＝1 300 美元。如果到期日股票价格上升到 70 美元,那么投资者选择不执行该期权,每份期权的损失为 7 美元,共计损失 700 美元。图 7-1 显示了投资者每份期权的净损益随到期日股票价格变化的情况。

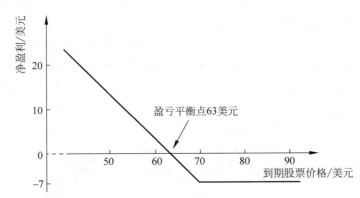

图 7-1 欧式看跌期权多头的损益状态(期权价格 7 美元,执行价格 70 美元)

不同的期权头寸的投资者的损益状态随着到期日标的资产的价格的变化而变化。损益图可作为分析期权头寸损益的辅助工具。损益图的纵轴反映了期权到期日的损益情况,而横轴表示期权到期日的标的资产的价格。看涨期权多头是最容易理解的,我们先以一个具体例子来说明,之后给出一般的形式。

图 7-2 是某投资者以 7 美元买入的微软 10 月执行价格为 80 美元的欧式看涨期权的损益图。从图 7-2 可以看出,该投资者的最大损失为 7 美元。这里很重要的一点就是"当投资者为期权的多头时,最大的损失就是期权费"。一旦股票的价格涨过 87 美元,看涨期权的持有者就会随着股票每上涨 1 美元而赚取 1 美元。

一般地,采用 K 表示执行价格,S_T 表示标的资产的到期日价格,则看涨期权多头的损益为

$$\max(S_T - K, 0)$$

上式表明,如果 $S_T > K$,投资者就执行期权,否则不执行。类似地,看涨期权空头的损益为

$$-\max(S_T - K, 0) = \min(K - S_T, 0)$$

看跌期权多头的损益为

$$\max(K - S_T, 0)$$

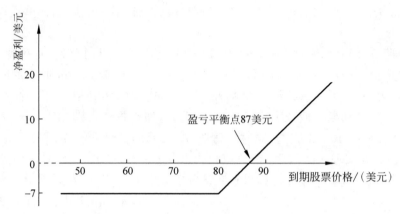

图 7-2 欧式看涨期权多头的损益状态（期权价格 7 美元，执行价格 80 美元）

看跌期权空头的损益为

$$-\max(S_T - K, 0) = \min(S_T - K, 0)$$

图 7-3 是上述四种基本的期权头寸（看涨期权多头、看涨期权空头、看跌期权多头、看跌期权空头）的损益状态图。

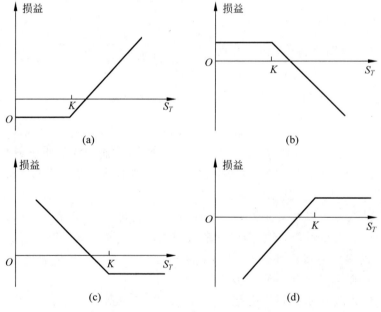

图 7-3 欧式期权各种头寸的损状态图

(a) 看涨期权多头；(b) 看涨期权空头；
(c) 看跌期权多头；(d) 看跌期权空头

二、看涨-看跌期权平价关系

期权中最重要的无套利价格关系式可能就是看跌-看涨平价公式。该公式产生于同时买卖看涨期权、看跌期权和标的资产的背景下。欧式期权看跌-看涨平价关系式为

$$C + Ke^{-rT} = P + S \tag{7-1}$$

式中，C 和 P 分别为欧式看涨期权和看跌期权的价格；S 为标的资产的价格；K 和 T 为欧式期权的执行价格和到期日；r 为无风险利率。

该平价关系式说明某一确定执行价格和到期日的欧式看涨期权的价值可根据相同执行价格和到期日的欧式看跌期权的价值推导出来，反之亦成立。现在我们采用套利理论来推导看涨期权和看跌期权之间的平价关系。考虑下面两个组合。

组合 1：一个欧式看涨期权加上金额为 Ke^{-rT} 的现金。

组合 2：一个欧式看跌期权加上一只股票。

在组合 1 中，如果现金按无风险利率进行投资，则在期权到期日时，组合 1 的价值为

$$\max(S_T - K, 0) + K$$

组合 2 在期权到期日的价值为

$$\max(K - S_T, 0) + S_T$$

因此，上面两个组合在期权到期日的价值相同，都等于

$$\max(S_T, K)$$

由于欧式期权只能在到期日时执行，所以组合 1 和组合 2 在当前也必须具有相等的价值。也就是说，

$$C + Ke^{-rT} = P + S$$

如果上式不成立，则存在套利机会。若 $C + Ke^{-rT} > P + S$，我们可以卖出组合 1 并且购买组合 2，那么我们在初始时刻获得收入 $C + Ke^{-rT} - P - S > 0$。由于组合 1 和组合 2 在期权到期日价值相同，因此通过构造该资产组合，可获得无成本套利利润 $C + Ke^{-rT} - P - S$。反之，可获得无成本套利利润 $P + S - C - Ke^{-rT}$。

下面用一个具体的例子来说明平价关系确实是正确的。假设股票价格是 31 美元，无风险利率为 10%，3 个月期的执行价格为 30 美元的欧式看涨期权的价格为 3 美元，3 个月期的执行价格为 30 美元的欧式看跌期权的价格为 1 美元。通过计算可以得到

$$C + Ke^{-rT} = 3 + 30e^{-0.1 \times 0.25} = 32.26 (美元)$$
$$P + S = 1 + 31 = 32.00 (美元)$$

我们在初始时刻，卖出看涨期权，买入看跌期权和股票，则这一策略的初始投资为

$$31 + 1 - 3 = 29 (美元)$$

在初始时刻以无风险利率借入资金，3 个月后需要偿付的金额为

$$29e^{0.1 \times 0.25} = 29.73 (美元)$$

在到期日时刻，或者执行看涨期权，或者执行看跌期权，该策略会使股票以 30 美元的价格出售。净利为

$$30 - 29.73 = 0.27 (美元)$$

因此我们获得了 0.27 美元的无成本套利利润。现在考虑另一种情况，假设 3 个月期的执行价格为 30 美元的欧式看涨期权的价格为 3 美元，3 个月期的执行价格为 30 美元的欧式看跌期权的价格为 2.25 美元。通过计算可以得到

$$C + Ke^{-rT} = 3 + 30e^{-0.1 \times 0.25} = 32.26 (美元)$$
$$P + S = 2.25 + 31 = 33.25 (美元)$$

我们在初始时刻,买入看涨期权、卖出看跌期权,借入股票并卖出,则这一策略的初始收入为

$$31 + 2.25 - 3 = 30.25(美元)$$

初始时刻将收入以无风险利率投资,3个月后总金额为 $30.25e^{0.1 \times 0.25} = 31.02$ 美元。在到期日时刻,或者执行看涨期权,或者执行看跌期权,该策略会使以 30 美元购买股票,之后偿还该股票。因此净利为

$$31.02 - 30 = 1.02(美元)$$

三、期权估值分析

上一部分,我们采用套利理论推导了看涨期权和看跌期权之间的平价关系。在对欧式期权进行精确定价之前,继续采用套利理论推导欧式看涨或看跌期权的价格上下限。也就是说,如果期权的价格超过了其上限或者其下限,则存在套利。依然采用 C 和 P 表示欧式看涨期权和看跌期权的价格,S 表示标的资产的价格,K 和 T 表示欧式期权的执行价格和到期日,r 表示无风险利率。

我们知道,期权赋予了其持有者购买或者出售该种基础资产的权利,因此期权的价格必须大于或者等于零,其原因非常明显:取得权利是要花代价的。另外,可以由看涨期权和看跌期权之间的平价关系,得到欧式看涨期权和看跌期权的价格满足的另一个关系式,即

$$C + Ke^{-rT} - S = P \geqslant 0$$
$$P + S - Ke^{-rT} = C \geqslant 0$$

因此,欧式看涨期权和看跌期权的价格下限分别是

$$C \geqslant \max(S - Ke^{-rT}, 0)$$
$$P \geqslant \max(Ke^{-rT} - S, 0)$$

【例 7-1】 假设股票价格是 31 美元,无风险利率为 10%,则 3 个月期的执行价格为 30 美元的欧式看涨期权的价格的下限为

$$\max(S - Ke^{-rT}, 0) = \max(31 - 30e^{-0.1 \times 0.25}, 0) = 1.74(美元)$$

【例 7-2】 假设股票价格是 38 美元,无风险利率为 10%,则 3 个月期的执行价格为 40 美元的欧式看跌期权的价格的下限为

$$\max(Ke^{-rT} - S, 0) = \max(40e^{-0.1 \times 0.25} - 38, 0) = 1.01(美元)$$

类似地,可以采用上一部分的方法(即构造两个不同的投资组合)推导上式。考虑下面两个组合。

组合 1:一个欧式看涨期权加上金额为 Ke^{-rT} 的现金。

组合 2:一只股票。

在组合 1 中,如果现金按无风险利率进行投资,则在期权到期日,组合 1 的价值为

$$\max(S_T - K, 0) + K = \max(S_T, K)$$

组合 2 在期权到期日的价值为 S_T。由此可见,组合 2 的价值不会高于组合 1 的价值,否则会存在套利。所以

$$C + Ke^{-rT} \geqslant S$$

也就是说

$$C \geqslant S - K e^{-rT}$$

欧式看跌期权的价格下限证明方法与之类似,读者可以尝试构造出两个不同的投资组合进行推导。

欧式看涨期权的持有者有权在某一确定的时间以某一确定的价格购买标的资产,那么该期权的价格不会超过股票的价格。否则,投资者可以通过购买股票并卖出期权,获得无风险利润。同样,看跌期权的持有者有权在某一确定的时间以某一确定的价格出售标的资产,那么该看跌期权的价格不会超过执行价格 K。否则,投资者可通过出售看跌期权并将所得收入以无风险利率进行投资,获得无风险利润。

通过上述说明,我们知道了欧式看涨期权和看跌期权的上、下限。需要说明的是,这些结果是一般性的,适用于任何标的资产。

第二节　期权投资策略

在本节,我们讨论期权的投资策略。期权的吸引力之一在于它们具有产生范围非常广泛的不同损益状态的功能。我们将介绍不同形式的期权组合投资策略,并解释其损益状态。本节第一部分,我们考虑基本的期权策略;第二部分介绍投资同一标的资产的两种或两种以上不同期权时,它们所构造的损益状态;第三部分介绍期货期权。

一、期权套期保值运用

购买期权的作用在于降低购买标的资产承担的风险。头寸是指投资者拥有或借用的资金数量,考虑买进标的资产头寸的情形,当标的资产价格升至购买价格以上时,就能盈利,而风险可以由我们所支付的金额限制在一定范围内,潜在的收益却是没有上限的。

与其反向的头寸是指卖空标的资产时的情况。当标的资产价格升至卖空价格以上时,空头头寸是亏损的;当价格持续上涨,该损失则没有上限。因此,持有空头头寸承担的风险是无限的。接下来我们具体分析各种期权策略。

我们首先需要掌握四种基本的期权策略,才能逐步深入了解期权。

(1) 买入看涨期权。

(2) 卖空看涨期权。

(3) 买入看跌期权。

(4) 卖空看跌期权。

期权的价值会随时间而下跌,因此,通常我们希望拥有到期日足够长的期权,使其价值有机会增加。对于期权,"相反法则"是成立的,即如果某件事物不正确,那么与之相反的情形则一定正确。因此,如果时间损耗对我们购买期权不利,则一定对出售期权有利。一般在临近到期日的最后一个月,时间价值将会呈指数递减。我们不愿意持有期权直到最后一个月,却希望能够在离到期日一个月时出售期权。我们以买入看涨期权和卖空看跌期权为例,分析其风险和收益。

（一）买入看涨期权

买入看涨期权是所有期权策略中最基本的一种。对很多人来说，当他们有过买入和卖出股票的经验后，第一次感受期权交易就是通过买入看涨期权得以实现的。看涨期权不难理解，是一种购买的权利，当投资者购买看涨期权时，希望标的资产的价格会上涨。

买入看涨期权的步骤如下。

（1）在美国，每份期权合约都是 100 股。因此，如果期权价格为 1 美元，则该期权合约的价格为 100 美元。

（2）尽力保证股票价格呈上涨的趋势并确定一个明确的支持价位。

（3）根据交易计划中的规则来处理你持有的头寸情况。

（4）如果你希望避免由于时间损耗而遭受损失，就在到期日的最后一个月前出售买入的期权。

（5）如果股价降至你的止损水平以下，就将看涨期权出售后离市。

当持有看涨期权的多头时，你对行情的展望是牛市看涨的。你期望标的资产的价格会上涨。比起购买股票，你将能获得更好的收益。一定要保证给自己足够时间来进行合适的投资，这意味着即使你没有投资于一年或两年的长期普通股预期证券（LEAP），也应该购买期限至少为 6 个月的。如果你认为这样的期权很贵，那么就将其价格除以距离到期日的月份，再将其与更短期限的期权价格相比较。你将会发现 LEAP 或者期限更长一些的期权以每个月而计的价值要更高一些，而合理处理该期权的期限也要更长，因此从中获利的可能性也就更大一些。另一种方法就是仅购买期限较短的深度实值期权。有关定义如表 7-1 所示。

表 7-1　期权价值状态一览表

ITM(in the money)	实值期权	股票价格＞看涨期权执行价
ATM(at the money)	平值期权	股票价格＝看涨期权执行价
OTM(out the money)	虚值期权	股票价格＜看涨期权执行价

当股价上涨时，看涨期权的购买者将会以更快的速度获利，尤其当股票价格高于期权执行价时更是如此。

Delta：Delta 值（速度）是正值，在执行价格附近将会以最快的速度增加，直到达到 1。当期权是深度虚值期权时，Delta 值接近于 0。

Gamma：看涨期权多头的 Gamma 值（加速度）始终为正值，当 Delta 到达其最快变化速率时，Gamma 值达到最高点。

Theta：Theta 值是负值，这表明时间损耗不利于买入看涨期权头寸。

Vega：Vega 值是正值，表明股票波动率对期权头寸是有利的，因为较大波动率可以转变为较高的期权价值。

Rho：Rho 值是正值，表明较高的利率将会增加看涨期权的价值，因此有利于期权头寸。

购买看涨期权具有以下优点。

（1）比直接购买股票更便宜。

（2）比直接拥有股票具有更强的杠杆效应。

（3）风险有限，潜在收益无限。

购买看涨期权的缺点：

（1）如果选择的执行价、到期日和股票不合适，可能遭受 100% 的损失。

（2）如果股价向不利于你的方向变化，那么杠杆效应会很危险。

【例 7-3】　2020 年 3 月 1 日，A 股票以 28.88 美元的价格交易。此时以 4.38 美元购买 2021 年 3 月 1 日到期、执行价为 27.50 美元的看涨期权。如表 7-2 所示。

表 7-2　看涨期权案例损益分析表

你的支付	看涨期权权利金 4.38 美元
最大风险（即 100% 的损失）	看涨期权权利金 4.38 美元
最大收益	随着股价上涨趋于无限
盈亏平衡点	看涨期权执行价＋看涨期权权利金： 27.50＋4.38＝31.88 美元

（二）卖空看跌期权（卖出未担保看跌期权，naked put）

卖出看跌期权是一种简单的短期收入策略。看跌期权是出售的权利。当你出售一份看跌期权时，你将出售的权利转售给了其他人。当股票价格下跌时，如果你要执行该期权，就必须买入相应的股票。因此，仅以执行价出售你希望拥有的股票的虚值看跌期权。

卖空看跌期权的步骤如下。

（1）在美国，每份期权合约都是 100 股。因此，如果期权价格为 1 美元，则该期权合约的价格为 100 美元。

（2）尽力保证股票价格呈上涨趋势并确定一个明确的支持价位。

（3）根据交易计划中的规则来处理你持有的头寸情况。

（4）很有可能股价会上涨或保持不变，这使你要出售的期权随着到期日的临近而变得没有价值，因此你就能获得所有的权利金。

（5）如果股价跌至你的止损水平以下，就将看跌期权回购后离市。

（6）时间损耗将会使你的看跌期权日渐贬值，因此，在所有其他条件保持不变的情况下，你要出售的看跌期权价值会日渐减少，这使得你回购期权的价格低于买入期权的价格，当然标的股票价格下跌的情况除外。

如果卖出看跌期权，你期望股票行情是看涨的或者至少是保持向一个方向变化的。你所承担的最大风险是看跌期权执行价减去权利金，你能获得的最大收益上限为你得到的看跌期权的权利金。这被认为是一种高风险策略。时间损耗对于你卖空期权是有利的，因此，应最大限度利用期权的时间，在期权到期前的最后一个月出售看跌期权。

当股价下跌时，看跌期权的卖空者将会以更快的速度遭受损失，尤其当股票价格低于期权执行价时更是如此。

Delta：Delta 值（速度）是正值，当股票价格升至期权执行价以上时，其头寸获得最大潜在收益后变为 0。

Gamma：卖空看跌期权的 Gamma 值（加速度）始终为负值，当 Delta 到达其最快变化速率时，Gamma 值达到最低点。此时头寸是平价期权。

Theta：Theta 值是正值，表明时间损耗有利于卖出看跌期权头寸。

Vega：Vega 值是负值，表明股票波动率对期权头寸是不利的，因为较大波动率可以转变为较高的期权价值。

Rho：Rho 值是正值，表明较高的利率将会有利于卖空看跌期权头寸。

卖空看跌期权的优点：

（1）如果操作正确，你将可以由卖空看跌期权的价格上涨或者价格变化具有一定范围的股票中获取常规收入。

（2）卖空期权可以作为以比市场价格便宜的价格购买股票的替代途径。

卖空看跌期权的缺点：

（1）当股价下跌时，卖空看跌期权会使你面对非常大的风险。

（2）该策略不适用没有经验的投资者。你只能在你出售的看跌期权执行价上对你想要拥有的股票适用此策略。

【例 7-4】 2020 年 3 月 1 日，A 股票以 27.35 美元的价格交易。此时以 1.05 美元买入 2021 年 3 月 1 日到期，执行价为 25.00 美元的看跌期权，如表 7-3 所示。

表 7-3　看跌期权案例损益分析表

你所支付	看跌期权权利金 1.05 美元
最大风险（即 100%的损失）	看跌期权执行价－看跌期权权利金： 25.00－1.05＝23.95 美元
最大收益	看跌期权权利金 1.05 美元
盈亏平衡点	看跌期权执行价－看跌期权权利金： 25.00－1.05＝23.95 美元

二、复合期权的投资策略

只有期权能够使我们通过结合购买/售出投资策略来增加回报收益。收入策略通常被认为属于短期策略类型，每个月可以通过出售期权获得期权权利金。很多投资者用这种方式获得较高的回报收益率。不要误认为复杂的策略就一定会得到高回报收益。较高的回报率是通过连续不断地执行规划良好的交易计划而得以实现的。很多成功的交易者都是在一遍遍重复执行相同的简单投资过程。

本小节将简单介绍一些基本的收入策略为不同操作水平和经验的交易者所使用，其中包括备兑看涨期权组合、垂直价差期权组合、水平价差期权组合、蝶式期权组合、跨式期权组合和宽跨式期权组合。

（一）备兑看涨期权组合

备兑看涨期权组合策略是指当拥有股票时，你以每月为单位出售你所拥有的标的股票的虚值看涨期权，以此作为从拥有股票中获取租金（或者股息红利）的方法。该策略为包括一个简单期权和一个股票的交易策略。该策略的盈利情况如图 7-4 所示。

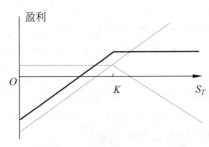

盈利

O　　　　　K　　　S_T

图 7-4　备兑看涨期权组合的盈利情况

如果股票的价格升至看涨期权执行价以上,你将行权并售出股票,无论怎样你都能获得收益。如果股票价格保持不变,由于你能得到看涨期权权利金,所以你将能够获利。如果股票价格下跌,你也可以得到看涨期权的权利金,从而减少损失。当持有一种备兑看涨期权组合时,你对股票价格变化方向是中性的或者牛市看涨的,你期望股票价格平稳上涨。

当股价上涨时,备兑看涨期权组合将开始盈利,但获利速度会随着股票价格接近期权执行价和最大收益点而减缓。

Delta:Delta 值(速度)是正值,当股票价格升至期权执行价以上并获得最大收益时降为 0。

Gamma:备兑看涨期权的 Gamma 值(加速度)始终为负值,因为你是看涨期权的净卖者。

Theta:Theta 值是正值,表明时间损耗有利于该头寸。

Vega:Vega 值是负值,表明股票波动率对期权头寸是不利的。

Rho:Rho 值是负值,表明较高的利率将会不利于期权头寸。

买入备兑看涨期权组合的优点:

(1) 每月获得一定的收入。

(2) 比直接拥有股票具有更低的风险。

(3) 能从一定范围内变化的股票价格中获益。

买入备兑看涨期权组合的缺点:

(1) 有些交易者认为从现金费用上考虑,该策略比较昂贵。

(2) 如果股票价格上涨,向上收益具有上限。

【例 7-5】　2020 年 3 月 1 日,A 股票以 28.20 美元的价格交易。此时以 28.20 美元买入股票并出售 2021 年 3 月 1 日到期,权利金为 0.90 美元、执行价为 30 美元的看涨期权,如表 7-4 所示。

表 7-4　备兑看涨期权组合案例损益分析表

你所支付	股票价格减去看涨期权权利金 27.30 美元
最大风险(即 100% 的损失)	股票价格减去看涨期权权利金 27.30 美元
最大收益	限制在获得的看涨期权权利金加上看涨期权执行价减去支付的股票价格 0.90+30-28.20=2.70 美元
盈亏平衡点	股票价格减去看涨期权权利金 27.30 美元

类似地,还有备兑看跌期权组合。该策略是一种熊市收入策略,是同备兑看涨期权组合相反的过程,此处不再重复。

（二）垂直价差期权组合

我们将垂直价差期权组合定义为：具有不同执行价，但到期日却相同的期权策略。其主要包括牛市看涨价差期权组合、熊市看跌价差期权组合、牛市看跌价差期权组合和熊市看涨价差期权组合。我们以前两种策略为例进行详细介绍。

牛市看涨价差期权组合策略是指购买一份看涨期权并出售一份具有相同到期日而执行价较高的看涨期权。牛市看涨价差期权组合需要牛市看涨的市场前景，因为只有当股票价格上涨时才能获利。牛市看涨价差期权组合的盈利情况如图 7-5 所示。

当股价上涨时，牛市看涨价差期权组合将开始盈利，当股票价格升至较高执行价以上时，将获得最大收益。

Delta：Delta 值（速度）是正值，当股票价格在两个执行价之间时，该速度达到最快。

Gamma：在较低的（购买）执行价以下时，Gamma 值（加速度）达到最高点；在较高的（售出）执行价以上时，Gamma 值（加速度）达到最低点。

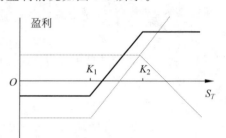

图 7-5　牛市看涨价差期权组合的盈利情况

Theta：当期权是虚值（实值）时，时间损耗不利（有利）于该头寸。

Vega：当期权是虚值时，股票波动率有利于期权头寸。期权为实值时则不利于该头寸。

Rho：较高的利率将有利于期权头寸。

牛市看涨价差期权组合策略的优点：

（1）同只是购买看涨期权策略相比，对于中长期的牛市交易，该策略能够减少风险并使成本和盈亏平衡点降低。

（2）向下风险具有上限。

（3）越远离到期日，针对股票价格迅速下跌的情况，该头寸所提供的向下风险措施就越好。

牛市看涨价差期权组合策略的缺点：

（1）只有当你选择足够高的执行价且标的股票价格升至两个执行价中较高的执行价水平时，才能获得较大收益。

（2）如果股票价格上涨，向上收益具有上限。

（3）离到期日越远，你获得最大收益的速度就越慢。

【例 7-6】　2020 年 3 月 1 日，A 股票以 26.00 美元的价格交易。此时以 1.40 美元买入 2021 年 3 月 1 日到期、执行价为 27.50 美元的看涨期权，同时以 0.25 美元的价格售出 2021 年 3 月 1 日到期、执行价为 32.50 美元的看涨期权，如表 7-5 所示。

表 7-5　牛市看涨价差期权组合案例损益分析表

净债务	购买期权权利金减去售出期权权利金 1.40−0.25＝1.15 美元
最大风险（即 100% 的损失）	净债务 1.15 美元

续表

最大收益	两种执行价差额减去净债务 5.00－1.15＝3.85美元
盈亏平衡点	较低执行价加净债务：28.65美元

熊市看跌价差期权组合是指购买一份长期看跌期权并出售一份具有相同到期日而执行价较低的看跌期权。该策略需要熊市看跌的市场前景，只有当股票价格下跌时你才能够获利。熊市看跌价差期权组合的盈利情况如图7-6所示。

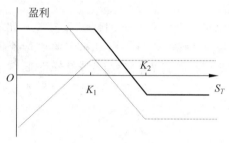

图7-6　熊市看跌价差期权组合的盈利情况

当股价下跌时，熊市看跌价差期权组合将开始盈利，当股票价格跌至较低执行价以下时，将获得最大收益。

Delta：Delta值（速度）是负值，当股票价格在两个执行价之间时，该速度达到最快。

Gamma：在较低的（售出）执行价以下时，Gamma值（加速度）达到最低点；在较高的（购买）执行价以上时，Gamma值（加速度）达到最高点。

Theta：当遭受损失时，时间损耗不利于该头寸。当期权为实值时，时间损耗有利于该头寸。

Vega：当遭受损失时，股票波动率有利于期权头寸。可以盈利时则不利于该头寸。

Rho：较高的利率将不利于期权头寸。

熊市看跌价差期权组合的优点：

（1）对中长期的熊市交易，该策略能够减少风险并使成本和盈亏平衡点降低。

（2）风险具有上限。

（3）越远离到期日，针对股票价格迅速上涨的情况，该头寸所提供的向下风险措施就越好。

熊市看跌价差期权组合的缺点：

（1）只有选择足够低的执行价以及标的股票价格跌至两个执行价中较低执行价水平时，才能获得较大的收益。

（2）如果股票价格下跌，向上收益具有上限。

（3）越远离到期日，你获得最大收益的速度将会越慢。

【例7-7】　2020年3月1日，A股票以26.00美元的价格交易。此时以0.35美元出售2021年3月1日到期、执行价为20美元的看跌期权，并以1.80美元买入2021年3月1日到期、执行价为25美元的看跌期权，如表7-6所示。

表7-6　熊市看跌价差期权组合案例损益分析表

净债务	购买期权权利金减去售出期权权利金 1.80－0.35＝1.45美元
最大风险（即100%的损失）	净债务1.45美元

续表

最大收益	两种执行价差额减去净债务 5.00－1.45＝3.55 美元
盈亏平衡点	较高执行价减净债务：23.55 美元

牛市看跌价差期权组合与熊市看涨价差期权组合与前两种类似,此处不再重复,有兴趣的读者可以自己进行分析。

（三）水平价差期权组合

水平价差期权组合分为水平价差看涨期权组合和水平价差看跌期权组合。水平价差看涨期权组合是指以一定价格购买一份到期日是长期的看涨期权,再以相同的执行价售出一份到期日是短期的看涨期权。此时,你对行情的展望是看涨的,你期望价格平稳上涨。水平价差看跌期权组合正好相反,是指以一定价格购买一份到期日是长期的看跌期权,再以相同的执行价售出一份到期日为短期的看跌期权。我们以水平价差看涨期权组合为例进行分析,看跌情形类似可以得出。

在卖空看涨期权到期且股票价格等于执行价时获得最大收益,股票价格任何大的上涨或下跌对于该头寸都很危险。

Delta：Delta 值（速度）在任意一个执行价时达到最快,表明该头寸在价格往一个方向变化时,该速度提高,往另一个方向变化也是如此。

Gamma：在执行价附近达到相反的峰值,表明此处的 Delta 曲线最为陡峭。

Theta：取值为正。在执行价附近,时间损耗会有利于该头寸。

Vega：增加股票波动率有利于期权头寸。

Rho：较高的利率将有利于期权头寸。

水平价差看涨期权组合的优点：能够从一定范围内变化的股票价格中获利,而且比备兑看涨期权组合能够获得更大的收益。

水平价差看涨期权组合的缺点：

(1) 如果股价上涨,上升趋势有上限。

(2) 如果股票价格显著上涨,可能反而因上升趋势而受损。

【例 7-8】 5 月 5 日,A 股票以 65.00 美元的价格交易。此时以 2.70 美元出售 6 月到期、执行价为 65 美元的看涨期权,并以 12.50 美元买入 11 月到期、执行价为 65 美元的看涨期权。股票历史波动率为 30%。在 6 月份到期日,该策略损益情况如图 7-7 所示。

我们按照股票价格在 6 月到期日的不同情形进行分析。

情况 1：股票价格跌至 60 美元

根据 Black-Scholes 公式,买入看涨期权大

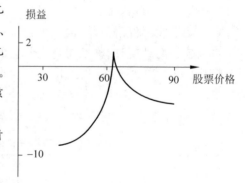

图 7-7　水平价差看涨期权组合的盈利情况

约价值 8.40 美元,现在损失 4.10 美元。

卖空看涨期权现在价值为 0,获利 2.70 美元。

总损益:损失 1.40 美元。

情况 2:股票价格跌至 62.50 美元

买入看涨期权大约价值 9.80 美元,现在损失 2.70 美元。

卖空看涨期权现在价值为 0,获利 2.70 美元。

总损益:盈亏平衡。

情况 3:股票价格保持 65.00 美元

买入看涨期权大约价值 11.40 美元,现在损失 1.10 美元。

卖空看涨期权现在价值为 0,获利 2.70 美元。

总损益:盈利 1.60 美元。

情况 4:股票价格升至 70 美元

买入看涨期权大约价值 14.80 美元,现在获利 2.30 美元。

卖空看涨期权现在为 5.00 美元的实值期权,该期权被执行,损失

$$5.00-2.70=2.30(美元)$$

总损益:盈亏平衡

情况 5:股票价格升至 75.00 美元

买入看涨期权大约价值 18.35 美元,现在获利 5.85 美元。

卖空看涨期权现在为 10.00 美元的实值期权,该期权被执行,损失

$$10.00-2.70=7.30(美元)$$

总损益:损失 1.45 美元。

(四) 蝶式期权组合

蝶式期权组合策略由三种不同执行价格的期权头寸所组成。可通过如下方式构造:购买一个较低执行价格 K_1 的看涨期权,购买一个较高执行价格 K_3 的看涨期权,出售两个执行价格 K_2 的看涨期权,其中 K_2 是 K_1 和 K_3 的中间值。一般来说,K_2 非常接近股票的现价。如果股票价格保持在 K_2 附近,运用该策略就会获利;如果股票价格在任何方向上有较大波动,则会有少量损失。因此对于那些认为股票价格不可能发生较大波动的投资者来说,这是一个非常适当的策略。蝶式期权组合的损益如图 7-8 和表 7-7 所示。

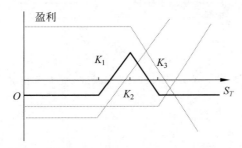

图 7-8　蝶式期权组合的损益情况

表 7-7 蝶式期权组合损益

股价范围	第一个看涨期权多头损益	第二个看涨期权多头损益	看涨期权空头损益	组合的损益
$S_T \leqslant K_1$	0	0	0	0
$K_1 < S_T \leqslant K_2$	$S_T - K_1$	0	0	$S_T - K_1$
$K_2 < S_T \leqslant K_3$	$S_T - K_1$	0	$-2(S_T - K_2)$	$K_3 - S_T$
$S_T > K_3$	$S_T - K_1$	$S_T - K_3$	$-2(S_T - K_2)$	0

注：我们设 $K_2 = 0.5(K_1 + K_3)$。

假定股票的现价为 61 美元。如果投资者认为在以后的 6 个月中股票价格不可能发生重大变化。假定 6 个月期看涨期权的市场价格如表 7-8 所示。

表 7-8 看涨期权的市场价格 　　　　　　　　　　　　　　　　美元

执行价格	看涨期权价格
55	10
60	7
65	5

通过购买一个执行价格为 55 美元的看涨期权,购买一个执行价格为 65 美元的看涨期权,同时出售两个执行价格为 60 美元的看涨期权,投资者就可构造一个蝶式期权组合。构造这个蝶式期权组合的成本为 $10 + 5 - 14 = 1$ 美元。如果在 6 个月后,股票价格高于 65 美元或低于 55 美元,该策略收益为 0,投资者的净损失为 1 美元。如果股票价格在 56 美元到 64 美元之间,运用该策略就可获利。当到期日股票价格为 60 美元时,就会得到最大利润 4 美元。

类似地,我们也可以通过购买一个执行价格较低的看跌期权,购买一个执行价格较高的看跌期权,同时出售两个中间执行价格的看跌期权,来构造看跌期权的蝶式期权组合,如图 7-9 所示。

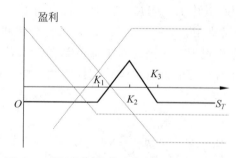

图 7-9 看跌期权的蝶式期权组合的盈利情况

(五) 跨式期权组合

组合期权中非常普遍的就是跨式期权组合策略。同时买入具有相同执行价格、相同到期日的同种股票的看涨期权和看跌期权就可构造该策略。设执行价格为 K。其盈利状态如图 7-10 所示。如果在期权到期日,股票价格非常接近执行价格,跨式期权组合就会发生损失。但是,如果股票价格在任何方向上有很大偏移,就会有大量的利润。表 7-9 计算了该期权策略损益。

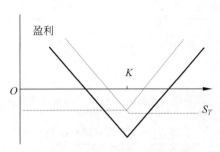

图 7-10 跨式期权组合的盈利情况

表 7-9 跨式期权组合损益

股价范围	看涨期权损益	看跌期权损益	组合的损益
$S_T \leqslant K$	0	$K - S_T$	$K - S_T$
$S_T > K$	$S_T - K$	0	$S_T - K$

当投资者预期股票价格会有重大变动,但不知道变动方向时,则可应用跨式期权组合策略。假设投资者认为某一股票的价格在以后的 3 个月中将发生重大的变化,该股票的现行市场价值为 69 美元。该投资者可通过同时购买到期期限为 3 个月、执行价格为 70 美元的一个看涨期权和一个看跌期权来构造跨式期权组合。假定看涨期权的成本为 4 美元,看跌期权的成本为 3 美元。如果股票价格保持 69 美元,我们很容易知道该策略的成本为 6 美元(初始投资需要 7 美元,看涨期权到期时价值为 0,看跌期权到期时价值为 1 美元)。如果到期时股票价格为 70 美元,则会有 7 美元的损失。但是,如果股票价格跳跃到 90 美元,则该策略可获利 13 美元;如果股票价格跌到 55 美元,可获利 8 美元。

我们有时称图 7-10 中的跨式期权组合为底部跨式期权组合或买入跨式期权组合。顶部跨式期权组合或卖出跨式期权组合的情况正好相反。同时出售相同执行价格和相同到期日的看涨期权和看跌期权可构造顶部跨式期权组合。这是一个高风险的策略。如果在到期日股票价格接近执行价格,会产生一定的利润。然而,一旦股票在任何方向上有重大变动,其损失是无限的。

(六)宽跨式期权组合

宽跨式期权组合有时也被称为底部垂直价差组合,投资者购买相同到期日但执行价格不同的一个看跌期权和一个看涨期权。其盈利状态如图 7-11 所示。看涨期权的执行价格 K_2 高于看跌期权的执行价格 K_1。表 7-10 计算了宽跨式期权的损益。

宽跨式期权组合策略与跨式期权组合策略类似。投资者预期股票价格会有大幅变动,但不能确定股价是上升还是下降。我们对比图例发现宽跨式期权组合策略中股价的变动程度要大于跨式期权组合策略中的股价变动,投资者才能获利。但是,当股价最终处于中间价位时,宽跨式期权组合的损失也较小。

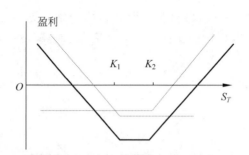

图 7-11　宽跨式期权组合的盈利情况

表 7-10　宽跨式期权损益

股价范围	看涨期权损益	看跌期权损益	组合的损益
$S_T \leqslant K_1$	0	$K_1 - S_T$	$K_1 - S_T$
$K_1 < S_T < K_2$	0	0	0
$S_T > K_2$	$S_T - K_2$	0	$S_T - K_2$

运用宽跨式期权组合所获的利润大小取决于两个执行价格的接近程度。它们距离越远,潜在的损失越小,为获得利润,则股价的变动需要更大一些。

有时将出售一个宽跨式期权组合称为顶部垂直价差组合。如果投资者认为股价不可能发生巨大变化,则可运用该策略。但是,与出售跨式期权组合类似,由于投资者的潜在损失是无限的,所以该策略风险极高。

三、期货期权投资策略

如今在许多不同的交易所中进行基于期货合约的期权也称期货期权(options on futures or futures options)的交易。这种交易在执行时交割一份标的期货合约。如果执行一份期货看涨期权,持有者将获得该期货合约的多头头寸外加一笔数额等于期货当前价格减去执行价格的现金。如果执行一份期货看跌期权,持有者将获得该期货合约的空头头寸外加一笔数额等于执行价格减去期货当前价格的现金。

期货期权与现货期权有什么区别呢?在期货合约到期日,任何资产的期货价格都等于当时的现货价格。所以如果期货合约与欧式期货期权合约到期日相同,欧式期货期权的价值就与相应的标的资产的欧式期权的价值相同。

进行交易的期货期权实际上通常是美式的。假如无风险利率为正,提前执行美式期货期权有时是最优的。因此,美式期货期权的价值要高于相应的欧式期货期权。遗憾的是,我们还没有得到美式期货期权定价的解析公式。

与欧式期货期权不同,美式期货期权并不总是与相应的美式现货资产期权具有相同的价值。例如,假设有一种正常市况市场,在到期日之前期货价格总是高于现货价格。大多数指数、黄金、白银、低利率货币和一些商品就是这种情况。在正常市况市场,美式看涨期货期权的价值一定比相应的该现货资产的美式看涨期权价值高。这是因为,在有些情况下,美式期货期权可能会提前执行,这时它将为持有者提供更大的收益。同样,美式看跌期货期权的价值一定比相应的该现货资产的美式看跌期权价值要低。如果存在一个逆况市场,期货价格则总是低于现货价格,如高利率货币和某些商品就是这样。此时的状况就与上面的结论相反,美式看涨期货期权的价值一定比相应的该现货资产的美式看涨期权价值低,而美式看跌期货期权的价值一定比相应的该现货资产的美式看跌期权价值高。

　　当期货合约比期权合约到期晚或两者同时到期时,以上所述的美式期货期权和美式现货资产期权的差异是正确的。实际上,期货合约到期越晚,两者的差异就越大。无论现货价格和期货价格遵循的过程是怎样的,以上结论都成立。

　　期货期权中的期货既可以是金融期货,也可以是商品期货。期权合约的到期日通常比标的期货合约的最早交割日要早几天或同时。例如,NYSE 指数期货期权和 S&P 指数期货期权都与标的期货合约同一天到期;而 IMM 货币期货期权的到期日比期货合约到期日要早两个交易日。

　　【例 7-9】　投资者拥有一份执行价格为每磅 70 美分的 25 000 磅黄铜 9 月份期货看涨期权。假设当前 9 月份交割的黄铜期货价格为 80 美分。如果执行该期权,投资者将收入 2 500 美元再加上一个购买 9 月份 25 000 磅黄铜期货合约的多头头寸。如果愿意的话,可以毫无费用地立即冲销期货头寸。这可以使投资者最终获得 2 500 美元的现金。

　　【例 7-10】　投资者拥有一份执行价格为每蒲式耳 200 美分的 5 000 蒲式耳玉米 12 月份期货看跌期权。假设当前 12 月份交割的玉米期货价格为 180 美分。如果执行该期权,投资者将收入 1 500 美元再加上一个出售 12 月份 5 000 蒲式耳玉米期货合约的空头头寸。如果愿意的话,可以毫无费用地立即冲销期货头寸。这可以使投资者最终获得 1 000 美元的现金。

(一)广泛使用期货期权的原因

　　当交割基于标的资产的期货合约比交割标的资产本身更便宜、更方便的时候,对投资者来说,交易期货期权比交易标的资产期权更有吸引力。对许多商品而言的确如此。例如,交割活猪期货合约比交割活猪本身更容易、更方便。

　　期货期权的一个重要特点是执行该期权通常并不产生标的资产的交割,因为在大多数情况下,在交割前标的期货合约就已经冲销了。因此,期货期权通常以现金结算。这吸引了许多投资者,特别是那些资本有限,而当期权被执行时又难以筹措足够的资金购买标的资产的投资者。

　　人们有时也谈到期货期权的另一个优点,即在同一个交易所中,期货的交易池(pit)和期货期权合约的交易池彼此靠近。这方便了对冲、套利和投机。这也使得市场更有效率。

　　最后一点是,在许多情况下,期货期权比即期期权(spot option)承担较低的交易费用。

(二)Black-Scholes 模型

　　1976 年,Black 研究出期货期权的定价模型。该模型假设期货价格 F 遵循如下的几何布朗运动:

$$\mathrm{d}F = \mu F \mathrm{d}t + \sigma F \mathrm{d}z$$

式中，μ 为 F 的预期增长率；σ 为波动率；dz 为维纳过程。在这种情况下，欧式期货看涨期权价格 C 和欧式期货看跌期权价格 P 分别为

$$C = e^{-r(T-t)}[FN(d_1) - KN(d_2)] \tag{7-2}$$

$$P = e^{-r(T-t)}[KN(-d_2) - FN(-d_1)] \tag{7-3}$$

其中：

$$d_1 = \frac{\ln(F/K) + (\sigma^2/2)(T-t)}{\sigma\sqrt{T-t}}$$

$$d_2 = \frac{\ln(F/K) - (\sigma^2/2)(T-t)}{\sigma\sqrt{T-t}} = d_1 - \sigma\sqrt{T-t}$$

【例 7-11】 考虑一个原油的欧式看跌期货期权。设距到期日还有 4 个月，当前期货价格为 20 美元，执行价格是 20 美元，无风险利率是每年 9%，期货价格的波动率是每年 25%。在本例中，$F=20$，$K=20$，$r=0.09$，$T-t=0.333\,3$，$\sigma=0.25$。

由于 $\ln(F/X)=0$，则

$$d_1 = \frac{\sigma\sqrt{T-t}}{2} = 0.072\,16$$

$$d_2 = -\frac{\sigma\sqrt{T-t}}{2} = -0.072\,16$$

$$N(-d_1) = 0.471\,2$$

$$N(-d_2) = 0.528\,8$$

看跌期权价格 P 为

$$P = e^{-0.09 \times 0.333\,3}(20 \times 0.528\,8 - 20 \times 0.471\,2) = 1.12(美元)$$

（三）期货价格的预期增长率

在风险中性世界中，支付红利率是 q 的股票的预期增长率为 $r-q$（这是因为，运用这个增长率，以红利和资本收益形式的总预期收益是 r）。由于期货价格的行为类似于红利率 q 等于 r 的股票价格，它说明，在风险中性世界中，期货价格的预期增长率是 0。这也是我们能预期到的。签署期货合约不需要成本。因此在风险中性世界里，期货合约持有者的期望收益应该是 0。这个结论是一个非常普遍的结论，对所有期货合约都成立。在利率是随机变量的世界中以及利率是常数的世界中，都要用到这个结论。

（四）看跌-看涨期货期权平价关系

欧式期货看涨期权和看跌期权之间的平价关系也可用与一般期权同样的方法推导出来。如果 F_T 是到期日的期货价格，一份欧式看涨期权加上数额为 $Ke^{-r(T-t)}$ 的现金的最终价值为

$$\max(F_T - K, 0) + K = \max(F_T, K)$$

一笔数额为 $Fe^{-r(T-t)}$ 的现金加上一份期货合约再加上一份欧式看跌期权的最终价值为

$$F + (F_T - F) + \max(K - F_T, 0) = \max(F_T, K)$$

由于到期日两种证券组合等价,所以它们今天的价值也相等。今天的期货合约的价值为 0。因此,

$$C + Ke^{-r(T-t)} = P + Fe^{-r(T-t)} \tag{7-4}$$

【例 7-12】　假设一份 6 个月后到期、执行价格为 8.5 美元的欧式白银期货看涨期权的价格为每盎司 56 美分。设 6 个月后交割的白银期货价格现在是 8 美元,6 个月后到期的投资的无风险利率为每年 10%。可以算出与看涨期权具有相同到期日和执行价格的欧式白银期货看跌期权的价格为

$$0.56 + 8.50e^{-0.5 \times 0.1} - 8.00e^{-0.5 \times 0.1} = 1.04(美元)$$

（五）期货期权交易策略

1. 期货期权投机交易

利用期货期权进行投机交易的原理和利用股票期权或指数期权进行投机交易的原理相类似。假设在 9 月初,一个投机者预期大豆的收成将比想象的要好得多,他认定大豆的价格一定会下跌。他可能会卖出无抵补的看涨期权,但同时也可能不放心这种具有无限风险和预先确定收益上限特征的策略。因此,同所有其他期权使用一样,在面临作出关于有效期和执行价格的决策时,他决定改买大豆期货看跌期权。对投机者来说,距离期权到期日的时间越长,价格向有利方向变动的可能性就越大,但同时,购买期权的费用就越高。执行价格越有利,期权的期权费也就越高。

在考虑了这些因素后,投机者以 15 美分的价格购买 3 份 11 月 500 看跌期权的风险为

$$3 \text{份合约} \times \frac{5\,000\ \text{蒲式耳}}{\text{份合约}} \times \frac{0.15\ \text{美元}}{\text{蒲式耳}} = 2\,250(美元)$$

这是期权的买方所可能遭受的最大损失。

到 10 月中旬,大豆价格下跌。若期货合约的结算价格降至 4.85 美元,则 500 看跌期权的内在价值为 15 美分。此时,仍有时间价值,期权的期权费大概为 25 美分。出售 3 份看跌期权,每 15 000 蒲式耳的收益为 0.25 美元(卖出价)减 0.15 美元(买入价),总收益为 1 500 美元。另外,如果大豆的价格仍然高于 5 美元,则随着到期日的临近,看跌期权的价值将逐渐趋近于 0。

2. 期货期权价差组合

期货期权的投机者经常通过构建各种类型的期权差价来降低其货币风险。例如,大豆牛市投资者,可以通过买入看涨期权同时以更高的执行价格卖出另一看涨期权来构造牛市价差组合。

参见表 7-11 中的 11 月 500 和 525 大豆看涨期权。每蒲式耳的结算价格分别为 20 美分和 10.5 美分。表 7-11 列出了相关牛市价差组合的盈亏情况。

一份期权,每蒲式耳的最大可能损失为 9.5 美分,或每 5 000 蒲式耳 475 美元,最大收益为 775 美元。由于期货期权的乘数常不是 100,因此,在计算"净"数值时要特别加以注意。

表 7-11　大豆牛市价差组合

	期货结算价格/(美分/蒲式耳)							
	495	500	505	510	515	520	525	530
价格 20 买 500 看涨期权	−20	−20	−15	−10	−5	0	+5	+10
价格 10.5 卖 525 看涨期权	+10.5	+10.5	+10.5	+10.5	+10.5	+10.5	+10.5	+5.5
净值	−9.5	−9.5	−4.5	+0.5	+5.5	+10.5	+15.5	+15.5

3. 价差组合的基差风险

买入次年 1 月的大豆合约而卖出当年 11 月的大豆合约就会产生基差风险,这是因为两份合约的基差不同,甚至每份合约都有可能带来对你不利的结果。

期货期权也是这样,买入 1 月 550 大豆期货看涨期权,卖出 11 月 550 期货看涨期权,就构成水平价差,同时假定当前大豆的现货价格为 490。

这种价差存在着基差。1 月 550 看涨期权持有者有权买入 1 月的期货合约,卖出 11 月的看涨期权使相应的买方有权买入 11 月的期货合约。如果 11 月看涨期权的持有者决定执行期权,则该看涨期权的卖方必须卖出期货合约。1 月期货合约和 11 月期货合约的价格可能会相差很大。

例如价差投资者以 31.25 美分的价格买入 1 月 500 看涨期权,并以 20 美分的价格卖出 11 月 500 看涨期权。该价差组合的净成本为每蒲式耳 11.25 美分。大豆期货和期权合约规模为 5 000 蒲式耳,因此构建该价差组合需要支出现金 5 000 蒲式耳×0.112 5 美元/蒲式耳=562.50 美元。

假设两个月后大豆价格上涨,现货价格涨至 540,11 月的合约价格涨至 550,1 月合约的价格涨至 555,11 月看涨期权的期权费变为 67 美分,1 月看涨期权的期权费变为 72 美分。表 7-12 列出了相关净变化量。1 月合约的基差变化量大于 11 月合约的基差变化量,从而使该价差组合遭受亏损。

表 7-12　期货期权价差组合中基差的变化带来的影响

	11 月交割				1 月交割		
	现货价	期货价	基差	期权价值	期货价	基差	期权价值
9 月 8 日	490	505	+15	20	514.5	+24.5	31.5
10 月 8 日	540	550	+10	67	555	+15	72
变化值		+45	−5	+47	+40.5	−9.5	+40.75

卖出 11 月看涨期权的损失:　买入 1 月看涨期权的收益:

$0.47×5 000=$2 350　　$0.407 5×5 000=$2 037.50

净亏损=$2 350−$2 037.50=$312.50

4. 期货期权套期保值

我们可以像利用股票期货或者指数期货套期保值那样来用期货期权套期保值。任何套期保值策略都是通过牺牲可能的收益来限制风险水平的。在商品市场中,常用期货期权进行不同程度的套期保值。

假设 A 家庭经营一片 1 500 亩的农场。根据经验,他们认为每亩大豆的收成在 30～40

蒲式耳之间,预计可收获 50 000 蒲式耳。这个家庭按照惯例借助期货市场对价格风险套期保值。从理论上讲,他们可以卖出 10 份大豆期货合约,为 50 000 蒲式耳的大豆套期保值。

由于存在一些无法预料的问题(天气、虫灾、龙卷风等),有时难以交割期货合约所需的 50 000 蒲式耳大豆。因此,他们只卖出 9 份合约来套期保值,借此减少因大豆收获不足所带来的成本。若收获的大豆不足以用来交割,他们为履行期货合约则必须承担资金上的损失,或者在现货市场买入大豆来充数。

最后,这家人感觉今年大豆的价格很可能要高于往年。期货市场或者期权期货市场的套期保值交易,锁定了大豆的价格,而这个价格又可能会低于收获时大豆的市场价格。为此,他们买入一些大豆的看涨期权。这样,如果价格大幅度上扬,他们就可以减少部分损失。购买看涨期权的费用可以被看作为避免在收获时期错过一个高市场价格而支付的保险费。

5. 投机者与套期保值

期货期权对于利用利率期货和股票指数期货进行投机交易的个人投资者来说尤其有用。例如,如果买入标准普尔 500 指数期货合约,市场走低时,因为每天都要进行逐日结算,所以投资者的账户余额就会减少。标准普尔指数期货看跌期权可以帮助避免这种潜在的巨额损失(你也可以卖出看涨期权,但是这种交易所提供的保值能力较弱)。同样,卖出标准普尔 500 指数期货的交易者也可以通过买入看涨期权或卖出看跌期权来进行套期保值。

即测即练

第 八 章

如何撰写期货投资研究报告

本章学习目标

　　期货投资分析的结果主要就是两个,一个就是交易策略,一个就是研究报告。通过本章学习,应该能够:

　　1. 了解期货等衍生品市场金融信息(包括数据)收集的方法和渠道。

　　2. 了解期货研究报告的各种类型。

　　3. 掌握期货定期报告、专题报告、调研报告以及投资方案在格式和内容等方面的写作要点与规范,并能够运用到实际工作中。

　　期货投资研究报告是期货分析师的主要的工作成果,是期货公司等机构提供给投资者的咨询产品。期货投资研究报告通常是通过网站、电子邮件、微信等方式呈现于投资者,也有通过报刊、图书等纸质印刷品表现出来的,还有一些是通过广播、电视、视频、报告会、光盘等方式对外发布的。

第一节　期货投资的信息收集

　　期货等衍生品投资研究报告实际上是对金融信息进行收集、整理、加工的结果。因此,撰写研究报告的第一步就是信息的收集。信息的来源应该选用权威的机构、主流的媒体,并采用科学的收集、整理方法。

　　宏观经济信息通常由权威机构通过主流媒体发布,也有通过自身官方的网站或者专门的新闻发布会发布的。这些权威的机构如中国人民银行、美联储、欧洲央行、国家统计局、海关总署等。而主流的媒体如人民日报、新华社、路透社、中国证券报、期货日报等。行业或具体品种的信息通常由政府主管部门、行业协会或相关专业机构来发布。比如,通过海关总署网站可以查到中国原油、大豆、铜、铁矿砂等大宗商品的进口数据;美国农业部每月公布的世界农产品供需报告等。而对于单个企业的信息通常通过指定信息披露媒体或商业惯例来发布。比如某一个钢厂的现货调价等信息。

　　在信息收集方法方面,可以通过专职人员人工收集整理信息,也可以通过付费购买专业信息机构的信息,还可以通过计算机程序化抓取和汇总信息等。一些大的信息机构,甚至利用卫星遥感和手机大数据等新技术收集信息。对于普通投资者,期货公司通常都会提供免费的期货行情报价系统,这些行情信息系统通常也带有相关即时的新闻信息、分析评论等。另外,期货公司网站、各类财经媒体网站也提供及时的金融信息和研究报告、市场评论等。对于期货分析师,所在相关期货中介机构通常会提供通过付费购买的专业信息机构的信息数据等。

对于农产品期货信息,国外市场比较重要的信息来源有:美国农业部每月公布的世界农产品供需报告,美国农业部定期公布的作物生长报告以及每周公布的油料和谷物出口检测、销售报告,世界粮农组织、美国大豆协会、美国谷物协会、法国粮食出口协会等国际组织定期发布的全球市场检测报告,德国《油世界》杂志定期发布的全球油料作物市场评估报告。除了上述官方报告外,美国 SPARK 公司等私人预测机构也定期公布油料等作物的产量、库存等预测数据。国内市场比较重要的信息来源有:国家粮油信息中心发布的主要农产品月度、旬度市场监测报告和市场快讯,海关总署每月发布的农产品进出口数据,农业农村部在相关媒体上发布的最新农业政策,国家统计局每年 3 月发布的国内农产品种植面积预测报告,国内相关媒体有关天气灾害、农业收成、粮食收储以及粮食拍卖等方面的信息报道等,这些都是值得综合研究的具有官方性质的信息。另外,国内一些大型粮油进出口集团(如中粮集团)对国内农作物生产、进出口政策变化、油料进口到岸数量的追踪报告,以及一些交易所、大型期货公司或信息媒体组织的农作物生产状况的调查报告,也都是重要的参考资料。国内与农产品期货相关的现货网站有中国农业信息网(农业农村部信息中心主办,以发布农业政策信息为主)、中国粮食信息网(国家粮油信息中心主办,以发布市场信息为主)、中国饲料工业信息网(由农业农村部信息中心和中国饲料工业协会主办)、中华粮网(中国储备粮管理集团有限公司控股,以谷物信息为主)、中国大豆网(以大豆为主)等。国外相关期货网站有美国农业部网站、CME 农业(CBOT)网站、美国商品期货交易委员会(CFTC)网站、futuresource 网站等。

工业品期货信息比较重要的来源有:国际铜组织研究机构(ICSG)每月公布铜全球供求状况、金属主要消费国的经济数据,美国商品期货交易委员会每周公布的 COMEX 持仓报告,以及三大交易所(LME,SHFE,COMEX)公布的金属库存数据等,都是研究金属市场的基础信息。国内与金属期货相关的现货网站主要有:中国有色网、中国联合钢铁网、我的钢铁(MYSTEEL)、华通有色金属市场、上海有色网、卓创资讯、隆众资讯等。国外相关网站有伦敦金属交易所网站、CME 金属(NYMEX,COMEX)网站、美国商品期货交易委员会网站等。

第二节　期货投资研究报告的种类和基本要求

一、期货投资研究报告的种类

期货投资研究报告有多种类型,针对不同的时间周期和不同的受众对象,写作格式、分析方法和内容要求不尽相同,关注点各有侧重。按照报告内容涉及的时间段和发布时点是否具有限制性要求,其分为定期报告和不定期报告。定期报告如日评、周报、月报、季报和年报等。而不定期报告如专题报告、调研报告、投资方案、行业发展动态报告等。按照所分析、预测的时间跨度或投资周期的长短,其分为短期报告、中期报告和长期报告;按照是否针对特定环境或投资者而进行个性化的设计,研究报告可以分为分析报告、策略报告和投资方案。分析报告着重对期货价格走势的分析和预测,并不涉及具体投资计划,而投资方案通常是专为特定投资者或某类投资者群体而设计的个性化投资计划,具有较强的可操作性。策略报告介于分析报告和投资方案之间,侧重于投资策略的阐述,通常是对期货价格走势进行简要的分析和评论,然后有针对性地提出方向性的策略和建议,是普遍适用的投资报告。按照报告的篇幅和深度,其分为评论性报告和深度研究报告。评论性报告一般是指以简洁的语言对短期的走势进行评论,以日评、早评、盘间点评最为常见,多以互联网负载的即时通信手段(如 QQ、微信等)传播。深度研究报告大多数是指对某一品种或某一因素进行全面、系统、深入的分析,内容明显较评论性报告详尽和深入。

二、期货投资研究报告的写作要求

期货投资研究报告的格式和内容因人而异、因品种而异、因时间周期而异,并非必须拘泥于固定的格式。但是,作为期货分析的基本要素、基本方法和重点关注内容,必须有效涵盖,要有主次之分和先后之别;对市场重大影响因素的分析,观点要明确且前后一致,所用数据周期与报告周期相符,概括起来大致有以下要求。

(一)重点突出、观点明确

为了避免报告变成数据图表的简单堆砌和市场演变的平铺罗列,期货研究报告要求对过去和现在影响行情的因素,按重要程度进行挑选,做简要回顾。抓住现在和未来的主要影响因素,进行有侧重的透彻分析,重点在于对未来的研判。在此基础上,对未来提出明确的观点。对主要相反观点或重要不确定因素要挑选出来并加以分析,提醒投资者注意。但这些相反因素所占篇幅应明显偏小。做到既内容翔实,又重点突出。

(二)专业规范、逻辑严谨

报告展示要有规范、合理的格式,论文的文体,经济学语言,充足的数据基础,美观大方的图表,严密的逻辑结构。综合运用基本面、技术面以及其他量化分析方法,通过对过去行情发展的总结,发现价格运行的规律,审慎、客观地研判和预测行情,并力求科学、完整和准确。不同深度的研究报告满足不同条件的客户需求。

(三)独立客观、力求准确

要做到客观、准确,主要把握以下三点。

1. 以数据为依据

期货投资分析报告区别于通常的文体,在于从数据的收集整理中寻找市场运行的动向和规律,并非主观感情因素的偏好而行文表达,因而,市场重要影响因素的数据库的建立至关重要。专业数据的跟踪、收集和整理,也能给期货分析师提供市场节奏、行情机会的提示。数据库的建设需要持之以恒的精神和毅力,需要耐心细致的认真态度;数据的来源应该选用权威的机构,并使用科学的采集方法。

2. 以市场为主题

期货投资分析报告必须尊重市场、客观务实,不能因个人偏好和先入为主的观点而主观取舍数据和资料,更不能人云亦云,没有自己的独立见解和客观立场。一段时间内,要求逻辑观点前后连贯,以市场为准绳,以控制风险为底线,实时跟踪数据并合理修正观点。既要力求准确,又要勇于认错。

3. 以经验为辅助

期货投资分析报告体现了期货分析师的综合素质和专业技能,分析师的从业经验、现货产业链的熟悉程度和分析功底不同,运用数据、把握时机、撰写报告的能力也大不相同。期货分析师应该在不断完善自我分析技能和咨询技能的同时,努力提升自己在专业理论上的造诣,丰富自己在现货实践中的经验和见闻,见多识广,方可处变不惊、从容应对。历史会重演,不断积累从业经验、分析经验和现货实践经验,形成自己对行情的研判体系,把握好市场的大势观、阶段观和节奏观,是写好期货投资分析报告的基础。

三、期货投资分析报告的基本格式要求

(一)报告形式

一个公司、一个品种的投资分析报告,在格式上应该讲求统一,符合公司的 CIS(企业形象识别系统)、VIS(视觉识别系统)的形象设计和标识系统;内容格式和模板应该自成体系、前后一致;报告外观应该讲究图文并茂、生动活泼。让读者容易接受、愿意看、想听。

(二)报告条理

标题鲜明,开宗明义;段落层次分明,小标题言简意赅,前后逻辑连贯。报告措辞得体,同时分寸得当,避免过度娱乐化。

(三)报告结论

交易建议有倾向性和可操作性。关于基本面、技术面和市场结构的研判,论据和论点应该统一一致,论述充分,数据翔实,说服力强,结论自然合理,时效性明确。

(四)风险控制

报告分析和交易建议都不能忽略风险控制,提醒操作风险并对行情的意外发展作出风险预案和应急措施;分析报告的免责提示也是分析师自我风险控制的一个方面。

四、期货投资分析报告的常用分析内容

从定期报告和不定期报告角度,期货投资分析报告一般包括但不限于如下内容。

(一)背景介绍

一般以前言形式或首段内容介绍市场环境和背景情况,包括定期报告中的行情走势回顾或交易情况描述(合约及合约间的价格、成交量和持仓量变化以及市场主力动向的描述分析),不定期报告中的经济背景和市场形势小结、市场机会介绍、研究问题的提出和研究方向的描述。对报告受众的定位也可置于前言部分。

（二）当期要点关注及专项分析

定期报告中的市场成因分析和当期热点因素的点评,不定期报告中的必要性分析和意义阐述、新公布数据和突发事件的分析。

（三）市场潜在的重要利多/利空信息汇总和影响分析

国际市场信息包括:世界经济形势,主要生产国和消费国的政治经济局势,供需平衡表因素(产能、需求、库存和进出口变化),天气和物流因素,以及国外相同品种期货市场的变化等重要影响因素;国内市场信息包括国内财政金融政策、现货市场产销格局、供需平衡表因素、币值、进出口数量和成本、相关品种之间比价关系变化等国内因素。

（四）综合分析

行业品种分析,上下游产业链分析,数据采集及核心数据库的动态更新,统计计量模型分析及其校验等。

（五）技术分析

价格走势图及其连续图,趋势和形态,关键价位和反转信号提示等。

（六）结论及建议

落脚到期货投资的实用和研究问题的解决上,包括后市展望、问题解决方案、应对的交易策略和投资建议以及可行性分析、投资机会分析和风险收益分析,投资计划(入市依据和价位,建仓比例和步骤,目标价位,止盈止损价位)等。

（七）风险条款

后备资金安排,应急预案,止损条件,修正方案;报告适用范围,传播限定;分析师介绍和免责条款等。

五、期货投资分析报告的常见问题和注意事项

期货投资分析报告的质量是分析师的立身之本,以下列出了分析报告中一些常见的问题,供大家在阅读、撰写研究报告时参考。

第一,从总体上看,不少分析报告在对市场的分析上往往表现出明显的跳跃性与不稳定性,缺乏统一的逻辑关系,这类报告结论的建议部分多采用一些似是而非的模糊语言(大多表现在预测价格),常常让投资者在操作上无所适从。

第二,有些报告没有根据报告的主要阅读群体来运用相适应的格式和要点来写作,公开信息重复或者过于求全求多,导致抓不住主要矛盾。

第三,分析的主要因素的时间周期与研究报告的时间效应不相符,最典型的是用长期因素推断短期走势。

第四,很多分析师不敢面对自己以前的分析失误,其实,只要是合理的研究体系,投资

报告的调整属于常态。

因此,期货投资分析报告切忌运用各种信息搜索工具大量复制、摘抄凑数,要有独立见解和连贯逻辑;在浩如烟海的数据信息中,切忌以点概面、以偏概全,要相信可靠数据、依据正确数据,但是不能迷信数据、滥用数据和被数据误导,处理好基本面供求态势与技术面数据的动态关系,抓住供求矛盾的主要方面重点阐述;要根据不同的读者受众和报告类型控制格式篇幅与文章结构,避免下笔千言而离题万里,也不可虎头蛇尾、结构失衡;分析报告要用词规范,避免为了招徕客户而危言耸听、哗众取宠,正确面对报告失误并及时修正,避免因为逃避责任而观点模糊、闪烁其词,令人无法操作。

下面就定期报告中的日评、周报、月报、季报、年报,不定期报告中的专题报告、调研报告、投资方案等分别加以阐述。

第三节　几种常见报告的写作规范

一、定期报告

以时间周期划分的定期报告有日评、周报、月报、季报和年报等。其中,以日评最为常见,各个专业咨询机构及期货公司都会每天发布它们的日评。日评是期货分析师入门和成长的基本功课,持之以恒地写作期货日评可以及时总结经验教训并迅速提升信息处理和行情研判能力,体会分析水平从量变到质变的过程。下面仅就日评写作进行细致介绍,其他定期报告内容大致相同,只在时间周期、图文形式和分析重点上有所不同。

(一)期货日评

日评,也称日报,在每日收市后不久就能看到,日评的撰写者通常是各专业咨询机构中的分析师。专业机构的日评都会设计统一的模板,并常以 PDF 格式对外发布。

期货交易遍布于全球各地,同一品种在不同交易所交易的情况很多。比如,国内目前交易的期货品种在国外大多都有交易,而国内外分属不同的时区。如果日评是在收市不久后就作出的,日评中预测部分自然没有考虑到隔夜外盘的收盘情况。值得注意的是,国内部分期货交易所逐渐开展连续交易(俗称夜盘),而国外许多市场实行 24 小时不间断的交易,所以国外市场的最新价格对国内市场的早盘开盘行情影响逐渐加大。由于外盘和内盘相互影响较大,不少专业机构逐渐减少甚至干脆停止发布日评,而直接分配专人撰写早评和夜盘提示等。

除了日评之外,盘间点评也是一种常见的方式,它是指研究咨询人员在每日开盘和收盘之间提供的简短评论。盘间点评的目的是针对实时交易的情况作出评论。由于关注的时间较短,其侧重于短时间内交易力量的判断或临时重大新闻的提示,主要为短线投资者服务。

1. 期货日评的具体内容

(1)描述当日交易状况。日评中介绍该品种当日交易状况时,一般先对该品种所有合约的整体交易情况进行简要描述,如价格波动幅度,交易量及持仓量的大小和变化,期货和现货间、各合约之间的价差变化等。接下来,对持仓量最大或成交最为活跃的合约进行重点介绍,介绍中甚至会提及盘中的几次波折等。

(2) 对行情的涨跌原因作出解释。行情涨跌的原因,有时是可以解释的,有时是难以解释的。一般的日评对行情的涨跌总会作出一些解释,特别是当行情的涨跌幅度较大时,这种解释就成为必要的部分。比如,一些日评会指出"受某某消息影响……";又如,影响国内铜期货行情的一个重要因素是 LME 的铜期货行情,影响国内大豆期货行情的一个重要因素是 CBOT 大豆行情,这些外盘的交易时间正好是中国的夜晚,因此在这些品种的日评中,通常都会对隔夜外盘的情况、影响因素进行介绍,并指出对国内行情的影响。

(3) 对行情的后市做预测。准确的预测来源于对价格影响因素的分析,通常是综合运用基本面分析与技术面分析,日评以技术分析手段为主、以基本面分析为辅。一般的顺序是先有选择地阐述近期需要关注的基本面情况,再通过一些技术分析方法、指标等,对后市作出一个大概的判断和推测。

(4) 结论与建议。依据上述分析,日评最后通常会给出一个简要的结论和投资建议。比如,建议"多(空)单继续持有""多(空)单适度减仓""适度建立多(空)单",激进一点的会鼓励投资者"坚决持有多(空)单"。也有一些建议是带有条件的,比如,建议"在某某价位附近买进(卖出)""在某某价位止损"。

(5) 免责声明和分析师简介。免责声明是必不可少的。这是所有报告发布机构对投资者的忠告,是对投资风险的提示,也是金融服务机构的自我保护措施。常见的措辞有"本报告仅做参考,不做实质性的建议,投资者据此买卖,责任自负"等。这些免责声明基本上由所在机构审核并加以固定的标准化文本。有些日评还有分析师的简要介绍等。

期货日评应着重注意以下方面:以文字叙述为主,辅以有限的核心数据和图表,短小精悍,抓住主要矛盾;要敢于亮出观点,切忌模棱两可甚至自相矛盾;积极寻找论据,并努力从多种途径来证明观点的可靠性;可以提出操作策略建议,但要留有余地,不可以作出确定性(比如绝对、一定等)判断等。

2. 期货日评案例

【例 8-1】 高油价将逐步阻碍 OPEC+内部团结,原油等待 OPEC+会议指引

市场评论:

昨日布伦特油价冲高回落,涨 1.26% 收于 75.61,盘中创新高 76.74,OPEC+会议初定增产量 40 万桶/日低于预期的 50 万桶/日,但因阿联酋搅局决议暂缓,会议推迟至今日继续。

(1) WTI 强于布伦特涨 2.03%,布伦特与 WTI 价差进一步收窄至 1 美元以下。

(2) OPEC+预期谨慎增产给油市降温,高油价将逐步阻碍 OPEC+内部团结。OPEC+成员国要从更高的价格中获利并争夺市场份额。昨天 OPEC+并没有高盛等喊话原油 100 美元每桶那么乐观,对需求增长保持谨慎,沙特和俄罗斯等国家初步意向是在 8—12 月增加 40 万桶/日的产量,总日产量将增加 200 万桶,并将减产协议延长至 2022年。但阿联酋希望其减产基准能够有所调整,使他们能够多增产 70 万桶/日。与过去的会议推迟类似,市场预期阿联酋并不足以阻碍 OPEC+协议的达成。此次会议推迟在美国周五公布的非农数据后,将更有利于 OPEC+判断需求预期恢复状况。根据 OPEC+5月份的预估,8 月供需缺口约在 190 万桶/日,因此,即便 OPEC+8 月份增产 50 万桶/日,供应仍不足以满足不断增长的需求。

行业要闻:

(1) 据路透调查,OPEC＋6月减产执行率由5月的122％降至115％,此次OPEC＋若仅决定增产40万桶/日,或许他们也会考虑降低减产执行率来变相增产。

(2) OPEC秘书长巴尔金都6月29日表示,预计今年石油需求将增加600万桶/日,其中500万桶/日将在2021年下半年恢复。

(3) 中国石油集团经济技术研究院石油市场研究所所长戴家权在接受21世纪经济报道记者采访时指出,当前,世界石油需求恢复较快,三季度将环比大幅增长310万桶/日,达到2019年同期的97.4％,四季度环比进一步增长130万桶/日,达到疫情前水平的98.7％。

(4) JTC的报告显示,在2020年5月至2021年5月的13个月内,俄罗斯实际产量比其被规定的配额平均高出8.5万桶/日。但与其他"不达标"国家不同的是,俄罗斯并未被要求额外减产以弥补产量超出配额。

免责声明:(略)

本报告纯属个人观点,仅供参考,不做入市依据。

（日期:2021年7月2日）

(二) 期货周报和月报

期货周报、月报的内容比期货日评更加丰富,关注的时间段延长为中短期,对信息、事件的分析更为深入、透彻,从格式上看更多地运用图表,整个内容篇幅也相应加大,更讲究文章条理和结构。不过,由于时间周期拉长之后,评论者审视的角度有所变化,通常带有阶段性总结的味道,侧重过程分析,并且更重视基本面因素的跟踪分析、修正以及对后市影响的评估。

期货周报和月报的基本内容一般包括行情回顾与小结、当期重大事件陈述及其影响评估、市场动态跟踪(当期重要数据库更新和比较、关注要点的进展跟踪、相关因素变化分析)、周线/月线等中长期技术指标的变化及研读、后市展望和操作建议、免责声明等。

(三) 期货季报和年报

由于期货季报和年报分析的周期较长,因而期货季报和年报更倾向于对行情的全面、系统、深入的分析,更侧重于基本面分析和供求平衡表内容的分析,对后市的分析预测也着眼于行情的大势。而且,通常的篇幅较长。随着期货业的稳步发展,期货季报、年报等中、长期报告越来越成为展示期货专业机构整体研究实力的载体。

期货季报和年报的基本内容一般包括宏观经济分析、市场形势、重要机会分行业(板块)或分品种分析、品种供求态势和长期价格趋势或区间的研判、相关因素分析、数据库更新、投资策略理念和原则性建议等。

这里节选一份报告供参考。该报告更多的是基于一定的经济增长前景,从商品本身的供需来研究价格未来的变化。

【例8-2】　下半年橡胶:结构性机会向单边机会转换

一、行情回顾

2021年上半年,橡胶价格冲高回落(图8-1)。总体可以分为两个阶段(略)

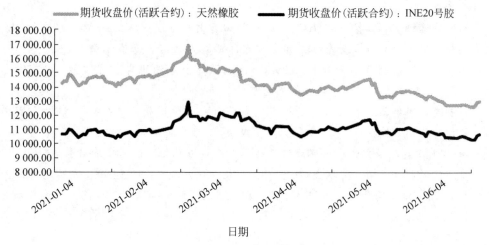

图 8-1　橡胶上半年行情走势

资料来源：Wind，期货研究中心。

二、库存变化

（一）基差走强下的去库存

截至 6 月 22 日，国内可统计社会库存已经下降至 112 万吨附近，较年内最高点 157 万吨下滑 45 万吨，降幅达到 28.7%，而随着国内整体库存（绝对量）的去化，以及深浅色胶库销比（相对量）的回归，深浅色胶的矛盾也开始缓和。

（二）海外需求复苏推动去库存

去库存的原因：进口减少（生产需求、投机需求减少），见图 8-2、图 8-3。

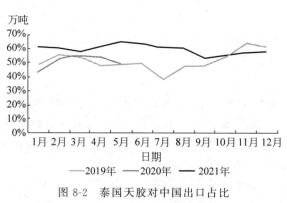

图 8-2　泰国天胶对中国出口占比

资料来源：隆众资讯，期货研究中心。

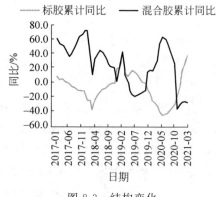

图 8-3　结构变化

资料来源：Wind，期货研究中心。

（1）上半年全球供应处于淡季。

（2）海外需求恢复强于国内需求，主产国增加对欧美出口。

（3）价差持续收敛，国内套利盘未加仓。

（4）新加坡月差结构修复，上游抛压减少。

（三）基差走强、深浅色胶价差回归

深浅色胶价差回归实质是两者价值重估：全乳本身增量需求下滑；高价下浅色胶供应增长（以越南为主）；浅色胶去库放缓；深色胶在海外需求复苏下库销比修复明显。如图 8-4 所示。

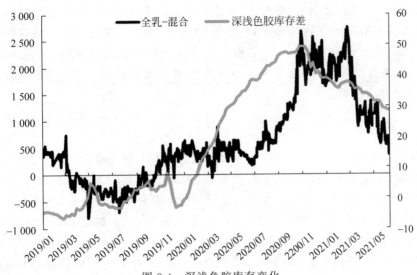

图 8-4　深浅色胶库存变化

资料来源：Wind，期货研究中心。

三、供应增长预期仍在持续（略）

四、下半年需求或较二季度偏强运行

汽车芯片短缺逐步缓解；港口物流人员复工，集装箱短缺缓解，或拉动出口增长；房地产新开工存修复可能；关注下半年财政后置对基建投资的拉动。

五、行情展望

结构性机会向单边机会转向。期现价差不一定在 09 上收敛至平水。逻辑：仓单处于 5 年低位，浅色胶整体库存低位，若没有明显累库，9 月接货压力有限，平水或贴水概率不大。预期：若仓单加速增长，至少两者价差能够兑现 4% 的税差（500～600 元），平水可期；若增长不及预期，前期 700～800 元的位置或为极限。1-9 价差扩大空间或有限。逻辑：由于去年库存偏低，当前仓单也没有显著增长，09 接货压力有限，1-9 不需要给出较大的升水；同时延伸仓单质押业务降低了 1-9 的持仓成本，1-9 扩大空间有限，甚至可能出现收缩。预期：若仓单加速增长，我们预计价差扩大至 1 300 元；若累库不显著，预计前期 1 200 元或为高点，后期或缩小至 1 000～1 100 元附近。09 尘埃落定，橡胶或回归基本面为主的定价模型，在供需双强的预期下，低多橡胶或是优选，且考虑出口需求复苏的背景，NR 或优于 RU。

免责声明：（略）

（日期：2021 年 6 月 27 日）

值得注意的是，以上主要针对的是期货品种定期报告的写法，除此之外，针对宏观经济、相关市场（汇率等），有些机构也开始发布专项定期报告，在体例上差异不大。

二、期货专题报告

期货专题报告是针对某一专门的题材进行分析的报告。影响期货价格的因素众多，可供专门分析的题材相当丰富。专题报告的特点是对某一题材进行深入、细致的分析。通过对新信息及背景信息的对比，使投资者了解新信息的同时，把握它的影响方向和力度，使投资者获得对某一专题比较全面、系统的认识；好的专题报告，能给投资者一定的启发，引起投资者的进一步思考。专题报告的内容一般包括背景介绍、专题问题的提出、研究意义和必要性论述、相关因素深入分析、对行业和市场的影响程度分析、实证性研究、后市展望和投资建议等。

（一）数据解读

期货投资者对基本面特别关注，基本面状况的刻画与描述都依赖于数据，金融分析其实就是数据解读，数据会随着时间不断地更新和变化，当新的重要数据出现或即将出现时，就需要对基本面进行重新审视及评估。因而围绕着新数据的公布，进行专题分析便成为期货分析中的一种常见类型。比如，美国农业部每月 10 日左右都会发布月度供需报告，公布小麦、玉米、大豆等主要农产品的供需平衡表，内容包括世界主要农产品生产国和美国的种植面积、收获面积、平均单产、产量、期初期末库存和进出口量等各项指标。月度供求报告是分析、判断农产品基本面的重要依据。新的月度报告一公布，就会有大量的分析报告出来，结合新的数据对市场作出分析预测。随着商品期货金融属性的强化，另外由于股指期货等金融期货的上市，对宏观经济、金融数据的分析，日益受到期货专业机构和期货分析师的重视。

【例 8-3】 2021 年 5 月出口数据解读

中国 5 月出口增速大幅回落。中国 5 月出口 2 639.2 亿美元，同比增加 27.9％，两年复合年化增速大幅降温 5.7pct 至 11.1％。进口 2 183.9 亿美元，同比增加 51.1％，两年复合年化增速上行 1.8pct 至 12.4％。贸易顺差 455.3 亿美元，同比减少 26.5％。

大宗商品涨价、人民币升值、海运费上涨等都是出口低于预期的原因。具体而直接的原因还有：为遏制钢铁价格上涨过快的势头，中国于 4 月底推出的部分钢材出口退税率下调至零的政策，效果立竿见影，5 月钢材出口大幅下滑；对印度出口的防疫物资 4 月急速拉升后，由于疫情得到控制而自然回落；发达经济体消费需求趋势性降温，叠加近期钢材、有色等大宗商品价格飙升抑制全球需求，中国协同供应链条(韩国、东盟等)对中间品、资本品的需求亦大幅下降等。特别需要注意的是，美国 4 月以来财政补贴峰值已过，许多州政府于 6 月暂停额外失业补贴发放，全国范围内额外补贴 9 月后均将退出，美国居民未来收入预期下滑或对商品消费形成实质性抑制。

对于下半年中国的出口，确实存在一些挑战和不确定性。出口的前景，往往可以从进口看出端倪。5 月，大宗商品进口数量稳定，金额随价格上行水涨船高。原油、铁矿砂、铜矿砂进口数量增速分化但处在相对低位。由于价格持续上涨，铁矿砂和铜矿砂进口金额同比增速高达 41.9％和 25.8％。此外，大豆进口数量同比增加 14.2％和金额同比增加 33.2％同步大幅增加，显示中美在 2020 年初签署的第一阶段的《中华人民共和国政府和美利坚合众国政府经济贸易协议》仍得到较好执行。加工贸易相关进口稳中有升，或预示着我国高附加值商品出口仍然具有韧性。从比价来看，欧美的钢材、玻璃等原材料价格都大幅高于国内，对中国相关制成品出口美国有利。5月中国进口集装箱综合运价指数平均值为1 333，较上月上升7.3%，也印证了进口需求强劲的事实。毕竟中国制造出口竞争力摆在那里，更不会完全依赖单一国家。

综合来看，在5月出口同比增加27.9%的基础上，6月及下半年的出口同比增速难免会逐月回落，但依然谨慎乐观，全年对应去年仍有15%左右的高增长。

免责声明：（略）

（日期：2021年6月18日）

（二）突发事件分析

在期货市场上，难以预料的突发性事件时有发生。这些突发事件，既可能是政治、经济、贸易、军事、政策方面的，也可能是自然灾害方面的；既可能是已经发生的，也可能是尚未发生的，但一定是市场高度关注的。比如，"9·11"事件这类突发事件谁也没法预料，只能在发生后才引起人们关注，而一些经常发生的事件，如铜矿工人罢工、疫情、自然灾害等，一直影响着并且会继续影响相关品种的走势。由于这些事件影响重大且持久，不少报纸和网络会开辟专栏对这些突发事件进行评析。中国期货市场运行时间只有30多年，但投资者遇到的突发事件却并不少见，比如，"国家储备局收储大豆对期价的影响""迪拜债务违约对商品市场的影响""美国货币政策调整对市场的影响"等，都需要结合当时的形势做认真分析。

（三）重要因素专题分析

众所周知，影响期货价格的因素有许多。但在众多的因素中，既有直接的因素，也有间接的因素，各个因素的影响大小也有明显的区别。对一些重要且经常发挥影响的因素，如宏观经济和金融背景，投资者和市场分析人士会特别加以留意。比如，美元指数的走势对原油、铜价格的影响就是一个经久不息的话题，时常有人撰写分析报告。

【例8-4】　特朗普对华"301"调查对未来豆类价格的影响

美国再次开始的"301"贸易调查

一向喜欢兴风作浪的特朗普开始启动对中国的贸易调查，也就是所谓的"301"调查，一旦其通过，美国将对中国商品增加高额关税。当然，近期不止"301"调查，还有"232"调查和"201"调查，针对中国钢铁和铝产品，以及光伏电池等组件的调查也同样展开。此次"301"调查，在启动该条款之后，按照美国设定的使用流程，之后将有至少6个月的单边调查，接下来将是移交WTO或者进行双边谈判。

中国所拥有的常规反制手段，来自国内对美国商品的依赖程度，美国26%的飞机、56%的大豆等商品都是出口中国。

（美国"301调查"指的是美国《1974年贸易法》第301条的俗称，其赋予美国总统单方面实施关税和其他贸易限制的权力。上一次对华启动"301"调查是在1991年，最后在双边谈判之后和平解决。）

中国的应对

对于中国而言,一旦要采取反制措施回敬美国,最方便的方式就是在进口的美国大豆头上增加关税。美国 2017 年大豆产量预计在 1.19 亿吨,其中 6 000 万吨是出口用途,而且主要目的地是中国。除了中国全球也找不出第二个每年需要大量进口大豆的国家了。

全球 2017 年主要大豆进口国大豆进口量达到 1.25 亿吨,其中 9 400 万吨的进口量属于中国,占比超过 75%。中国在大豆上虽然定价权不足,但是对生产国种植户的影响力十分巨大。

从现在全球大豆产量分布来看,美国大豆仍然占据约 1/3 的席位,想通过单一国家的大豆生产完全替代美国大豆的供应极为困难。国内过亿吨的大豆消费量,其中只有约 1 500 万吨可以自己提供,其他需要从美国和南美洲进口。

中国的选择可以是在从南美洲进口更多大豆的同时,增加美国大豆进口关税。此举可能会抬升豆类价格,而抬升的幅度取决于国内增加关税的幅度和转移大豆进口来源的决心。

应对的结果

一旦国内从南美洲的巴西和阿根廷进口更多的大豆,由于巴西和阿根廷受到天气、工人罢工等因素影响的频率远远高于美国,因此更加依赖南美洲大豆的结果有一项就是豆类价格波动会增加。

根据"301"调查的流程,任何措施至少都是在 6 个月后才会采取,届时正是 2018 年 2 月前后,时值南美洲大豆生长期。如果贸易战开打,南美洲大豆预售幅度将有明显提升,阶段性豆类价格可能有所提振。

如果贸易战持续,势必影响美国大豆种植农户的积极性,更多的农户可能转为种玉米(虽然不怎么赚钱),在中国维持需求的情况下,这将会使得 2019 年全球大豆库存降低、豆类价格整体走高。

小结

尽管特朗普授意启动贸易调查可能是"醉翁之意不在酒",目的是要求中国在周边政治局势问题的态度,然而我们所要担心的是一旦贸易战真的开始,中国反制措施启动,豆类价格将出现怎样的变化。

现在看来,贸易战发生的概率较低,而且即使要发生,也是在 6 个月之后。中国大豆的采购将偏向巴西,同时在美国大豆进口增加关税。

6 个月之后恰逢南美大豆生长期,南美大豆预售进程预计提前,提前的买盘也会提振豆类价格。同时南美多发的自然问题和罢工因素影响,将导致豆类价格波动增加,洪水、干旱和罢工都将成为抬高价格的突发因素。

免责声明:(略)

个人观点,仅供参考。期市有风险,入市须谨慎。

(日期:2017 年 8 月 21 日)

(四) 市场结构及交易制度的分析

在一般情况下,对期货行情的分析是从供需角度展开的。然而,期货价格的涨跌有时还与市场结构及交易制度有着重大关系,如果忽视了后者的影响,必将造成分析中的重大缺陷。总体来说,中国期货市场有起步晚、发育不充分的特点,因而若与发达国家相比,在市场结构及交易制度方面存在较多的问题是难免的,这将有一个逐步完善的过程。在这个过程中,现货市场和期货市场的结构与制度都会发生变化。在这种情况下,对市场结构及交易制度进行分析,甚至作为课题加以深入研究,就显得非常必要。对市场结构及交易制度进行分析,不仅可以解释一些现象,也能够推动市场进一步完善。

(五) 投资方法及理念分析

探讨交易方法、投资理念也是期货专题分析报告中常见的一种类型。尽管这种类型的评论时效性要求不高,有些并没有直接联系当时的期货行情,也没有对价格走势作出预测,但由于针对投资者中一些错误操作方法或投资理念进行剖析,给人以很大的启发作用,因此颇受投资者欢迎。一些期货成功人士撰写的经验体会报告更容易成为公众追捧的对象。

【例 8-5】 成功需过八道关

笔者认为,期货交易者要取得成功至少需要过以下八道关。

1. 止损关

交易初期,交易者通常入市不久就会遭受损失,甚至是一连串的重大损失……交易者一定要防止发生大亏损的交易,要果断止损。止损是交易者最先接触也是最先学会的一门实战课程,它能保护交易者的本金,使之可以支撑到下一关。

2. 顺势关

学会止损后,交易者经过一段时间的操作,却猛然发现自己的本金还是一如既往地减少,只是减少的速度慢了很多,即止损止损,越止越损……如果说不止损会大失血,那么,不能顺势交易则会慢性失血,导致交易者慢性死亡。因此,一定要顺势交易,按照行情的大方向去做单。

3. 轻仓关

交易者在做到了既能止损又能顺势后,交易绩效有所改善,逐渐赢多输少,但此时,快速发财的欲望膨胀,胆子越来越大,仓位也越来越重,终于有一天出现了交易者虽然设置了止损,但市场没有给予执行的机会,于是资金大幅回撤,甚至出现重大亏损。要防止这种意外发生,就不能重仓,否则一旦出现特殊情况就没有了回旋余地。交易者要轻仓交易,不要急于求成。

4. 择时关

学会了速断亏损让利润奔跑,但在轻仓操作下,赚钱的速度毕竟也慢了,于是交易者整日东征西讨,一看到所谓的"机会"出现,就一个猛子扎进去……因此,做得再多再好也赚不到多少,倒是自己的交易费用上升了不少。所以做交易原来不用每天都待在市场中,一年中只需要抓住那几次有限的行情即可,不必时时交易。

5. 系统关

如果前四关过了,那么能让交易者快死、慢死、猝死的主要障碍业已都理清,即该吃的亏都吃过,该吸取的教训也都吸取了,至此一个较为完善的交易理念初步形成。虽然如此,但交易者还是会不时地犯一下上面所列的错误······因此,交易者必须把交易理念转化为具体的操作规则,使之成为可供遵守的纪律。经历了艰苦的尝试,交易者终于在此基础上构建了自己的交易系统,也意识到了一个完善的交易系统必须是初始资金、入场、止损、止盈、加减仓五位一体的系统,不可能先解决了其中的一个,再去解决其他的,所有的关节必须同时打通。

6. 自信关

交易系统构建成功了,而且历史数据测试很理想,交易者心想终于可以轻松地赚钱了,但严格按照信号操作后,却碰到了连续亏五六笔的情况,极端的还有将近20笔的亏损,交易者此时又开始怀疑自己的系统,认定系统必定有自己不知道的重要缺陷。具有完美主义倾向和勤奋钻研精神的人往往又会陷入系统的修修补补中,遗憾的是这个问题并非努力就可以解决,也许要经过很长时间交易者才会明白,连输连错不过是因为交易系统并不适合当时的行情,资金管理的作用之一就是要能熬过这种行情。

7. 重复关

经过磨炼,交易者明白了亏损是交易的必然组成部分,赚钱的交易不一定是好的交易,亏钱的交易也未必就是坏的交易。这个阶段交易者已经可以稳定盈利了,但是交易者心中始终存有一个问题:成功是否还有其他捷径可走呢?······于是交易者又会全身心地投入其他系统的设计和测试中来,结果不甚了了。其实,只有经历了很多的挫折,吸取了很多失败的教训,交易者才会形成自己的交易理念,而系统就是要将这个可行的理念具体化,从这一点看,所有的交易系统都有相同的特点,万变不离其宗。因此,交易者应专心按照既有系统信号操作,不断重复盈利模式,资金才能稳定增长。

8. 自在关

通过上述修炼,交易者防止每个错误的方法都已规则化,并且每次交易都能做到严格执行规则,这时的资金曲线逐渐上行、斜率适当且没有很大的回撤,交易者自身也会感觉到交易不那么累了,虽然还在天天盯盘,但是做单数量越来越少,成功率却越来越高。此时交易者相信自己的交易系统,也明白系统虽然有一些缺点,但是坚持下去,赚钱是必然的。这时候,交易者定力仍然不足,容易受到外界信息的干扰······这一阶段交易者最重要的是修炼定力。随着心态的不断改善和经验的丰富,交易者渐至耳顺境界,能轻松辨别信息的真伪轻重,不为外界信息所扰。此时交易者回顾自己的交易记录会发现,原来一年之中单子虽不多做,但钱并不少赚,长此以往,必能逐渐达到财务自由、心神自在的境界。

(六) 创新研究

期货作为一类重要的衍生品,科学、理性的投资理念和方法必不可少,创新研究以金融工程的思想为核心,尤其注重数量化方法和工具的运用,逐步成为期货专题研究的重要组成部分。创新研究突破了传统的研究以分析价格趋势为核心的界限,不再局限于某一类品种,也不局限于价格趋势分析,研究视野更为宽广,不仅包括产品设计(比如商品指数等)、风险管理(VaR模型等),还包括对市场的运行规律进行总结概括(季节性等)、投资组合的构建、程序化交易等。随着金融衍生品、商品指数产品以及期权的陆续上市,创新研究将有长足的发展。

三、期货调研报告

现代通信手段使得信息传播快捷和便利,但是这些信息可能是片面的甚至是虚假的。一些期货品种,尤其是农产品,实地调研、考察很有必要。随着期货专业机构研究力量和研究经费的扩大,许多机构日益重视产地的调研和产业链的考察,及时发现和掌握一个行业或品种的现状和最新数据。撰写期货调研报告已逐步成为分析师的日常工作。与依据公共信息展现个人分析功底和主观经验的其他期货投资报告略有不同,期货调研报告的内容强调客观展示现状,注重实地考察数据的采集和对比,依据现场收集的数据分析和推导期货行情的演变,并提出相应的投资策略建议。

(一)期货调研报告的内容

1．前言部分

前言部分是对调查或预测情况的简要说明。其包括调查的意义和原因、时间、对象(地区、范围)、经过、方法和参与人员等,以及核心问题的提出。

2．正文部分

正文主要包括两部分:①基本情况部分,可按时间顺序进行表述,有历史的情况,有现实的情况;也可按问题的性质归纳成几个类别加以表述。无论如何表述,都要求如实反映调查对象具体情况,要对数据进行整理、统计,甚至必要的推理和总结,最好形成有对比的图表。②分析或预测部分,即通过分析研究所收集的资料,预测市场发展的趋势。

3．结尾部分

这一部分根据分析或预测得出的结论,提出投资建议或应对策略,这是报告的目的。

(二)写作要求

撰写市场调研报告要做到:有明确的调研目的;调研和收集材料要真实、准确和典型;讲究方法,体现科学性;防止以偏概全、片面得出结论;要讲究时效,及时发挥报告作用,提高投资收益。

【例8-6】 新疆棉花、红枣市场调研分析

新疆纺织中心座谈:

(1)红枣基本面座谈。新疆枣业的同志介绍了红枣基本面情况:目前红枣种植面积仍在减少,种枣的收益不断降低,每亩收益500元左右,新疆红枣因2—3月难以运输出去,等疫情好转后发现消费更差了,这也是前面红枣价格不断下跌的原因。但现在红枣种植效益下降、种植面积减少,很可能是一个边际点。这几天红枣价格大涨,尤其是1月合约,原因是部分地区红枣落果较多,因红枣浇水较少,到了季节就更加严重一些。有些人士认为,今年红枣减产40%,笔者认为太夸张了;大部分人士认为,减产20%数据较为可信,当然后期真实情况如何,我们还会到现场去再了解一下。

(2)棉花基本面座谈。参与调研的一位分析师分享:今年新疆棉花是平常年,因天气并不是很好,预计新疆地区棉花减产10%左右,去年棉花产量575万吨,那么今年的棉花产量大约为520万吨。目前新疆地区黑地(私自开垦,未备案,不享受政府补贴)大约

300万亩,产量预计30万吨,今年这些黑地的棉花很难再进入轧花厂,但笔者认为无论如何这部分棉花还是要流通到市场中,因此棉花的总产量不会变化。去年新疆收购籽棉的企业都赚钱了,今年想方设法增加了70多条轧花线,预计籽棉还是很抢手,一些轧花厂提前摸底,与种植户预签订收购协议,收购价格为7.5~8元,但实际成交量不详。现在棉花利空因素包括国家下发70万吨配额和疫情困扰,但利多的因素就比较多了,如疫情恢复后需求的增加、印度疫情订单转移到国内、美国棉花产区不是干旱就是下雨等,因此认为棉花价格会震荡上涨。

云龙棉业陈总:集团旗下有十几个子公司,年销售额14亿元,轧花厂10家,土地10万亩,预计全疆地区种植面积减少5%,产量比去年低一些。今年前几个月温度低一些,棉花生长受到一些影响,现在棉花长势跟上来了,看最终情况,预计新疆520万吨,比去年减少50万吨左右。今年纺纱利润好,一吨利润在1 000~2 000元,所以把棉花价格提升上去了。

今年种植成本增加了300元,土地流转价格涨得多,农资涨了大约100元。去年籽棉收购价最低5.6元、最高5.9元。但今年棉籽价格在3.3元,去年才2.3元,如果籽棉收购价格在8.2元,那么成本在18 000元,看来今年的籽棉收购开秤价格应在7.5元以上。

随后我们参观了农场的一片棉花田,目测长势良好,单株结桃在8~10个,保守预计亩产在450公斤以上,并不比去年差,如图8-5所示。

图8-5　新疆棉花种植现场图

笔者总结:今年棉花价格应比去年同期高不少,纺纱利润达到了过去4年以来的新高,纺纱厂积极拍卖国储棉,推高了现货价格,期货价格现在贴水200~300元/吨。今年新疆地区籽棉抢收大战更加激烈,国内棉花价格跌破16 000元的时间不会很久,15 500元可能就是很低的价格。但高点有些人看到20 000元,笔者不敢苟同。大胆预测,今年籽棉收购价格应该是高开高走,中后期开始见顶,9元的籽棉那就赶紧卖,过了这个村没有这个店。

（2021年7月20日,调研的第一天,后续略）

四、期货投资方案

期货投资方案是所有期货投资分析报告中要求最高的一种类型。因为它不仅要对期货行情作出正确分析与预测,更重要的是涉及具体的投资计划的制订,侧重于分析结论下的实战操作。投资方案包括投机、套期保值、套利等类型。显然,任何一份投资方案都不可能放之四海而皆准,投资方案实施效果的好坏往往依赖一定的外部条件。对于分析师无法控制的外部影响因素,投资方案中应以必要的假设前提限定,使得整个投资方案有一个合理稳固的逻辑基础。需要强调的是,投资方案应该本着谨慎的原则建立假设,不能出于招揽客户的原因而选用不慎重的假设。

只有对投资者(或某类投资者)的风险偏好、资金状况和投资目标进行认真的研究,才能制订出一份好的投资方案,投资方案其实就是一个个性化的设计。

(一)期货投资方案的特点

1. 实战性要求

期货投资方案是实战的依据,实战要求使投资方案与一般的日评、周报有着重大差别。一般的日评和周报尽管也对行情进行分析、预测,但这种分析往往是解释性的,预测也是较粗糙的,只是提供了一个大致的判断。而期货投资方案不仅要求对过去的行情进行较深入的分析,发现其中一些规律,并且力求在未来行情上作出较精准的预测。此外,期货投资方案还必须进行投资机会分析和风险收益分析。

2. 适用于时间稍长的投资

在期货交易中既有短线交易者,也有长线投资者。短线交易者尽管在交易之前也会对行情进行研判,也会有所计划,但交易机会的捕捉主要依赖临场的直觉和洞察力,对收益和风险的控制幅度也比较严格。但是,对着眼于大波段行情的长线投资者,投资方案使投资者对过去的行情有一个清晰的认识,对未来走势的各种可能性有一个预期,并在此基础上制定相应的应对策略,这对于提高投资收益期望值及降低投资风险都是非常必要的。

3. 基本面分析为主,技术面分析为辅

对短线交易者而言,交易机会稍纵即逝,他们来不及考虑基本面分析方法。而对长线交易者而言,由于基本面因素是影响期货价格更重要的因素,因而,在期货投资方案中对基本面分析显得尤为重要。通常的期货投资方案,都会既采用基本面分析方法,也采用技术分析方法。一般而言,资金量越大的交易者,对基本面分析的重视程度越高。

4. 一般为小范围内使用

由于制订期货投资方案的目的是为期货交易做准备,不是为了发表,因而对制订者而言,一般不愿意将投资方案公之于众。尤其是一些实力较大的机构,自身配备了阵容强大的分析队伍及操作队伍,更是将自己制订的期货投资方案看作商业机密,即使时过境迁,也不会将其公布。投资者有时也能在公开渠道看到一些期货投资方案,这些公开发表的投资方案通常是一些期货公司的分析师所撰写的,针对性和时效性没有特定要求,主要为了提示交易机会、展示机构服务和专业服务的能力。

（二）期货投机方案的基本内容

期货投机方案的基本内容有两部分：分析预测和交易计划。

1. 分析预测

分析预测实际是寻找期货投资机会，投资机会是否存在的判断建立在分析预测基础之上。同样的行情，有人认为不适宜交易，有人却认为是极好的投资机会。因而，分析预测是因人而异的，存在一定的主观性。事后可以发现，前面的预测有些是对的，也有些是错的，这很正常。通常，预测的依据是基本面分析、技术面分析和市场交易心理的分析等。另有一些投资者会根据自己开发的预测模型进行预测，并在实际应用中不断调整与完善。

2. 交易计划

一个完整的交易计划一般要考虑下列因素。

（1）投入资金量。投入资金量的多少既与投资者的经济实力有关，也与投资者的风险偏好有关。在经济学中，根据投资者对风险的态度把投资者分为风险偏好型、风险中立型和风险厌恶型三种。收益及风险的大小、投资周期的长短都会影响投资者投入资金量的决定。

（2）交易数量。显然，交易量受资金量大小限制，除此之外，还得留有充分的余地。通常，这会在建仓计划上体现出来，比如，初次建仓动用 30% 的资金，当价格走势出现一定幅度的有利变动时，再适度追加头寸。

（3）目标价位与止损点。目标价位是指行情走势与预测一致时，按计划平仓的价位。期货交易是风险交易。交易计划是建立在预测基础上的，预测不可能百分之百正确，有可能出现与实际走势违背的预测情况，这就需要在计划中考虑不利情况下的应对策略，如设置止损点。止损点的设置因人而异，有的按照损失的绝对金额计算，也有按照关键技术价位（比如，按照均线系统）是否被突破而设置的。当期货价格真实地达到目标价位时，投资者根据新的情形也可以不急于出场，但必须设置新的止损点（此时又叫止盈点）。值得注意的是，在设置正反两个方向的出场点时，预期的利润通常数倍于设置的亏损，这是期货投资方案的基本要求。

【例 8-7】 螺纹钢期货短期投资方案

12 月 16 日，螺纹钢期货主力合约 RB1205 开于 4 131 元/吨，收于 4 189 元/吨，较前收盘价上涨 65 元/吨，涨幅 1.58%。由于几项利多因素的支撑，期钢强势反弹应在预料之中，并且或将出现更大的反弹空间。对此，投资者应适时抓住市场机会，入市进行期钢短期操作。

一、期钢利多反弹分析

（一）供给暂稳，而需求强于预期

从供给方面看，11 月份我国钢材市场日均产量 42.34 万吨，与 10 月份的 42.30 万吨基本持平。中间贸易商前期采购缺乏积极性，钢厂库存增加以致不得不降价出货。12 月底的节能减排措施和此前钢厂较高的库存或使 12 月份螺纹钢日均产量与 11 月大体持平。

根据相关数据分析，我们可以判断钢市需求强于预期。11 月份房屋施工、新开工面积环比分别增长 14.1% 和 9.1%。按往年趋势,12 月份施工和新开工面积都会有明显上升。且 3 月份至 6 月份处于房屋施工高峰期。11 月财政预算内支出 11 396.18 亿元,同比增加 796.54 亿元,12 月份预算内资金约为 11 219 亿元。另外,12 月 5 日因银行存款准备金率下调而信用扩张的货币约为 1.5 万亿元,11 月央行货币净投放 738 亿元。

（二）"冬储"现象将致期钢反弹

贸易商前期囤货较少,往年年底都有"冬储"现象,目前"冬储"启动的概率在加大。银行资金较前期更宽裕,钢铁产业链上融资成本在降低。上海市场大额商业承兑汇票月贴现率 9.66‰,较 10 月初的 12.08‰有明显降低。往年 12 月份至次年二三月份,螺纹钢社会库存均出现上升,2011 年库存还未出现增加,预计钢企主动增加库存的阶段即将到来,这将是钢价反弹的一个重要因素。

（三）成本因素支撑

据澳大利亚《财经评论》报道,印度最大的铁矿石企业国家矿产开发公司主席 Rana Som 近日在澳大利亚珀斯称,印度可能在最少 5 年内停止向中国出口铁矿石,这将对铁矿石价格起到支撑作用,短期内可能推高矿价。

由于印度的停售,中国后期将会更多转向澳大利亚和巴西进口铁矿石,但若中国无法从澳大利亚、巴西等地额外找到每月接近 1 000 万吨的铁矿石进口资源,则港口铁矿石储量每月可能下降约 1 000 万吨。这种情况一旦发生并持续数周,则港口储量迅速降低,从而导致铁矿石价格上升。因此,近期重点关注港口印度铁矿石周库存是否迅速减少,若减少则上述消息可靠,矿价将进入上升趋势。

近期电煤合同价上涨刺激期焦市场做多,这将对期钢成本构成一定的影响。

（四）外围市场利多因素

近期,欧债危机有所缓解,最近几日内美元指数反弹较大程度上也是由美国经济数据向好推动。虽然欧债危机无法在短期内彻底化解,但仍在可控范围内,后期欧元区在统一财政政策框架下出现这种危机的概率会降低。

二、期钢反弹幅度预测

期钢的反弹比现货的反弹更加强烈,一旦上升趋势形成,几天内或一两周内很有可能突破心理价位。强势反弹下突破目前高位 4 250 元/吨不算太难,若继续向上,预期目标价位在 4 400 元/吨。目前最能激发市场热情的是需求回升激发"冬储"启动、铁矿价上升、下调存款准备金率、金砖四国等新兴市场较大规模注资 IMF 参与救助欧元区危机。从往年来看,2009 年 12 月和 2010 年 12 月期钢涨幅分别约为 11% 和 14%,而若今年 12 月份从 4 100 元/吨的低点升至 4 400 元/吨,升幅也只有 7.32%。因此,如果利多因素继续积聚能量,期钢升至 4 400 元/吨可能性较大,并可能继续向 4 500 元/吨冲击。

三、投资方案

第一阶段：买入。及时在 4 100 元/吨附近逢低买入,止损点在 3 800 元/吨附近,目标位 4 400 元/吨,上涨幅度约 7%,买入仓位控制在 1/3 左右,整体收益率预计为 16%～20%。

第二阶段：持仓(包括仓位调整)和离场。

（1）若期钢上涨突破 4 200 元/吨并向上打开空间,多单继续持有,远离 4 200 元/吨时,止盈点上移至 4 200 元/吨,但接近 4 300 元/吨时可能存在一定阻力,可适当减仓至

1/4 仓位。若期价回调到 4 260 元/吨附近,再补仓买入至 1/3 仓位,持仓至 4 400 元/吨附近全部平仓离场。但若持仓过程中新增下调存款准备金率、中国较大规模注资 IMF 等重大利多,则持仓至 4 400 元/吨之前更坚定,即不需在 4 300 元/吨附近降低仓位,并且期价至 4 400 元/吨附近之后平掉部分仓位,留 1/4 仓位,目标位调至 4 500 元/吨,止盈上调至 4 400 元/吨。至 4 500 元/吨附近全部多单平仓离场。此时,整体收益率约为 22%。

(2) 若近日期价未能有效突破 4 200 元/吨,止损 4 160 元/吨附近离场。若欧债危机未出现明显恶化,则期钢回调至 4 100 元/吨附近,再尝试买入 1/3 仓位,止损 4 090 元/吨。第一目标价位 4 200 元/吨,若突破 4 200 元/吨,参照步骤(1)持仓和离场策略操作,并将步骤(1)中第一目标价位下调至 4 300 元/吨,特殊利好下第二目标价位下调至 4 400 元/吨。

(3) 若印度不停止铁矿石出口,而期价已突破至 4 200 元/吨上方,多单在 4 300 元/吨附近止盈离场,并且止损设定在 4 200 元/吨,下破 4 200 元/吨全部离场。之后操作策略暂调整为以 4 000~4 200 元/吨震荡区间操作为主。

四、适用时间

本投资方案适用时间段为:2011 年 12 月中下旬至 2012 年 1 月上旬。

免责声明

投资需谨慎,以上观点和操作建议仅供参考。此报告版权属于某某期货经纪有限公司,未经授权,任何个人、机构不得以任何方式更改、转载、传发及复印。本报告内容仅供参考,不做最终入市依据,某某期货不承担依据本报告交易所导致的任何责任。

(三) 期货套期保值方案的基本内容

规避风险是期货市场的基本功能,期货公司服务于产业投资者,不再满足于简单的日常报告的提供,为产业客户设计个性化的套期保值方案日益成为风尚。套期保值方案设计是为了让企业对套期保值进行科学管理,以期在操作过程中了解并运用期货这一套期保值工具,并最终达到企业成功规避风险的目的。

一般来说,一个套期保值方案可以由以下六个部分组成。

1. 对企业进行合理定位

制订套期保值方案时,首先要了解公司的风险来源,再让企业选择保值工具,目的是让企业知道保的是什么,用什么方式去保值。不同的企业有不同的风险敞口,要让不同类型的企业了解到自身的风险源之后再采取套期保值方案。有时候企业原材料并不与期货品种一致,这个时候期货公司应该分析期货品种与原材料的相关性,确定期货交易品种和交易月份。

2. 套期保值时机的选择

套期保值关键的因素是套期保值时机的把握,让企业确定为什么去保值,并在什么样的情况更应该去保值。期货公司应该从宏观背景、供需情况、社会库存、企业生产毛利、期现价差、地区价差以及企业自身现货情况等综合角度进行分析,让企业赢在套期保值选择时机上。例如对生产企业,当市场价格大大高于生产成本时,卖出套期保值的力度应适当加大;当市场价格与生产成本接近时,尽量不卖出套期保值。

3．套期保值操作策略

（1）确定最大套期保值量、套期保值比率及套期保值期限。根据企业风险承受能力、市场价格预期、市场基差结构、自身资金规模和现货销售情况，确定最大套期保值量、套期保值比率以及套期保值期限。

（2）套期保值具体操作策略。根据企业购销实际情况、市场现实情况和趋势，制定操作策略。例如可以推荐目标保值法、要素保值法以及目标与要素保值相结合策略，对三种策略进行评价，供企业参考。

4．平仓、交割以及期转现操作选择

企业在了结头寸时，要面临平仓、交割以及期转现三种方式的选择。因此，三种方式的选择应该详细介绍，尤其是对交割的环节、交割注意事项和期转现等要点重点提示。

5．套期保值的组织管理

套期保值的组织管理包括部门设置、岗位职责、内控制度、投资流程、交割流程、财务和税收处理等。

6．企业参与套期保值注意事项

企业在参与套期保值过程中，对潜在的风险可能认识不足，或者认识不深刻。注意事项可以让企业避免不应有的失误。注意事项应该包含基差对套期保值的影响、企业参与套期保值操作原则、企业风险控制和财务处理等。

【例 8-8】　螺纹钢卖出套期保值方案

一、基本面分析

1．经济短期脉冲反弹有望持续　右侧仍需等待（略）

2．政策干预致供需错配需求强化循环短期难破（略）

3．螺纹钢基差与月间价差分析

观察螺纹钢现货价格与螺纹钢期货盘面价格间基差的变动关系，见图 8-6。（略）

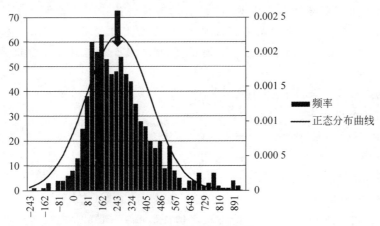

图 8-6　螺纹钢基差统计

资料来源：期货研究中心。

整体来看，虽然基差与月间价差走势给卖出保值制造了一定障碍，但自去年低位以来螺纹钢绝对价格上涨超过 1 000 元/吨，给钢厂带来惊人的吨钢利润，疯狂过去之后往往意味着报复性的修复,绝对价格变动风险明显大于基差变动风险,在此基础上我们仍然建议厂家进行逢高卖出保值操作,及时锁定生产利润,见图 8-7。

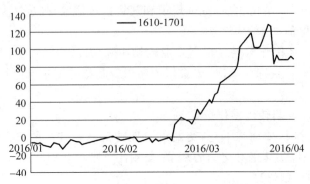

图 8-7 螺纹钢期货近远月价差统计

资料来源:期货研究中心。

4. 热卷与螺纹的可替代分析(略)

二、卖出保值方案

(一) 操作策略

基于以上分析,我们认为现阶段螺纹钢极端行情已凌驾于基本面之上,在供给受限不能灵活调整的情况下,需关注需求与资金的变化。目前行情尚未见顶,但后续存在极端行情崩落的可能。

螺纹钢 RB1610 合约目前期货价格已达到 2 700 元/吨以上,钢厂利润已达近年高位,如后期出现技术指标背离、资金情绪转换等时机,可考虑逐步卖出保值,提前锁定部分产品利润。考虑到资金市场波动较为剧烈,价格达到 3 000 元/吨以上进行卖出保值操作安全边际较高。

合约的选择上仍以螺纹钢主力 RB1610 合约为佳。虽然从现货角度分析,RB1610 合约到期时间较短,若企业未能完成交割品牌注册,交割上可能存在障碍,应尽量选择远月合约操作,但月间价差目前处于较为不利的位置,现阶段介入远月合约时机并不成熟。

(二) 方案设计

选取合约及方向:卖出 RB1610

入场区间及套保比率:

盘面价格>3 000 元/吨	⟶	100%套保
盘面价格>2 850 元/吨	⟶	60%套保
盘面价格>2 700 元/吨	⟶	40%套保
盘面价格<2 700 元/吨	⟶	20%套保

注:根据目前行情阶段设计,不排除螺纹钢价格进一步攀升可能,实际套保方案设计需依据当时情况进行调整;而一旦钢价并未达到我们预计的钢价顶部就掉头向下,则选择顺势建立剩余仓位,或追加持仓,以对冲现货经营的亏损。

头寸控制:螺纹钢 100 000 吨,即 10 000 手。目前主力合约持仓量 333 万手,成交量单边 785 万手,我期货公司席位单边持仓超过 3 万手,市场深度与席位深度均能够满足总量 1 万手的套保头寸建仓。

初步估算：以 RB1610 盘面价格 2 700 元/吨、卖出保值比例 40％计算，卖出 4 000 手螺纹钢期货合约，相当于卖出 40 000 吨螺纹钢进行套保，以规避螺纹钢价格暴涨之后的猛烈回调风险。

假设保证金比例为 8％，卖出保值资金占用为 864 万元。上海期货交易所螺纹钢期货合约正常情况下涨停板为 6％，需要预先留出资金覆盖可能出现的涨停板风险，因此需准备总资金 1 512 万元。

三、风险提示

套期保值操作中企业可能面临的风险主要有以下几个方面。

1. 基差风险

在第一部分的基差分析中提到，现阶段螺纹钢基差水平（以及热轧卷板基差水平）对卖出保值操作并不有利，目前现货受到供应紧俏因素影响价格坚挺，而期货贴水结构仍显示出市场存在一定悲观预期情绪，未来将可能面临基差走低风险，影响卖出保值效果。特别是从历史经验上看，在价格回落阶段，市场表现出的特征往往是现货跌得更快，也就是基差下行的概率较大。若基差走弱 100 点，估算 1 万手套保持仓头寸，大概率面临 1 000 万以上的阶段性持仓浮亏风险。

2. 市场风险

市场风险的形成因素很多。在前文基本面分析部分我们提到，阶段性的宏观环境回暖的氛围依然存在，短期难以证伪。目前一线城市土地供应依然稀缺，房价的预期仍相对积极，这将继续带动未来房地产新开工增长。而基于"一手要保、一手要压、总体平稳"的大思路，政策的扭曲影响短期内也难以扭转。虽然目前成材价格已基本收复 2015 年失地，但相对于其他市场、其他品种而言，黑色系仍处于相对价值洼地，消费旺季转淡尚需时日，且下游需求又与政府支持领域息息相关，资金的热情在短期内也恐难瞬间消散。螺纹钢价格存在进一步飙升的风险。

在具体操作中，左侧建仓过程中存在一段时期内期货账户出现浮亏的风险。作为回报，企业可以通过卖期保值操作提前锁定利润水平。以现阶段成本 1 900 元左右预估，至少可以将部分成品的利润提前锁定在 800 元以上，以达到稳定企业生产经营活动的目的。

3. 流动性风险

上海期货交易所根据螺纹钢某一期货合约的持仓数量和上市运行的不同阶段制定不同的交易保证金收取标准。这将影响到套期保值过程中的资金占用。在极端行情下可能面临补充保证金的资金压力。例如，对应 1 万手持仓，初始保证金比例假设为 10％，资金占用为 2 700 万元，若保证金由 10％上调至 15％，那么占用资金将变为 4 050 万元。

四、附件（简略）

1. 上海期货交易所交易交割规则相关事项。
2. 升贴水。
3. 交割程序费用等。
4. 标准仓单流转程序。
5. 交割品牌。

6．上海期货交易所螺纹钢和线材指定交割仓库。

7．上海期货交易所指定钢材质量检验机构。

（日期：2016 年 4 月 21 日）

（四）期货套利方案的基本内容

套利方案设计主要包括综合运用图表分析法（价差图和概率分布）和因素分析法对价差形成的原因、套利的可行性进行详细分析，形成交易策略，对资金占用、预期利润和潜在风险进行评估，并做出预案。

1．套利原理概述

本部分对套利的原理、套利交易的特点（规避系统风险、长期稳定获利、适合大规模资金参与等）、套利交易的分类等进行阐述。本部分可根据客户对套利的理解程度添加或省略。

2．套利机会识别

套利的本质就在于利用价差失常机会获取利润。因此，套利机会识别是套利能够顺利有效进行的基础。套利机会识别主要包括两方面内容：一是价差（价比）跟踪，二是套利条件分析。市场中有很多因素会导致价差偏离，但在实际中，不是每一次都能根据偏离价差进行套利操作，这要求对每一次具体的套利条件进行分析。

3．套利费用测算

套利成本主要包括仓储费、资金成本、交易、交割费用、增值税、入库出库费、运输费、质检费等，跨市套利中还涉及移仓成本。

4．收益率预估与止损设置

一个完整的套利方案所包含的主要因素有建仓对象、建仓时点、建仓价差、目标价位与止损点及预期收益率估算。对于建仓价差的设置一般是预估一个区间，当价差落入区间后则进行建仓，实际建仓价差往往在建仓完毕时才能真正确定。

5．风险提示与防范

套利交易虽然具有低风险的特点，但低风险并不意味着可以忽视套利过程中的风险管理，特别是在持仓过程中，风险控制显得尤为重要。这其中主要涉及资金风险（如追加保证金）、制度风险（如强制平仓制度）及政策性风险（如税率变化）等。正确认识这些风险并做好相应的风险应对措施是套利投资安全性和成功率的重要保障。另外还需注意交割品级的差异、交易所对交割品的要求（如生产时间等），内外盘跨市套利还涉及汇率波动、运费波动。

6．绩效评估

套利完成后，投资者需做好绩效评估，即根据目标的设定来判断投资计划的完成情况与未来变化的可能，为下次套利总结经验。

【例 8-9】 棉花 01 合约与 09 合约套利分析

自今年 5 月中旬以来，棉花期货价格走出横盘整理格局，开始大幅上涨。在国内棉花受天气影响有减产预期、全球棉花供给出现缺口等情形下，棉花近期大幅上涨，连续出现涨停板。同时，棉花合约间的差价不断扩大，其中 CF1901 合约（下称"01 合约"）与

CF1809 合约(下称"09"合约)价差扩大到 850 元/吨。相邻两个合约之间的价差剧烈波动,为套利提供了隐形机会。本文重点研究棉花 01 合约与 09 合约之间的套利机会。

一、01 合约与 09 合约之间差价的理论分析

跨期套利一般分为买近卖远套利和卖近买远套利,同品种的买近卖远套利中远月合约理论价差比较好计算,而卖近买远套利组合很难找到理论价差支撑。

二、买 09 合约卖 01 合约的套利理论

按照"远月合约价值＝近月合约价格＋资金利息＋手续费＋交割费用(不出库)＋仓储费＋其他费用"理论来分析,只有当远月期货价格高于远月合约价值,"买近抛远"的套利交易才会有利润。

需要强调的是,按照郑州商品交易所的交割规则,N 年产锯齿细绒白棉从 N+1 年 8 月 1 日起每日历日贴水 4 元/吨,至 N+2 年 3 月的最后一个工作日止。这样如果在 09 合约上接货,仓单不出库,再在 1 月份上抛货,需要贴水 122 天×4 元/吨＝488 元/吨。

按照 09 合约现在价格 17 100 元来计算,持至 01 合约交割后,成本大致为"仓单贴水 488 元＋资金利息 48.9 元(16 800×10％×4.35％/365×122×2)＋交割费用 8 元(4×2)＋仓储费 73.2 元(0.6×122)＋仓单转让费 2 元",总计 620 元。也就是说,只有当 01 合约价格超过 17 720 元(17 100＋620),才能实现无风险套利。同时,还要扣除 10％的增值税,才是套利的纯利润。

三、卖 09 合约买 01 合约的套利理论

在牛市行情中,近月合约往往因供给紧张,价格会比远月合约高,如果用持有成本理论是无法计算远月合约价值的,但"近高远低"这种期货合约价格排列很常见,进行"卖近买远"套利操作,只能根据历史价差,以投机方式操作。

四、历史数据分析

棉花期货属于非持续性合约,09 合约和 01 合约自每年的 2 月份开始逐步有 4 000～5 000 手的成交量,从基本面上可以满足部分投资者的套利需求,考虑到个人投资者无法进入交割月,09 合约时间点选在 8 月底,01 合约选取时间点与 09 合约重叠,来观察它们的历史差价表现。另外,由于郑州商品交易所在 2009 年 11 月 11 日对棉花的交割规则进行了较大改动,因此我们只研究 2011 年之后的两个合约价差变化。

从这段历史价差图来看(图 8-8),棉花 01 合约与 09 合约价差波动范围非常大,最低点出现在 2011 年 2 月初,曾经达到－6 000 元左右,令人咋舌,而同年又出现了统计数据以来最高点 1 300 元;次低点出现在 2014 年 8 月底,为－3 000 元左右,而次高点出现在 2012 年 8 月底,为 830 元。

棉花价格绝对值的高低,与合约之间的价差具有正相关关系,因此我们采取远近月比值的方法,删除绝对价格变化的影响因素,来观察远月对近月的相对升贴水幅度,如图 8-9 所示。

通过 01 合约与 09 合约比值我们可以发现,最大的比值为 1.08 左右,最小的比值为 0.818 左右。我们取最大值和最小值的平均值 0.94 附近观察,发现如果两者比值能够回到 0.94 之上,比值将会进一步走高。再观察,我们以比值 1 作为轴线,发现只要比值能够回到 1 之上,也往往会扩大,而且从时间点来看,具有操作时间窗口,如图 8-10 所示。

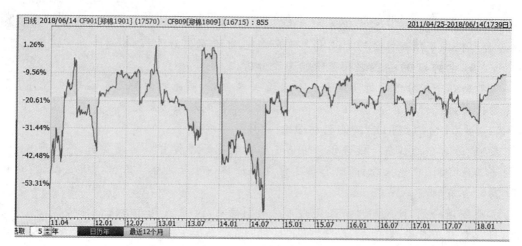

图 8-8　棉花 01 合约与 09 合约价差走势

资料来源：Wind 资讯，期货研究中心。

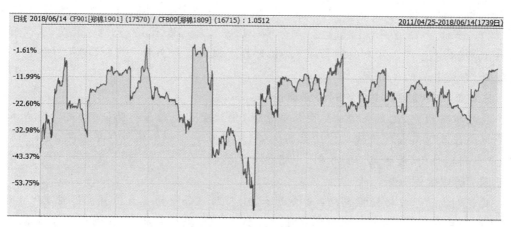

图 8-9　棉花 01 合约与 09 合约比值走势

资料来源：Wind 资讯，期货研究中心。

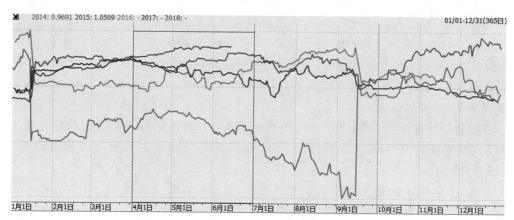

图 8-10　棉花 01 合约与 09 合约比值季节性走势

资料来源：Wind 资讯，期货研究中心。

我们对棉花的 01 合约与 09 合约比值进行季节性排列,发现一个有意思的现象是,4 月初和 5 月初都是两个合约比值最容易发生变化的时间点,其中 4 月初为原来趋势延续点,5 月初既可以为原来趋势延续,也可以为反转趋势。

五、套利总结

从图 8-8～图 8-10 可以看出,棉花 01 合约与 09 合约的价差,在整个时间段(每年 2 月份至 8 月份)内,没有明显的规律变化,但我们仍然可以有一些规律可循,对后期的套利操作有一定的借鉴意义。

1. 市场所处的牛熊市是套利的主导力量

2011 年 2 月初,棉花达到次高点后,熊市正式开始,造就了棉花 09 合约与 01 合约价差历史最高点,2014 年 2 月棉花的第二波下跌,也形成了价差的第二高点。熊市格局,则合约排列贴水居多,牛市时升贴水规律不明显。

2. 9 月合约的仓单贴水需要特别注意

棉花期货和别的商品期货不同,按照郑州商品交易所有关规定,N 年产锯齿细绒白棉从 N+1 年 8 月 1 日起每日历日贴水 4 元/吨。从目前来看,比如 2017/2018 年度仓单,都会在 8 月 1 日起每日(不仅是交易日)贴水 4 元/吨,这样在计算无风险套利时需要加上 488 元/吨贴水。

3. 用比值比用价差效果会好

从价差分析图可以看出,棉花绝对价格越高,两个合约的价差会越大,图 8-10 中最低点和次低点还相差 2 000 元,如果只参考绝对价差,风险较大。但利用两个合约的比值,则风险比较可控,我们建议先用比值分析确定方向,然后再用价差进行操作。

4. 每年 4 月和 5 月时间窗口有一定规律

虽然在 6 个月的时间重叠期(每年 2—8 月)内,01 合约与 09 合约没有明显的季节性变化,但仍有一些短周期规律,比如 4 月和 5 月的时间窗口,可以提供重要参考。

01 合约与 09 合约是新旧棉交替的两个合约,历史上两者价差波动剧烈,为套利交易提供了很大的操作空间,只有总结了过去的价差变化,才能更好地把握未来的投资机会。

六、套利机会

按照 09 合约现在价格 16 800 元来计算,持有至 01 合约交割后,成本大致为"仓单贴水 488 元+资金利息 48.9 元(16 800×10%×4.35%/365×122×2)+交割费用 8 元(4×2)+仓储费 73.2 元(0.6×122)+仓单转让费 2 元",总计 620 元。也就是说,只有当 01 合约价格超过 17 420 元(16 800+620),才能实现无风险套利,同时,还要扣除 10% 的增值税,即(17 570−16 715)×10%=85.5 元,那么实际的利润为 855−(620+85.5)=149.5 元,投资回报率为 149.5/855=17.5%,预期年化收益率为 17.5%/7×12=30%,回报率比较可观。

风险提示:棉花期货价格如果不断上涨,资金成本会上升,价差如果继续扩大,则存在增值税成本和保证金成本增加。

(日期:2018 年 6 月 12 日)

即测即练

第九章

职业道德、行为准则和自律规范

本章学习目标

通过本章学习,应该能够:

1. 了解期货投资咨询从业人员的含义、职能、业务范围;

2. 了解国内期货投资咨询从业人员在期货市场中的作用,了解国内外主要分析师自律组织及其资格考试和执业行为的管理制度;

3. 明确我国期货投资咨询业务应该遵守的职业道德、执业行为准则、职业责任、执业纪律和操作规则;

4. 熟悉期货投资咨询业务的资格考试认证体系和注册监督管理模式,以及期货投资咨询人员自我约束的职业自律内容和违法违规的处罚;

5. 本章重点是期货投资咨询业务、职业道德、执业行为准则、资格考试认证及自律管理。

第一节　期货投资咨询从业人员的含义与职能

一、期货投资咨询从业人员的含义

期货投资咨询从业人员是指通过期货投资分析业务相关资格考试,获得期货业自律组织的资质认证,在期货经营机构从事期货投资咨询业务的期货专业人员。

在欧美、亚洲期货市场发达的国家和地区,期货投资咨询业务是指对于期货投资相关的财务、经济、统计数据等各种信息的分析、评价或运用,并在此基础上进行投资信息提供、投资推荐或投资管理,以及相关的讲习、培训、出版传播和内部稽核等业务活动。因此,广义上期货投资咨询从业人员是指所有参与期货投资分析决策过程的相关专业人员。

随着金融期货与期权等新品种的不断上市以及投资咨询业务、风险管理业务和资产管理业务不断深入,我国的期货投资咨询人员由原来的主要从事上市期货品种的数据收集整理、分析评价和交易机会发现,为期货公司的市场开发、培训和客户服务提供信息咨询和交易参考,逐渐转向产业链纵向研究、多品种横向研究等相对价格研究,并对宏观经济、国际金融、全球市场进行跟踪分析,在国内和国际贸易中利用期货工具进行定价服务,提供套期保值方案,在不同期货合约和不同市场上提供价差交易和套利操作的投资组合管理。例如,点价交易、含权贸易、仓单串换、场外期权定价等。

随着我国期货市场交易量规模的不断增长和经济功能日益显现,我国广大实体企业、产业客户等机构投资者利用期货市场进行风险管理、套期保值的需求激增,迫切要求期货公司及其从业人员为其提供期货基本技能培训,协助设计内部风险管理制度,提供深度的研究报告或优化套期保值方案,提供交易策略、"期货＋保险"等相关投资咨询服务。

二、期货投资咨询从业人员的主要职能及业务范围

(一)主要职能

(1)运用各种有效信息,对期货市场或某个品种的期货合约或期货合约间价差变化的未来走势进行分析预测,对期货投资的可行性进行分析评判。

(2)为投资者的投资决策过程提供分析、预测、建议等服务,传授投资技巧,倡导投资理念,培养风险意识,引导理性投资。

(3)为企业的套期保值、采购定价和远期签约提供分析报告和操作方案,协助企业建立风险管理制度、操作流程,提供风险管理咨询、专项培训等风险管理服务。

(4)为国民经济战略部署和政府决策提供依据,服务实体经济,服务国民经济;为国家储备提供政策建议,提升我国在国际大宗商品市场的定价权,保护国家经济安全。

(二)主要业务内容

根据国际期货市场常见业务形态,期货投资咨询业务一般可细分为以下几种。

(1)面向公众和非特定对象开展的期货投资咨询业务。

(2)为签订投资咨询服务合同的特定对象提供的期货投资咨询业务。

(3)为所属期货中介机构内部客户和部门提供的未超出本机构范围的内部信息服务和期货投资咨询业务。

除了以上投资咨询业务之外,国际期货市场上还有商品交易顾问(CTA)业务、商品基金经理(CPO)业务、期货信托业务等多种与期货投资分析相关的业务形式。各国(地区)关于期货投资分析专业人士的称谓和业务名称、内容、种类、范围有所不同,彼此之间也存在业务重叠和划分标准不一,但是,都必须是具备期货投资分析专业能力和特别认证资格的专业人士才能从事相关业务。

(三)国内期货投资咨询业务及其种类

从国外期货行业的发展来看,期货行业投资咨询业务种类和证券行业极为相似。借鉴国外期货投资咨询业务及国内证券投资咨询机构的运作经验,国内期货投资咨询业务主要包括以下三种情形。

1. 风险管理顾问

协助客户建立风险管理制度、操作流程,提供风险管理咨询、专项培训等风险管理服务。

2. 研究分析

基于独立、客观的立场,收集整理期货市场信息及各类相关经济信息,对期货市场及

相关现货市场价格及其相关影响因素进行研究和分析,制作各种形式的、系统化的研究分析报告,并以期货公司名义向客户及其使用者发布。

3. 交易咨询

接受客户委托,按照约定为客户设计套期保值、套利等投资方案,协助拟定期货交易策略等,提供交易咨询服务。

此外,还有一些与期货投资咨询业务相关的业务活动,如期货投资咨询机构通过电视、电台、网站等媒体,或利用传真、短信、电子信箱、电话等工具及各种营销手段招揽会员投资者,并提供期货投资信息分析、预测或咨询意见等专业性服务,同时取得服务收入的期货投资咨询业务。

鉴于目前国内期货市场发展状况,中国证监会根据《期货交易管理条例》第17条有关期货公司可开展"期货投资咨询业务"的规定,颁布了《期货公司期货投资咨询业务试行办法》,将国内期货投资咨询业务做了规定,主要是上述三类业务内容,并通过可扩展性的开放条款"中国证券监督管理委员会规定的其他活动"予以宽泛限定。

根据《期货公司期货投资咨询业务试行办法》的规定,国内期货投资咨询业务可定义为:基于客户委托,期货公司及其从业人员从事风险管理顾问、期货研究分析、期货交易咨询等营利性业务。

国内期货投资咨询从业人员必须通过中国期货业协会专业考试获得专门的投资咨询从业人员资格,所供职的期货公司也必须经中国证券监督管理委员会批准取得期货投资咨询业务许可,还须充分做好与投资咨询业务相关的信息披露工作。中国期货业协会负责期货投资咨询从业人员的资格认定、资格考试、认证评级、日常管理和纪律处分等相关自律工作。

三、国内期货投资咨询从业人员在期货行业中的作用

随着我国衍生品市场的不断发展,股指期货、国债期货、沪深300股指期权、上证50ETF期权、资产管理业务、风险管理业务、境外期货代理业务等业务的深入开展,原油期货、生猪期货、各种商品期权等新品种的上市,特别是碳排放权期货、汇率期货、电力期货等品种的即将上市,我国期货投资咨询从业人员必将有更加广阔的发展空间。期货投资咨询从业人员作为期货行业人才队伍中的一个重要群体,在提高期货行业的服务水平和盈利水平、树立期货行业的良好形象、促进期货行业健康发展和培养成熟期货市场投资者等方面发挥着非常重要的作用。

(一)提高市场有效性

大批的期货投资咨询从业人员通过深入调研与分析,可以有效地向市场提供公开信息,减少信息的不对称,从而促进市场的价格发现,缩小现货市场与期货市场的价格偏离,促进资源合理配置,提高市场效率。

(二)倡导投资专业化

期货市场是一个高度专业化的市场,一个优秀的分析咨询人员需要经过长期专业训

练。期货投资咨询从业人员通过长期深入的基本面研究和动态行情跟踪,可以为投资水平相对低下的投资者提供系统的专业投资咨询服务,可以向各类投资者提供专业化的风险管理、套期保值或投资方案。期货投资咨询从业人员专业研究水平的高低,决定了期货公司服务的差异化水平、专业服务能力和服务半径。

(三) 促进投资者教育

期货投资咨询从业人员在期货行业中不仅扮演着专业研究者的角色,同时还承担着对投资者进行教育的职能。因为期货公司是与投资者接触的一线单位,而期货投资咨询从业人员又承担着公司的培训任务——通过对员工和客户的培训开拓市场。

(四) 推动金融创新

期货投资咨询从业人员是期货品种的基本数据的发现者和分析者,目的是为投资者提供投资的依据和方法,客户资产的增值是期货投资咨询从业人员所写分析报告的核心目标。因此,期货投资咨询从业人员对应用各种创新的金融工具及其组合来实现客户资产保值、增值有着本能的动力,在新金融产品推出初期,期货投资咨询从业人员是最早和最积极的应用者,因而成为金融创新的推动者。

(五) 服务实体经济,服务国民经济

期货投资咨询从业人员以其敏锐的宏观观察力、微观把握力和对商品产业链的跟踪研究,及时提出产业政策、资源配置和风险控制的策略规划,为政府决策、产业发展提供数据参考和趋势研判,有利于实体经济的风险规避和国民经济的稳定发展以及政府政策的客观公正,促进期货市场经济功能的发挥。

第二节　国内外分析师组织

目前,由于国内期货行业尚未形成专门的专业技术职称或分析师职称评定体系,行业内一般将期货投资咨询从业人员称为"期货分析师"。世界各地许多国家和地区投资分析专业人士都有自己的专门组织,甚至各自成立区域性的分析师团体,基本上都是自发组织的非营利性团体,兼有个人会员和法人团体会员两种形式,会员享受组织便利和服务,同时必须遵守组织规定的职业道德纲领等自律规则,共同促进提高分析师职业水准和行业社会形象地位。全球范围内,专门的期货投资分析师独立组织并不多见,基本上以投资分析师组织的共同纲领和道德规范为主要组织原则。

各国分析师组织的功能主要包括以下几方面。

(1) 会员资格认证,主要通过资格考试和认证。通过考试分级和称谓区别资格等级。

(2) 会员职业道德和行为标准的管理,通过制定伦理纲领和职业行为准则,号召会员遵守,并通过指定考试科目予以强化。会员违反协会有关规定,会受到惩罚。

(3) 分析师组织通过内部培训、组织研讨会等形式对分析师进行素质技能的后续培训,为会员提供内部交流和国际交流的支持等。

一、主要的国际分析师组织

分析师组织在国际上尚无统一标准和组织方式,比较著名的分析师组织有注册国际投资分析师协会和特许金融分析师协会。

(一)注册国际投资分析师协会

注册国际投资分析师协会(Association of Certified International Investment Analysts,ACIIA)由欧洲金融分析师协会(EFFAS)、亚洲证券分析师联合会(ASAF)和巴西投资分析师协会(APIMEC)于 2000 年 6 月在英国注册成立。其主要宗旨是建立国际性的职称评估计划,推出投资分析师国际水平考试,授予注册国际投资分析师(Certified International Investment Analyst,CIIA)资格。

注册国际投资分析师协会尊重会员地区差异,平等推广高质量与普遍适用的分析师资格考试,为金融和投资领域从业人员量身定制的国际认证资格考试——注册国际投资分析师考试,由基础考试和最终考试组成。通过该考试的人员如果拥有在财务分析、资产管理或投资等领域 3 年以上相关的工作经历,即可获得注册国际投资分析师协会授予的 CIIA 称号。近来,CIIA 考试在注册国际投资分析师基本要求的基础上开始推行各国本土化,考试内容分为国际通用知识和国家知识两部分,其中,国际通用知识考试全球统一,分为基础和最终两级,考核国际通用的金融、投资的知识和技能;国家知识考试由本国/地区相关协会进行组织,主要内容包括当地的法律法规、金融政策、会计制度、职业道德和职业准则等。CIIA 考试于 2001 年 3 月首次举办,目前已被日本、中国香港、法国、德国、巴西等国家和地区引入推广。2004 年 2 月 12 日,中国证券业协会三届三次常务理事会通过《关于推广国际注册投资分析师水平考试的议案》,以此考试要求作为高级证券分析师水平的衡量标准。2006 年 3 月 11 日,中国证券业协会首次举办 CIIA 考试。

(二)特许金融分析师协会

CFA 是特许金融分析师(Chartered Financial Analysts)的英文缩写,CFA 协会(CFA Institute)的前身是投资管理与研究协会(Association for Investment Management and Research,AIMR),由金融分析师联盟(Financial Analysts Federation,FAF)和特许金融分析师学院(Institute of Chartered Financial Analysts,ICFA)于 1990 年合并成立,2004 年 5 月更名为"特许金融分析师协会",CFA 证书获得者必须是直接参与投资决策过程中的人员,如基金经理、投资组合经理、财务分析师、策略师、经济学家、数量分析师等,且需具备 3 年相关工作经验。获得 CFA 证书需要通过三级考试,考试内容包括职业道德准则、数理统计学、经济学、财务报表分析、企业融资、证券市场分析、股票投资分析、金融衍生产品分析、替代金融产品分析、基金管理学以及基金回报计算与统计等 11 项,覆盖金融行业的各个方面。一级 CFA 要求掌握财务分析、宏观/微观经济学及数理统计的基本理论;二级 CFA 要求运用所学金融理论比较并推荐最合理的投资工具;三级 CFA 要求深刻理解基金管理理论并通过案例分析作出投资决策。

CFA 协会制定严格的职业道德标准,获得 CFA 证书者必须加入 CFA 协会,并且每年签署职业行为操守声明,要求严格遵守《道德操守》(*Code of Ethics*),提倡投资界中的诚信、专业能力和尊严,从而赢得全球投资界的高度尊重。违反 CFA 道德标准,将会受到纪律处分。此外,CFA 实行后续教育计划,保障 CFA 证书获得者不断学习吸收最新金融知识。

二、各国投资联合会及其纲领

世界各地分析师协会代表虽然没有统一组织,但是,每年两次在世界各地召开分析师国际大会,就分析师和分析师协会等共同课题交换意见,为了有利于合作,同时举行各国投资联合会国际协议会(International Council Investment Association,ICIA)。1998 年,协议会通过了《国际伦理纲领、职业行为标准》,作为非强制性约束和指导协议,被各国分析师协会参照引用为自己的职业行为伦理标准。

(一)投资分析师基本要求

《国际伦理纲领、职业行为标准》总体提出三大基本要求。

(1)诚实、正直、公平。

(2)以谨慎认真态度,从道德标准出发进行各种行为,包括对待公众、自己的客户、潜在的客户、雇主以及其他投资分析师等。

(3)努力保持和提高自己的职业水平和竞争力,掌握和应用所有本职业所适用的法律、法规和政府规章制度,包括《国际伦理纲领、职业行为标准》以及本国或地区的准则。

(二)投资分析师道德规范三大原则

(1)公平对待已有客户和潜在客户原则,是指投资分析师在进行投资推荐、投资建议更改、进行投资行为三种情况下,有责任持续公平对待已有客户和潜在客户。

(2)独立性和客观性原则,是指投资分析师在进行投资推荐或采取投资行为时,应该独立判断、谨慎合理地持续做到独立性和客观性。

(3)信托责任原则,是指在处理与客户的关系时,投资分析师应该合理谨慎地决定他们的信托责任,并在实际工作中对客户承担这些责任。

(三)投资分析师执业行为操作规则

1.投资及建议的适宜性

投资分析师在作出投资建议前应当对客户状况、投资经验、投资目标进行合理调查,并适时更新信息。对客户作出投资建议或投资操作时,应当针对客户的需求和客户的情况、投资品种的基本特征以及投资组合的基本特征,考虑这个投资建议对客户的正确性和适宜性。

2.分析和表述的合理性

第一,投资分析师所做的投资推荐或操作要有合理的研究和调查作为基础依据。

第二,在投资推荐或操作后要保留相应的记录。

第三,在发布投资建议时力争避免材料的不正确表述。

第四,在发布投资信息时,要合理判断和取舍相关因素。

第五,在进行投资建议时,要分清楚事实与观点之间的区别。

3. 信息披露的全面性

投资分析师应当向客户披露证券如何选择以及组合如何建立等投资过程的基本格式和原理,此后要披露可能影响到这些过程的变化因素,在进行投资推荐时应当向客户提示投资标的物的基础特征和附带风险。

4. 对客户机密、资金和头寸的保密性

在投资分析师圈子内和市场关系中要注意对自己客户信息进行保密,同时保护好为投资者代理的资金和持仓头寸。

(四) 投资分析师执业纪律

1. 禁止不正确表述

投资分析师不应当作出有关服务项目、个人资产、执业证明、投资成绩等方面的不正确表述;禁止作出关于投资回报方面的任何保证或担保。如果投资分析师意欲通过阐述自己或自己的公司在投资方面所取得的成绩,向客户或者潜在客户推销业务,必须尽一切努力保证这些成绩信息的正确性、公平性。

2. 利益冲突的披露

投资分析师应当向客户或者潜在客户披露他们自身所持有的证券、期货合约或者其他投资品种,以及是否与客户推荐品种存在利益冲突,以避免作出不公正和主观的推荐。

3. 交易的优先权

投资分析师为客户或者雇主代理的证券、期货合约或投资品应当比其自身所持有的相同的证券、期货合约或投资品具有交易优先权,避免个人交易对客户或者雇主利益产生不利影响。

4. 擅自交易

投资分析师在客户不知情或者与客户没有达成一致意见的情况下,不能擅自对客户账户进行交易。

5. 禁止利用非公开信息

投资分析师不应当对没有最终发布的消息或者不正确的信息进行传播,也不能根据这些信息进行交易。即使投资分析师通过特别渠道或者机密渠道获得正确的非公开信息,也不应当传播这些信息或者据此操作。

6. 禁止剽窃

投资分析不应当在没有通知作者本人或者注明文章出处的情况下,复制或者应用与原有文章相同的格式和内容。投资分析师可以在不通知作者本人的情况下,引用文章中的财务或者统计数据等事实信息。

(五) 投资分析师责任

投资分析师负有监督、审计和影响他人行为的责任,禁止各种违反法律、法规、规章制度或者职业道德标准的行为。另外,投资分析师负有告知雇主有关国际和国内职业道德

标准的责任,以避免不必要的制裁和冲突。

三、国内主要投资分析师组织

国内资本市场相对于发达国家而言,制度建设和国内投资分析师组织的发展都处于相对滞后状态,在过去很长一段时间里,政府法制监管的同时,证券、期货等行业协会担负了业内投资分析的自律和规范工作,法规体系和行为准则规范正在逐步建设和完善。目前,我国证券行业已经具有比较完备的分析师自律组织和规范体系。

(一)我国证券分析师组织

国务院证券委于 1995 年颁布《证券从业人员资格管理暂行规定》,开始实施证券从业人员资格管理制度。1999 年 4 月举办首次证券投资咨询资格考试。2002 年实施《证券业从业人员资格管理办法》,申请证券投资咨询业务资格的人员必须首先通过中国证券业协会统一组织的证券业从业人员资格考试。我国证券分析师行业自律组织——中国证券业协会证券分析师专业委员会于 2000 年 7 月 5 日在北京成立,制定了证券投资咨询行业自律性公约和证券分析师执业行为准则与职业道德规范,弥补了自律规范的不足,为证券投资咨询行业的运作和证券分析师执业提供有效保障,有利于行业健康发展,树立了分析师良好形象。2002 年 12 月 13 日,中国证券业协会第三次会员大会通过第三届常务理事会决议,设立中国证券业协会证券分析师委员会,制定了《中国证券业协会证券分析师委员会工作规则》。2005 年,中国证券业协会修订《中国证券分析师职业道德守则》,出台《中国证券业协会证券分析师职业道德守则》,加强证券分析师职业道德标准的自律和监督,颁布《会员制证券投资咨询业务管理暂行规定》,规范会员制业务。要取得证券分析师资格,必须通过证券分析师胜任能力考试,即《发布证券研究报告业务》科目考试。

(二)我国期货分析师组织

我国期货分析师组织发展远远落后于国内证券分析师组织。2007 年以前,期货公司依据期货业务许可证上"期货代理"和"培训"的业务范围规定,长期以"培训"名目涉足相关的期货投资咨询业务,不能以期货投资咨询名义开展业务和收取服务费,基本上免费向客户提供咨询产品和研究报告,以服务经纪业务为导向,期货咨询业务的服务质量较低、针对性较差。2007 年《期货交易管理条例》第 17 条规定期货投资咨询业务为独立许可业务,随后,在筹备股指期货、申请金融期货经纪业务资格的过程中,期货投资咨询业务资格从期货公司许可证及营业执照中予以删除,需要单独发放业务牌照,这也为期货投资咨询业务许可留出空间。随着广大实体企业、产业客户对期货公司专业化的期货咨询服务需求增加,2011 年 3 月 23 日,《期货公司期货投资咨询业务试行办法》及时出台,明确了期货公司业务许可条件,规范了业务开展、日常监管要求等,依法加强了对期货创新业务的监管,引导了期货行业加强专业人才队伍建设,促进期货公司差异化发展,逐步提高服务水平和竞争质量。同时,为期货公司开展营利性期货投资咨询业务提供了法律依据。2016 年 12 月 12 日,《证券期货投资者适当性管理办法》由中国证监会发布,自 2017 年 7 月 1 日起施行。中国期货业协会随后发布《期货经营机构投资者适当性管理实施指引(试行)》,对期货公司开展投资咨询业务提出了规范性指导。期货分析师投资咨询业务资格的取得和管理由中国期货业协会考试认证部负责,期货分析师之间的交流互动可通过每年4月在杭州举办的中国期货分析师大会等。

第三节　职业道德和执业行为准则

一、基本概念

欲做事,必先做人,欲齐家治国平天下,必先修身立德。提升道德修养是一个人的终生课题,是人生事业的基础。期货行业是一个高利润、高风险、高门槛的信用行业,除了对专业知识和操作技能有很高的要求之外,职业道德的观念意识和自我加持尤为重要,在面对巨大的诱惑和风险的同时,尤其需要保持诚信可靠的道德品质和坚定不移的责任感。

道德是一定社会为了调整人们之间以及个人和社会之间的关系所提倡的行为规范的总和,它通过各种形式的教育和社会舆论的力量,使人们具有善恶、荣辱、是非等概念,并逐渐地形成一定的习惯和传统,以指导或控制自己的行为。

职业道德是从事一定职业劳动的人,在特定的工作和劳动中以其内心信念和特殊社会手段维系的,以善恶进行评价的心理意识、行为原则和行为规范的总和,它是人们在从事职业的过程中形成的一种内在的、非强制性的约束机制。职业道德是一个行业反映出来并得到公认的社会道德,它是一般道德标准在专业领域内的具体反映,它对行业内人员进行专业活动时的思想和行为起到规范作用,调节行业内部成员之间和公众之间的关系。

职业道德规范,是指从事某种职业的人在职业生活中所要遵守的标准和准则,具体内容包括两方面:一方面是从事某种职业的人在职业活动中处理各种关系、矛盾的行为准则;另一方面是评价从事某种职业的人职业行为好坏的标准。明确自己的职业道德规范,才能在职业活动中把职业道德的要求变成实际行动并出色完成职业任务。

期货投资咨询从业人员的职业道德规范和修养,离不开为人处世的基础道德规范,遵纪守法、善良正直、诚实守信等基本要求也是期货投资咨询从业人员不可或缺的道德品质。具体落实到职业行为上,可以通过执业行为准则加以体现。一个成熟的期货投资咨询从业人员不仅需要以道义、哲理等基本的为人准则和敬业操守作为执业之本,还要培养以下基本素质。

(1)人格情操——保有平常心,不卑不亢;正直诚信,实事求是,助人为乐;谦虚好学,宽以待人,有自知之明;果断扬弃自我,知错就改,独立思考,观点连贯,不断超越自我。

(2)基本技能——与时俱进的自主学习能力,文字功底和读写能力,数据处理能力;敏锐的洞察力和远见卓识;持续战斗力,能经受疲劳和挫折;动态平衡力,能及时调节心态和思维方式;激情说服力,能够及时将研究成果转化生产力,深谙开发访谈技巧。

(3)核心业务能力——市场大势的把握能力,技术分析的研判能力,严格止损的控制能力,果敢的行情指导能力。

加强期货投资咨询从业人员的职业道德规范的意义在于:可以避免因草率违规行为而招致利益和名誉损失;有利于增加投资者信心及建立持久的商业关系;有利于提高期

货市场的竞争力及与国际标准接轨；有利于确保经营环境的公开、公正和公平；有利于体现专业精神。

二、执业行为准则

期货投资咨询从业人员行为准则是从业人员在执业及相关活动中应当遵守的行为规范和道德规范，是对职业品德、执业纪律、专业胜任能力及职业责任等方面的基本规定和要求。

期货投资咨询从业人员应自觉遵守国家法律、法规及期货监管机构、行业自律组织的各项规章制度，接受期货监管机构和自律组织的监督与管理，不得从事法律、法规、规章制度禁止从事的活动或对投资咨询行业形象有不良影响的活动。

（一）基本执业行为准则

期货投资咨询从业人员在执行业务过程中必须恪守独立诚信、谨慎客观、勤勉尽职、公开公平公正的原则，提供专业服务，不断提高期货行业的整体社会形象和地位。

1. 独立诚信原则

独立诚信原则是指从业人员应当诚实守信，高度珍惜投资咨询从业资格的职业信誉；在执业过程中应当坚持独立判断原则，不因上级、客户或其他投资者的不当要求而放弃自己的独立立场。

坚持独立诚信原则，要求从业人员既不能人云亦云，缺乏自己独立的观点和判断，更不能因他人的不当要求而放弃自己的职业操守，为客户提供虚假或误导性分析和建议。对从业人员而言，要意识到诚信不仅仅是一种美德和良好习惯，更是从业或者执业过程中的基本职业道德原则。

2. 谨慎客观原则

谨慎客观原则是指从业人员应当依据公开披露的信息资料和其他合法获得的信息，进行科学的分析研究，审慎、客观地提出投资分析、预测和建议。

坚持谨慎客观原则，在执业过程中绝不能只讲收益，不讲风险，更不能采用不准确的信息或者断章取义来误导投资者。

3. 勤勉尽职原则

勤勉尽职原则是指从业人员应当本着对客户与投资者高度负责的精神执业，对与投资分析、预测及咨询服务相关的主要因素进行尽可能全面、详尽、深入的调查研究，依据专业知识进行分析、判断，向投资者或客户提供规范的专业意见。

坚持勤勉尽职原则，应当把期货规则讲透，把市场风险讲够，使投资者树立买者自负的理念；不仅需要掌握基本的期货专业知识和国内市场相关信息，更要掌握丰富的现货市场信息，关注国际市场相关品种，了解国家大政方针政策和法律法规，掌握科学的分析方法和技术，用心体会客户的实际需求，为客户提供个性化的专业服务。

4. 公开、公平、公正原则

公开、公平、公正原则是指从业人员提出建议和结论不得违背社会公众利益，不得利用自己的身份、地位和在执业过程中所掌握的内幕信息为自己或他人谋取非法利益，不得故意向客户或投资者提供存在重大遗漏、虚假信息和误导性的投资分析、预测或建议。

坚持公开、公平、公正原则，要求从业人员不能违背社会公众的利益，对投资者应一视同仁，无论是对资金量少的投资者还是对资金量较大的投资者，都要按照谨慎客观原则和公开、公平、公正原则提供相应的专业化服务。

（二）基本专业素质和执业胜任能力

除了要遵守以上基本的执业行为准则之外，期货投资咨询从业人员还要具备良好的专业素质。期货市场是一个专业化程度较高、风险控制要求较高的专家理财型市场，其基本功能是要为实体经济发展提供定价机制和风险管理机制，为国民经济稳定发展服务。在期货市场服务国民经济发展的过程中，从业人员承担着重要的职责，其服务水平的高低在很大程度上反映了期货行业的整体服务水平，影响着期货市场功能的有效发挥。对期货投资咨询从业人员而言，其专业素质的高低一方面体现在其所掌握的期货市场交易规则、运行规律、分析方法上，另一方面还体现在其对相关现货企业和产业的了解程度上。一个优秀的期货投资咨询从业人员不仅仅是一位期货专家，还要成为一位现货专家，只有通晓两个市场的相关信息，才能为投资者提供科学合理的投资建议，才能更好地服务于现货企业和相关产业，进而通过自己的努力促进期货市场的持续稳定健康发展。

职业道德、专业知识、学习能力、创新精神共同构筑了一个优秀期货投资咨询从业人员所必须具备的基本专业素质，在从事期货投资咨询业务前，应当经过专门的岗位学习和培训，具备相应的专业知识、技能和职业道德，加强业务知识更新，接受后续职业培训，保持并不断提高专业胜任能力。

三、期货投资咨询从业人员职业责任

（1）应当珍视其职业称号和职业名誉，不得做出有损于职业形象的行为。

（2）应当敬业勤业，努力钻研业务，掌握执业所应具备的相关知识和服务技能，并充分运用自己的专业知识和技能，竭诚完成客户委托事项，不断提高执业水平，维护客户与社会公众的利益。

（3）明知客户或投资者的要求或拟委托的事项违反了法律、法规或执业规范的，应予以拒绝，且如实告知客户或投资者并提出改正建议。

（4）向机构客户和个人客户提供服务时，应当遵守公正公平原则，可以依据客户具体的财务状况、投资经验和投资目的提出适合不同客户需要的特定建议。

（5）应当在投资分析、预测或建议的表述中将客观事实与主观判断严格区分，并就主观判断的内容作出明确提示。

（6）应当将投资分析、预测或建议中所使用和依据的原始信息资料或工作底稿妥善保存以备查证。

（7）应积极参与投资者教育活动。

（8）提倡加强同行之间的合作和交流，在不违背保密义务和知识产权保护的前提下提供研究资料和研究成果与同行共享。

四、期货投资咨询从业人员执业纪律

（1）必须以真实姓名执业。

（2）必须合规执业，必须遵守有关法律、行政法规和中国证监会的规定，遵守中国期货业协会和期货交易所的自律规则，不得从事或者协同他人从事欺诈、内幕交易、操纵期货交易价格、编造并传播有关期货交易的虚假信息等违法违规行为。

（3）执业活动应当接受所在期货经营机构的管理。在执业过程中应充分尊重和维护所在期货经营机构的合法利益。

（4）应当主动、明确地对客户或投资者进行客观的风险揭示，不得故意对可能出现的风险做不恰当的表述或虚假承诺。

（5）应当对在执业过程中所获得的未公开重要信息及客户的商业秘密履行保密义务，不得依据未公开信息撰写分析报告，不得将未公开信息泄露、传递、暗示给他人或据以建议客户或其他投资者进行期货交易。

（6）在执业过程中遇到客户利益与自身利益存在冲突，或客户利益与所在期货经营机构利益存在冲突，或自身利益与所在期货经营机构利益存在冲突时，应当主动向所在期货经营机构与客户申明，必要时从业人员或其所在期货经营机构须进行执业回避。

（7）在执业过程中，不得私下接受有利害关系的客户、机构和个人馈赠的贵重财物。

（8）应当相互尊重、团结协作，共同维护和增进行业声誉，不得在公众场合及媒体上发表贬低、诋毁、损害同行声誉的言论，不得以不正当手段与同行争揽业务。

（9）从业人员及其所在期货经营机构不得在公共场合及媒体对其自身能力进行过度或不实的宣传，不得捏造事实以招揽业务。从业人员及其所在期货经营机构不得进行含有歧义和误导内容的宣传，或可能会使公众产生不合理期望的宣传。

（10）不得以维护客户利益为由做出有损社会公众利益的行为。

（11）应充分尊重他人的知识产权，严正维护自身知识产权。在研究和出版活动中不得有抄袭他人著作、论文或研究成果的行为。

（12）在研究过程中应尽可能熟悉与了解已有的研究成果，充分尊重他人的研究成果，在研究报告中引用他人研究成果时，应当注明出处。

五、期货投资咨询业务操作规则

我国涉及期货投资咨询业务操作规则的法律、法规和部门规章及规范性文件按照效力层次排序，主要包括：2007年4月15日施行的《期货交易管理条例》，2007年中国证监会修订后发布并施行的《期货公司管理办法》和《期货从业人员管理办法》也有相关规定；2011年颁布的《期货公司期货投资咨询业务试行办法》则是系统规范期货公司期货投资咨询业务的部门规章。

此外，1999年12月25日公布施行的《中华人民共和国刑法修正案》和2003年7月1日施行的《最高人民法院关于审理期货纠纷案件若干问题的规定》对于"编造并且传播影响证券、期货交易的虚假信息，扰乱证券、期货交易市场，造成严重后果""提供虚假信息误导投资者买卖证券、期货合约，造成严重后果"的侵权行为也作出了专门的界定和处罚，也对期货投资咨询从业人员具有规范和约束作用。

(一)《期货交易管理条例》

2007年4月15日施行的《期货交易管理条例》,是在1999年9月1日施行的《期货交易管理暂行条例》的基础上进行了较多修订后完成的,对投资咨询机构及其从业人员的行为进行了补充和相应规定。其中,第九条规定投资咨询机构的专业人员的资格被撤销之日起未逾5年的,不得担任交易所负责人和财务会计人员;第十七条将申请境外期货经纪和投资咨询业务也纳入了许可制度管理;第三十九条禁止编造、传播有关期货交易的虚假信息和操纵期货交易价格的行为;第六十七条对隐瞒重要事项或者使用其他不正当手段诱骗客户发出交易指令的行为和编造传播有关期货交易虚假信息、扰乱期货交易市场的行为进行处罚;第六十九条对内幕消息的非法获得、泄露和据此交易的行为进行处罚;第八十一条将作为专业顾问履行职务的人员也定性为内幕消息知情人。

2007年《期货交易管理条例》修订发布后,中国证监会随后修订了四个配套管理办法:《期货交易所管理办法》《期货公司管理办法》《期货从业人员管理办法》和《期货公司董事、监事和高级管理人员任职资格管理办法》,其中,在《期货公司管理办法》中增加了期货公司信息披露的原则性规定,为下一步投资咨询业务的专门规范提供了依据;在《期货从业人员管理办法》中,将期货投资咨询机构任用的期货从业人员纳入管理,并且有针对性地规定了应遵守的特定行为规范,强调了期货投资分析人员首先是期货从业人员,必须达到《期货从业人员管理办法》规定的最基本要求并遵守从业人员执业行为规范。

(二)《期货公司期货投资咨询业务试行办法》

为了规范期货公司的期货投资咨询业务活动,提高期货公司专业化服务能力,保障客户合法权益,促进期货市场更好地服务国民经济发展,根据《期货交易管理条例》等有关规定,中国证监会颁布了《期货公司期货投资咨询业务试行办法》,旨在建立以实体企业、产业客户和机构投资者为主要服务对象,以客户风险管理服务为核心,以研究分析和交易咨询为支持的期货咨询服务体系。为期货公司有偿咨询服务和相关财务处理提供法律依据,同时为期货分析师的专业水平考试和资格认证创造条件。期货公司期货投资咨询业务既是中国证监会实行期货公司分类监管政策两年之后推出的期货公司创新业务,在一定程度上也是恢复期货公司原有的咨询业务。

《期货公司期货投资咨询业务试行办法》规定期货公司及其从事投资咨询业务的从业人员必须获得投资咨询业务许可和专门资格,对基本业务要求、岗位职责、执业要求、人员资格、咨询合同签订、纪律禁止、资料保存等方面作出规定,明确中国期货业协会负责期货投资咨询从业人员的设定、资格考试、认证评级、日常管理和纪律处分等相关工作以及自律管理办法的制定。期货公司在申请从事期货投资咨询业务资格时,将会考察其分类监管评级、风险监管指标、高级管理人员和业务人员资质、业务管理和内部控制制度、经营场地、设施和技术系统、历史合规记录等条件。

《期货公司期货投资咨询业务试行办法》规定,期货公司及其从业人员从事期货投资咨询业务,应当遵守有关法律法规、规章,遵循诚实信用、公平合理原则,避免客户利益冲突,不得为公司和从业人员及其关联方的利益损害客户利益。期货公司及其从业人员向客户提供交易咨询服务时,应当以本公司研究分析意见和合法取得的研究报告、现货行业信息资料以及公开发布的相关信息为主要依据,并注明相关信息、资料的来源,保护他人的知识产权。对于利用公共媒体进行期货信息传播的活动,中国期货业协会根据《期货公司期货投资咨询业务试行办法》专门制定了自律规范和实施细则。

六、期货投资咨询从业人员的自律管理

(一) 期货投资咨询从业人员的资格及其管理

期货投资咨询从业人员的专业素质和职业操守关系着从业人员个人的声誉和公司的服务水平,也关系着广大投资者的切身利益和整个行业的可持续发展能力。随着期货品种和市场规模的不断发展,培养和发展高水平的期货投资咨询从业人员队伍已经成为发展中国期货市场的当务之急。中国期货业协会充分借鉴国内外成熟市场的经验,推进期货投资咨询业务资格的认证体系建设,着力提升从业人员的执业水平,加强对从业人员的自律管理,研究制定相关制度,规范从业人员的日常执业行为,严厉打击损害投资者权益、危害全行业利益的违规失信行为,为期货公司开展投资咨询业务创造良好的条件。中国期货业协会于 2009 年 1 月 15 日成立分析师委员会,进一步推动行业投资咨询业务的开展,推进期货从业人员职业素质的提升。

1. 资格考试与认证

作为金融市场的专业人才,专业的投资分析师往往被认为是握有较高质量信息的群体,同时由于他们直接面对投资者,其言论会影响投资者的决策行为,进而对价格走势产生影响,并最终影响到市场的定价效率。尤其是在衍生品市场中,由于影响因素复杂、风险较高,投资分析师的分析报告对投资者的交易理念和交易行为有着重大影响。正因为如此,世界许多国家和地区不仅对分析师的资格准入实行严格的考试和注册制度,而且往往专门对分析师的职业道德进行一定的规范:比如美国投资管理和研究协会(AIMR)制定了《特许金融分析师(CFA)操守规则》,分别从基本职责、与职业的关系和责任、与雇主的关系和责任、与客户和潜在客户的关系和责任及与公众的关系和责任五个方面对 CFA 执业者的行为标准进行了规范。借鉴国际上 CFA 考试认证制度,CFA 考试对道德规范和职业行为准则十分重视,要求 CFA 称号拥有者和 CFA 的应考人员同意签署并遵守 CFA 颁布的《道德规范和职业行为标准》。在一个以信用为基础、到处充满利益诱惑的行业,确定道德规范和职业行为准则是重中之重。

我国对期货投资咨询从业人员实行资格准入制度。中国期货业协会依据《期货交易管理条例》《期货从业人员管理办法》及《期货公司期货投资咨询业务试行办法》建立资格考试与认证相关制度。

2. 从业资格注册管理

中国期货业协会负责期货投资咨询从业人员资格审核与注册管理。资格注册的审核内容包括申请人的学历、从业经历、是否通过期货从业资格考试、是否有违反违规行为以及中国证监会规定的其他条件。期货经营机构在中国从事期货分析研发、交易咨询业务

的从业人员,应当向中国期货业协会申请注册取得期货投资咨询业务资格。未取得期货投资咨询业务资格的人员,不得在机构中开展期货投资咨询业务。

3. 业务监管与日常管理

期货投资咨询从业人员开展投资咨询业务,应当接受中国期货业协会的自律管理。中国期货业协会对从业人员实行定期和不定期的执业行为自律检查,对从业人员的违规行为进行自律处分,对从业人员开展后续执业培训,推动从业人员职业素质和道德水平的提升。

（二）违法违规行为的自律惩戒

中国期货业协会依据《期货从业人员管理办法》和《期货公司期货投资咨询业务试行办法》,对违反执业行为准则及有关法律法规的从业人员进行自律惩戒。惩戒措施包括训诫、公开谴责、暂停从业资格、撤销从业资格等,并在协会网站或指定媒体上向社会公布。

即测即练

参 考 文 献

[1]　中国期货业协会.期货投资分析[M].北京:中国财政经济出版社,2013.

[2]　张玉智.农产品期货投资策略[M].海口:南海出版社,2005.

[3]　段文斌,王化栋.期货市场学[M].北京:经济管理出版社,2003.

[4]　特维莱斯,等.期货交易实用指南[M].北京:经济科学出版社,2000.

[5]　古扎拉蒂.计量经济学基础[M].费剑平,孙春霞,等译.北京:中国人民大学出版社,2005.

[6]　贾俊平,何晓群,金勇进.统计学[M].5版.北京:中国人民大学出版社,2013.

[7]　庞皓.计量经济学[M].北京:科学出版社,2007.

[8]　高铁梅.计量经济分析方法与建模——Eviews应用及实例[M].北京:清华大学出版社,2006.

[9]　易丹辉.数据分析与Eviews应用[M].北京:中国统计出版社,2002.

[10]　易丹辉.时间序列分析方法与应用[M].北京:中国人民大学出版社,2011.

[11]　赫尔.期权、期货及其他衍生产品[M].8版.北京:机械工业出版社,2011.

[12]　钱斯,布鲁克斯.衍生工具与风险管理[M].7版.北京:机械工业出版社,2010.

[13]　惠利.衍生工具[M].北京:机械工业出版社,2010.

[14]　孙才仁.对冲理论与实践[M].北京:中共中央党校出版社,2012.

[15]　邹瑜骏,黄丽清,等.金融衍生产品——衍生金融工具理论与应用[M].北京:清华大学出版社,2007.

[16]　墨菲.金融市场技术分析[M].北京:地震出版社,2010.

[17]　朱国华,褚玦海.期货投资学[M].上海:上海财经大学出版社,2006.

[18]　科恩.期权策略[M].张莹,译.北京:机械工业出版社,2008.

[19]　赫尔.期权与期货市场基本原理[M].王勇,译.北京:机械工业出版社,2009.

[20]　斯特朗.衍生产品概论[M].王振山,付金樑,李健元,等译.大连:东北财经大学出版社,2009.

[21]　惠利.衍生工具[M].胡金焱,王起,李颖,译.北京:机械工业出版社,2010.

[22]　郑振龙.衍生产品[M].武汉:武汉大学出版社,2005.

教师服务

　　感谢您选用清华大学出版社的教材！为了更好地服务教学，我们为授课教师提供本书的教学辅助资源，以及本学科重点教材信息。请您扫码获取。

》 教辅获取

本书教辅（课件、大纲、试卷，思政表），
授课教师扫码获取

》 样书赠送

财政与金融类重点教材，教师扫码获取样书

 清华大学出版社

E-mail: tupfuwu@163.com
电话：010-83470332 / 83470142
地址：北京市海淀区双清路学研大厦 B 座 509

网址：http://www.tup.com.cn/
传真：8610-83470107
邮编：100084